经济管理与金融发展

杨 红　原翠萍　李增欣　著

中国商业出版社

图书在版编目（CIP）数据

经济管理与金融发展 / 杨红, 原翠萍, 李增欣著
. -- 北京：中国商业出版社, 2022.7
ISBN 978-7-5208-2146-9

Ⅰ.①经… Ⅱ.①杨… ②原… ③李… Ⅲ.①金融业—经济发展—研究报告—中国②人民币汇率—汇率波动—研究 Ⅳ.①F832

中国版本图书馆CIP数据核字(2022)第131754号

责任编辑：刘加莹
策划编辑：武维胜

中国商业出版社出版发行
（www.zgsycb.com 100053 北京广安门内报国寺1号）
总编室：010-63180647 编辑室：010-83118926
发行部：010-83120835/8286
新华书店经销
福建省天一屏山印务有限公司印刷
*
787毫米×1092毫米 16开 21.5印张 350千字
2022年7月第1版 2022年7月第1次印刷
定价：58.00元
****
（如有印装质量问题可更换）

前　言

随着市场经济的快速发展进入常态化，人们越来越意识到经济管理的重要性。经济管理在很大程度上决定着社会经济的稳定发展，同时也是确保社会经济现代化发展的重要支撑力量。而科技的快速发展，也在很大程度上促进了管理与实践的改革。

互联网科技高速发展，有力地促进了社会结构的创新优化，以及生产的专业化、联合化。与此同时，随着经济管理的不断发展，我们也必须设置相应的管理标准。具体来说，主要体现在以下几个方面：首先，生产工具的不断改变，需要我们在实际的生产过程中不断创新优化制作工艺和技术；其次，我们还应制定一套完善的生产管理模式，只有这样，才能够更好地确保经济管理的不断进步。

当前，在社会结构不断优化的过程中，科学先进的管理方法发挥着至关重要的作用。然而，社会劳动作为社会结构的重要组成部分，最主要的内容就是要全面加强对劳动关系的调整与管理。在社会劳动中，要想获得更多的经济效益，最主要的就是及时地调整社会结构中与其相关的劳动因素，然后利用先进的管理模式，促进经济效益的提高。社会整体经济效益的提高离不开现代化的经济管理。

"十四五"规划开启了我国建设社会主义现代化强国的高质量增长新征程，在新发展理念指引下构建新发展格局，这是我国重大战略抉择和战略布局。金融作为经济运行的血液，更需要以此为指引，建立具有高度适应性、高效和普惠的现代金融体系。金融部门对一国经济增长和发展起着重要作用，金融体系可使交易便捷、提供对冲和分散风险功能、分配资源、监督管理者、动员储蓄等。近些年，我国金融部门大幅扩张，而人民币也出现较大幅度的实际升值。如果金融发展对人民币实际升值的确存在影响，那么这意味着对于像我国这样的出口导向型经济体，金融部门的发展可能通过实际汇率对开放经济部门产生结构性影响，这种影响或许比以往认识到的更加多元化。探讨金融发展对人民币实际汇率的影响，对于深入认识金融发展的作用具有重要意义。

鉴于此，笔者撰写了《经济管理与金融发展》一书。本书共十三章。第一章阐述了经济管理理论的发展与创新，第二章对经济管理理论进行了探究，第三章论述了经济管理目标，第四章探究了经济管理环境与战略，第五章阐述了经济管理的内容，第六章对经济管理的基础理论进行了探究，第七章论述了经济管理信息化，第八章阐述了绿色经济管理及其体系，第九章对金融理论进行了探究，第十章阐述了人民币汇率变动对我国经济与金融的影响，第十一章探究了金融发展进程中的汇率制度变迁与选择，第十二章论述了短期跨境资本流动与我国金融的稳定，第十三章对跨境金融服务贸易进行了探究。

笔者在撰写本书的过程中，借鉴了许多专家和学者的研究成果，在此表示衷心的感谢。本书研究的课题涉及的内容十分宽泛，尽管笔者在写作过程中力求完美，但仍难免存在疏漏，恳请各位专家批评指正。

目 录

第一章 经济管理理论的发展与创新 01
- 第一节 经济管理理论的发展 01
- 第二节 经济管理理论创新的时代背景 14

第二章 经济管理理论 19
- 第一节 经济管理概述 19
- 第二节 经济原理与管理思想 28
- 第三节 经济管理的作用和地位 37
- 第四节 经济管理原则 40
- 第五节 经济管理方法 43
- 第六节 经济管理的职能 53

第三章 经济管理目标 69
- 第一节 经济管理目标概述 69
- 第二节 经济管理目标制定 75
- 第三节 目标管理 81

第四章 经济管理环境与战略 91
- 第一节 经济管理环境概述 91
- 第二节 经济管理环境分析 96

第三节　经济管理战略 101

第五章　经济管理的内容 107

第一节　企业管理 107

第二节　决策管理 112

第三节　领导与激励 121

第四节　非营利组织管理 137

第六章　经济管理的基础理论探究 142

第一节　消费者的效用理论 142

第二节　市场需求 144

第三节　市场供给 150

第四节　均衡价格的决定 154

第五节　成本、边际生产力与利润理论 159

第六节　计　划 164

第七节　组　织 175

第七章　经济管理信息化 183

第一节　现代企业的经济管理体系 183

第二节　经济管理的信息化 189

第八章　绿色经济管理及其体系 199

第一节　绿色经济管理的内涵 199

第二节　企业绿色经济管理体系探究 201

第九章　金融理论探究 209

第一节　金融基础 209

第二节　金融体系 215

第三节　金融市场 219

　　第四节　汇率理论 222

第十章　人民币汇率变动对我国经济与金融的影响 232

　　第一节　人民币汇率形成机制 232

　　第二节　人民币汇率变动对我国经济增长的影响 246

　　第三节　人民币汇率变动对我国股票市场价格的影响 258

　　第四节　人民币汇率变动对我国对外贸易的影响 266

第十一章　金融发展进程中的汇率制度变迁与选择 271

　　第一节　金融发展进程中的汇率制度变迁 271

　　第二节　金融自由化阶段的汇率制度选择 287

　　第三节　人民币汇率制度变迁与选择的政策建议 291

第十二章　短期跨境资本流动与我国金融的稳定 296

　　第一节　短期跨境资本流动和金融稳定的理论基础 296

　　第二节　短期跨境资本流动对金融稳定的影响机制分析 301

　　第三节　防控短期跨境资本流动风险与维护金融稳定的政策建议 308

第十三章　跨境金融服务贸易探究 312

　　第一节　跨境金融服务贸易的概念 312

　　第二节　跨境金融服务贸易市场准入规则的思考 319

　　第三节　提升金融服务贸易竞争力的相关对策 325

结束语 330

参考文献 332

第一章 经济管理理论的发展与创新

第一节 经济管理理论的发展

一、经济与管理的关系

经济和管理是时常联系在一起的概念,"经济学"一词让人联想到国家层面,"管理学"则更多使人联想起企业,但这并不准确,实际上两门学科虽有联系但区别明显。

经济学和管理学的研究对象都包括人的行为,但是经济学研究的目的主要是解释人在不同局限条件下的行为规律,而管理学则侧重于如何激励人去采取管理者期望的行动,以达到管理者的目标。管理一定有一个预定的目标。

为了解释人的行为,需要对人的基本行为模式做一个假定。古典经济学假定人是"经济人",即自利的理性人,他通过市场中"看不见的手"获得各种信息,在一定的限制条件下相互协作,形成各种可观察的行为模式——往往形成资源的特定配置。由于经济学对人的假设简化而一致,所以经济学理论的系统性、科学性、统一性较强。

管理学研究如何利用组织的有限资源,通过管理者的努力,如计划、组织、领导和控制等"看得见的手"去实现组织的目标。它认为人是具有多种需要的"复杂人",因此,管理学对人的假设丰富且分歧较大,从而使管理学的权变性、艺术性、多样性较强,也就有了现代管理学理论的"丛林"一说。

在预先评估管理制度和手段的有效性时,尤其是较为宏观和长期的场合(例如国家某项政策),可以合理借鉴经济学的分析思路,从"经济人"的假设出发预测可能发现的后果。但如果从经济学角度出发提出管理制度和手段,则需要特别小心,因为管理制度和手段的效果与管理者目标、人的心理、社会文化、伦理、历史等密切相关,这些局限条件是非常难以分析的。真实的社会和人过于复杂,从过去的经验(历史)中学习具体的管理手段,是成为优秀管理者的必要条件。

随着行为科学的兴起,在经济学中考虑人类心理特征,已然成为一个新的潮流。而管理理论也越来越多地借鉴经济学的最新研究成果,二者的结合将会更加紧密。无论是经济学还是管理学,在未来都需要以行为科学为基础,通过科学、定量的方法揭示经济运行规律,建立更为有效的管理理论。

管理理论是以管理经验的系统总结为基础,按逻辑结构严密组织起来的概念、思想和研究结论。追溯管理理论形成和发展的历史,可以深入理解管理理论的系统性、特殊性,从而进一步了解异彩纷呈的管理理论的众多学派。从19世纪末至今,管理自初步形成理论以来,已经历了一个世纪的演变,其发展大致经历了三个主要阶段:古典管理阶段、行为管理阶段和现代管理阶段。

二、古典管理阶段

机器生产代替了手工作坊生产的初期,企业的规模普遍较小,市场有限,生产力水平低,资本家凭经验管理企业,工人凭经验操作,人员培训也采取师傅带徒弟的方式,企业没有科学、健全的规章制度。总之,企业没有完全摆脱小生产方式,沿用手工作坊式的经验管理。随着资本主义进入垄断阶段,企业规模迅速扩大,技术日趋复杂,市场竞争激化,劳资矛盾加深,传统的经验式管理已不能适应,迫切需要改进。以泰勒的"科学管理理论"、法约尔的"管理过程理论"以及韦伯的"行政组织理论"为标志,在19世纪末20世纪初形成了比较系统的管理理论。

（一）泰勒的科学管理以及该理论的贡献

1. 泰勒的科学管理

1911年，美国古典管理学家泰勒在总结长期管理经验的基础上发表了《科学管理原理》一书，第一次从理论上比较系统地阐述了企业管理的职能、原理和基本方法，创立了科学管理理论。泰勒的科学管理理论是以研究工厂内部的生产管理为重点，以提高生产效率为中心，解决生产组织方法科学化和生产程序标准化方面问题的管理理论。泰勒将这些原理和方法在米德维尔钢铁公司试行，取得了显著效果，并推广到其他企业。

科学管理的根本目的是谋求最高效率，而要达到最高工作效率的重要手段是用科学化的、标准化的管理方法代替旧的经验管理。

泰勒科学管理理论的主要内容如下。

（1）操作方法标准化。通过动作研究，总结先进操作方法，剔除多余动作，制定标准的操作规程，提高劳动生产率。

（2）劳动定额管理。运用测时和写实技术对工人的操作时间进行科学测定，减少操作中的时间浪费，制定劳动定额。

（3）实行有差别的计件工资制。按照工人完成定额的程度分别支付不等的报酬，促使工人提高生产效率，超额完成任务。

（4）工人培训。用课堂教学和现场训练相结合的方式代替传统的师傅带徒弟的方式，按照先进的操作方法和操作规程对工人进行培训，提高操作技术水平。

（5）计划与执行相分离。随着企业规模的扩大和产品技术的复杂化，原来计划和执行职能合一的管理方式已不适应。泰勒提出将设计、计划等职能与制造、执行等职能严格区分开，通过专业化提高生产效率和管理效率。

2. 泰勒科学管理的贡献

泰勒的科学管理对管理理论体系的形成与发展有着巨大的贡献。

（1）实践和作业的研究活动发现，如果不增加工人的劳动强度，就能使工人保证最轻松最高效地完成作业，这一发现至今还是企业进行管理的重要依据。

（2）科学管理理论提出了一项任务管理，任务管理由实行标准化、建立激励工资、科学规划作业标准等众多原理构成，对当今众多企业的管理工作都具有很大的积极影响。

（3）以"经济人"假设为出发点，考虑经济因素对员工的刺激作用，以及它对产出效率的影响，为从社会学和心理学角度出发进行的"行为科学"提供了新的思路。

（4）在科学管理理论中，倡导管理人员与工作人员互帮互助、互相协作，分别对自己所处的职位负责，例外原则为之后管理工作的分权化原则与事业部的规章制度等众多管理体制的建立和发展奠定了坚实的基础。

科学管理也存在很多局限性，具体内容体现在以下几点。

（1）片面地从"经济人"的角度出发看待企业员工。泰勒和他的追随者认为企业家都是出于获取最大利润的目的来进行管理，而工人们则是出于获取最大限度的工资来进行工作的。其实工人们除了经济动机外还有其他许多社会方面和心理方面的动机。

（2）以机械模式的观点来看待员工。科学管理理论过分强调管理制度、规范等技术因素，不注重人群社会因素，忽视人的主动性。

（3）研究范围较为狭窄。企业内部的劳动组织和生产管理是科学管理进行研究的重点所在，这样一来虽然解决了一些具体的工作效率问题，但是没有从根本上解决企业经营和管理的问题。

（4）组织管理中的职能工长制会造成政出多门、多重领导等问题。

（二）法约尔的组织管理理论和该理论的贡献

1.法约尔的组织管理理论

法国管理学家法约尔将企业整体作为研究对象，并致力于研究适用于各种组织类型的一般管理理论，其代表作为1916年出版的《工业管理与一般管理》。一般管理理论主要解决的问题：一是组织内部管理的基本职能是什么，二是指导设计、建立和维持一个组织机构的基本职能是什么。

法约尔的基本理论可以概括为经营六职能论、管理五要素论和管理十四项原则。

法约尔认为经营是指导或引导一个组织趋向一个共同目标。经营共有六项职能：①技术职能，即设计与制造产品；②商业职能，即原材料采购、产品销售等；③财务职能，即资本筹措和运作；④安全职能，即财产和人员保护；⑤会计职能，即物资盘存、资产核算、成本核定等；⑥管理职能。

作为经营六项职能之一的管理职能包含五项要素：计划、组织、指挥、协调和控制。

另外还有十四项管理原则：权利与责任、统一指挥、个人利益服从集体利益、劳动分工、纪律、统一领导、集中、人员的报酬、秩序、等级链与跳板、人员的稳定、公平、人员的团结以及首创精神。

法约尔认为，一名优秀的管理人员不仅要清楚管理原则的内容和怎样进行计划、指挥、组织、协调和控制，还必须对其管理的活动有一定程度的了解，只有这样，才能取得全面管理的技能和知识。

2.法约尔组织管理理论的贡献

法约尔对管理职能、管理技巧和管理原则的独到见解，形成了法约尔的古典管理理论体系。这一理论构成了管理理论发展史上一个具有标志性的里程碑，法约尔第一次将管理的职能和原则进行了明确、系统的划分。在法约尔的管理理论中，其研究对象就是那些大企业，它的理论适用的范围更加广泛，构成了一个科学合理的理论框架，形成了至今为止管理学教科书中主流的框架体系。

（三）马克斯·韦伯的行政集权组织理论以及该理论的贡献

1.马克斯·韦伯的行政集权组织理论

德国社会学家马克斯·韦伯在对组织内部的权力关系进行研究的基础上，主张建立一种高度结构化的、正式的、非人格化的理想的行政组织体系。马克斯·韦伯认为，建立在正式、合法和权威基础上的行政组织体系是最好的管理制度。它是符合理性原则、高效率的组织结构形式，而且在精确性、稳定性、纪律性和可靠性方面优于其他组织。他的这一套思想体现在其著作《社会组织和经济组织理论》之中。

韦伯理论的要点如下。

（1）组织成员在人身上是自由的，只是在与人身自由无关的管理职责方面从属于上级。

（2）组织内的工作应有明确的分工，每一个职位都必须由公正的专门人员负责。

（3）组织的各种职务和职位都应按照权责合一的等级原则组织起来，形成一个梯形的层级指挥体系。

（4）人员的任用和升迁应根据职务上或职位上的要求和技术专家的意见，并通过正式考试或教育、培训来选定。

（5）管理人员必须严格遵守组织规定的规则和纪律，不能随心所欲、感情用事，更不能滥用职权。

（6）以理性准则处理组织成员之间的关系，特别是在同下级的交往中要保持应有的尊严，不能随意解雇人员，要鼓励成员忠于组织。

（7）组织必须建立必要的规章制度，以保证组织内各项工作的统一协调。

2. 马克斯·韦伯行政集权组织理论的贡献

马克斯·韦伯行政集权组织理论的主要贡献包括如下几点。

（1）行政集权组织理论首次提出了行政组织管理，因此马克斯·韦伯被后人称为"组织理论之父"。

（2）行政集权组织理论划分了权力的类型，他认为最好的权力类型应该是法理型的，即理想的组织应以合理合法的权力为基础。

（3）行政集权组织理论对泰勒、法约尔的理论也是一种非常重要的补充，对后来的管理学家，尤其是组织管理学家有着非常大的影响，可以说韦伯的这一理论对理想的官僚组织模式进行了一定的描述，而且也是这些描述为官僚组织指出了一条正确的制度化的组织规则。

（4）行政集权组织理论不仅就科层制这一社会的子层面做了分析，而且把它放在整个社会历史与现实的大背景下考虑，这为现代管理学理论把组织作为一个开放系统来认识，提供了思想史上的渊源。[1]

在现代管理学发展过程中，古典管理理论起到了很大的推动作用，并为管理学的发展奠定了坚实的基础。古典管理理论实现了人类在探讨管理问题上的升华，是人类第一次使用科学方法进行管理问题的探讨，有效促进了社会生产力的发展。在古典管理理论中，提出了一些管理职能和原则，

---

[1] 高铭铄.古典管理理论的分析与评价[J].中外企业家，2017（15）：74.

并提出该原则和理论是存在于我们现实社会中的，只要用科学的方法就能够发现这些原则。[1]对时间和动作研究活动的开展，使现有的管理得以摆脱传统的经验式与单凭感觉进行判断的方法，而这对于管理思想的发展也起着不可比拟的重要作用。但是也存在一些缺陷，古典管理理论对人性的研究还只是停留在经济人的基础上，没有从根本上重视人，而只是将被它管理的对象当作一个客观存在的个体来看待，没有对其产生足够深刻的认知。另外，古典管理理论对于企业所处的生存环境考虑欠缺，没有用长远的眼光看待问题。

三、行为管理阶段

管理理论的第二阶段开始于20世纪二三十年代，以行为科学在管理中的应用为主要特点，其代表人物有梅奥、马斯洛、卢因、坦南鲍姆、布莱克等。

行为科学是综合应用心理学、社会学、人类学、经济学、政治学等理论和方法来研究人的行为的边缘学科。从管理角度看，行为科学侧重研究组织中人的心理、行为、环境及其相互关系对组织活动的影响。[2]行为管理的研究起源于以梅奥为首的美国国家研究委员会与西方电气公司合作进行的霍桑试验。

1924—1926年，在美国西方电器公司霍桑工厂进行的有关工作条件与生产效率关系的试验研究没有取得令人满意的效果，其后在哈佛大学心理学家梅奥的主持下，第二阶段的试验取消了工头制，改为专家指导，以增强工人的自主精神，在创造和谐、友好的人际关系和工作气氛方面，取得了明显的效果。

以霍桑试验为基础，梅奥于1945年发表了《工业文明的社会问题》一书，提出了一系列与科学管理理论不同的新观点，创立了"人际关系学"。

其基本要点如下。

（1）工人不是单纯的"经济人"，而是"社会人"，影响工人劳动积极性的因素是多方面的，除了物质条件和待遇外，还有社会的和心理的因素。

---

[1] 荀海鹏.古典管理理论的现代应用[J].商业文化（上半月），2011(5)：239-240.
[2] 曹玉静.行为科学在企业管理中的应用[J].企业改革与管理，2016(7)：11-12.

（2）工作条件、工资报酬等并不是影响工效的第一因素，工效高低主要取决于"士气"，而"士气"则主要取决于人际关系。

（3）企业中存在着非正式组织，管理者不能只注意正式组织，还要重视"非正式组织"的作用。

（4）新型的领导能力在于提高职工的满足度，管理者不仅要善于了解人们合乎逻辑的行为，还要善于了解人们不合乎逻辑的感性行为，正确处理人际关系。

霍桑试验的研究成果引起了管理学者对人的行为的兴趣。他们在梅奥等人的研究基础上进行了更加细致而深入的研究：从"社会人"假设发展到"自我实现人"和"复杂人"假设，研究内容也更为广泛，从个体行为、团体行为与组织行为等不同层面展开，从而促进了行为科学理论的发展。

该领域具有代表性的、到今天依然非常著名的理论成果如：美国心理学家马斯洛于1943年发表的《人类动机的理论》一书，提出了"需求层次理论"；美国心理学家弗雷德里克·赫茨伯格于1946年发表的《工作与人性》一书，提出了"双因素理论"；美国社会心理学家麦格雷戈于1957年发表的《企业的人性面》一书，提出了"X理论—Y理论"等。

四、现代管理阶段

管理理论的第三个阶段，即所谓的管理理论的"丛林"时期，出现于第二次世界大战之后。

（一）现代管理理论的流派

随着科学技术的发展和企业跨国经营的兴起，经济组织间的竞争，特别是国际市场的竞争空前激烈，对管理理论提出了新的要求。一大批管理学家和实业家从不同角度研究管理问题，形成了众多的管理学派，呈现出学派林立的局面。美国管理学家哈罗德·孔茨将这种局面称为"管理理论丛林"。1961年，孔茨在《管理理论的丛林》一文中把管理学派概括为六个。20年后，孔茨根据管理理论的发展，在《再论管理理论的丛林》一文中把管理学派概括为十一个，即管理科学学派、人群关系学派、组织行为学派、社会协作学派、社会技术系统学派、决策理论学派、系统管理学派、权变理论学派、经验管理学派、管理角色学派及管理过程学派等。

下面仅对其中几个影响较大的学派做简单的介绍。

1. 决策理论学派

决策理论是以社会系统理论为基础，吸收了系统理论、运筹学和计算机等学科的内容而发展起来的。该学派认为，决策贯穿于管理的全过程，管理的核心就是决策。特别是美国经济学家赫伯特·西蒙提出的行为决策观，对现代管理理论做出了卓越的贡献。

其主要观点如下。

（1）"有限理性"和"满意准则"。赫伯特·西蒙认为，管理者的理性是有局限的，由于实际决策的情况非常复杂，管理者的判断力又受到各种主客观条件的限制，不可能认识到既定条件下所有备选方案的各种可能结果，因而他们会去寻求相对简单的、"满意"的结果，而非"最佳方案"。

（2）计算机辅助决策，即充分运用计算机手段分析可供利用的信息，处理"程序化"决策问题，为管理者决策提供辅助和支持，进而提高决策效率。

2. 经验管理学派

经验管理学派旨在以大企业的管理经验为主要研究对象，重视实际案例的分析，认为学生和管理者通过大量管理案例的研究，自然就能学会如何有效地进行管理。该学派立足于管理经验的概括化和理论化，并注重管理理论与方法的传授。该学派的代表人物是彼得·德鲁克。

3. 管理科学学派

管理科学学派也称数理学派。该学派注重定量化的数学模型，认为管理是一种数学模式、程序、概念、符号和模型的演习，即通过建立数学模型表达问题的基本关系，并在既定目标的前提下求得最优结果。管理科学学派致力于运筹学的研究和计算机在管理上的应用。该学派以埃尔伍德·斯宾塞·伯法为代表人物。

4. 管理角色学派

管理角色学派通过观察管理者的实际活动来明确管理者的工作内容。该学派的创立者是加拿大管理学家亨利·明茨伯格，他根据对管理者实际活动的研究，总结出著名的管理者十大角色理论。该理论认为，从管理的要求看，管理者应该扮演好三个方面的十大角色：在人际关系方面扮演好头面人物、领导人和联络人的角色；在信息交流方面扮演好监听人、传播人和发言人的角色；在决策方面扮演好企业家、"救火员"、资源分配者和谈判人的角色。

5. 管理过程学派

以哈罗德·孔茨为代表的管理过程学派是西方管理理论中较早出现又有较大影响的学派，是法约尔管理思想的延续。该学派认为，管理就是在组织中通过别人及同别人一起完成工作的过程，人们可以根据管理经验总结出一些基本的管理原理，作为认识和改进管理工作的说明和启示。

6. 权变理论学派

以美国管理学家琼·伍德沃德为代表的权变理论学派是20世纪70年代风行一时的管理学派。权变理论认为，管理者的实际工作取决于所处的环境条件，管理者必须根据不同的情景及其变量决定采取何种行动和方法。比如，在某种情形下需要"人治"（由人来决定解决问题的方案），而在另一种情形下则可能需要"法治"（按严格的逻辑程序解决问题）。环境和条件的复杂多变，决定了在管理实践中"例外情况"经常发生，没有任何一种理论或方法能适用于所有情况。为了更好地解决问题，必须在大量调查研究的基础上对组织的情况进行分类，建立不同的模式，选择适当的管理方法。

7. 系统管理学派

以美国管理学家卡斯特、罗森茨韦克为代表的系统管理学派将一般系统理论和控制论用于管理领域，用系统的观点考察组织的基本结构和管理职能。该学派认为，任何组织都是一个由多种子系统有机构成的系统，系统的运行效果取决于各子系统的相互配合和作用。组织运行中要防止因局部的优化而对其他子系统或整个系统产生负面影响。

（二）现代管理理论的新发展

进入20世纪80年代以后，随着知识经济的迅速发展，新时期组织管理的实践，促成了管理新思想的不断涌现，产生了人本管理理论、组织再造理论和学习型组织理论三种具有代表性的理论。

1. 人本管理理论

在工业经济时期，管理主要以任务管理为中心，即物本管理，人员管理处于辅助、配合的地位。随着社会的进步，人类进入知识经济时期，由于市场的内部和外部环境处于不断变化之中，组织的任务也随之加以调整和变化，因此人在管理中的作用越来越重要，于是就产生了与之相适应的人本管理思想，即以人为本的管理。这种管理思想把人视为管理的主体，把人和人际关系作为重要的管理内容，认为人是组织中最重要的资源，要充分发挥和应用好这个最特殊的资源或要素的能动作用。

人本管理理论尊重人的价值和尊严，实施人性化的管理，重视人的需要和利益，达到组织利益最大化。该理论通过内在的激励作用，激发员工的积极性及凝聚力，形成良性竞争工作氛围。

管理者应尽可能地提供广阔的发展平台，从而实现员工的自我价值。把人看作平等、独立、自由发展的人；正当合理地选拔人才，树立公平公正的用人机制，调动组织成员的积极主动性，达到一种积极向上、持续努力的精神状态；加强合理的培训开发，建立创新机制。在对人的需要的研究方面，也应客观且具有针对性，满足不同时期员工的不同需要，因为人的需要既有多样性的一面，又有动态性的一面。

多样性和动态性决定了必须通过多样化和人性化的结合让管理在本质上以人为本。创造条件满足人的需要，管理者在管理中重视人的需要就能抓住管理成功的关键和钥匙。在现代管理中，人、技术、组织、环境间生态化可持续结构所生成的内在和谐，以人性、人的需要为基点，而规章制度使组织结构得以有序进行，道德规范使组织运行起来有血有肉。始终以尊重人、发展人、塑造人，以实现人的价值和组织愿景为目标，从而构建以人为本的现代管理体系。也只有这样的管理才是真正符合人本理念的管理。

管理对人类的意义不仅是物质财富有用性和经济上的利益，更是人肯定自我和完善自我的实践性存在。现代人本管理的发展态势赋予了其通过实现个体的价值与效率达到管理活动的目标，从而实现"建立在个人全面发展和他们共同的社会生产能力成为他们的社会财富这一基础上的自由个性"的自主发展。[①] 人本管理理论的出现符合当今经济全球化发展的要求，对推进和谐社会的建设具有重大的现实效用。

---

① 曾依静. 马克思社会形态理论的三重维度 [J]. 河南农业, 2015(04): 59-60.

2. 组织再造理论

20世纪80年代为企业再造时代,"组织再造"也称"公司再造",是美国麻省理工学院的教授迈克尔·哈默提出来的。他与詹姆斯·钱皮在1994年出版的《公司再造》著作中指出:企业应以工作流程为中心,重新设计企业的经营、管理及运作方式,进行"组织再造"。美国企业从20世纪80年代起开始了大规模的企业重组革命,日本企业在20世纪90年代开始进行第二次管理革命。企业管理经历着前所未有的、类似脱胎换骨的变革。

美国管理学家哈默于1990年提出了"再造"理论。他认为,"再造是用现代信息技术的能力彻底地重新设计我们的业务过程,以戏剧性地改进它们的表现。"1993年,哈默和詹姆斯·钱皮提出:"再造,完整地说,是对业务过程根本性的重新思考及彻底的重新设计,以达成在苛刻的当代度量标准,诸如成本、品质、服务及速度上的戏剧性改进。"①

再造是"为了飞跃性地改善成本、质量、服务、速度等重大的现代企业的运营基准,对工作流程进行根本性重新思考并彻底改革",也就是说,"从头改变,重新设计"。②

由此可见,组织再造并不是对组织进行肤浅的、一般性的调整,而是以完整的整合性过程来取代以往被各部门割裂的、难以看见的和难以管理的支离破碎的过程,是重新合理的组装被分割得七零八落的业务流程。

通过这个过程,建立一个富有弹性的、与传统组织有着根本区别的新型扁平组织,即从最上面的决策层到最下面的操作层,中间相隔层次少,尽最大可能将决策权向组织结构的下层移动,让最下层单位拥有充分的自决权,并对产生的结果负责。③

自组织再造理论问世近20年的时间里,这一理论得到了进一步的发展,引发了对再造含义的深入讨论和不同理解。

对其略做归纳,可以依据其强调的重点区分为程序观点、组织观点、

---

① [美]迈克尔·哈默,詹姆斯·钱皮.改革公司——企业革命的宣言书[M].胡毓源,徐荻洲,周敦仁,译.上海译文出版社,1998.
② 张晓飞.从组织再造看组织模式的变迁[J].管理现代化,2003(1):40-42+61.
③ 宋合义,张首魁.提高政府组织行政效率的途径组织再造[J].陕西省行政学院.陕西省经济管理干部学院学报,2001(4):17-19.

技术观点三种类型,分别强调流程的重新设计、企业系统的整合、资讯科技的运用。

组织再造理论在企业组织中的实施大大提高了企业组织的生产率,加快了企业对环境的适应能力,降低了企业的生产成本,提高了企业的工作质量。再造理论被移植到政府部门,出现了政府再造,即以技术理论为主要基础,引进"竞争的市场机制"以及"有效的变迁策略",从而促成行政组织的整体转型。

3.学习型组织理论

20世纪80年代末,信息化和全球化浪潮迅速席卷全球,顾客的个性化、消费的多元化决定了企业必须适应消费者不断变化的需要,在全球市场上争得顾客的信任,才有生存和发展的可能。管理理论研究主要针对"学习型组织"而展开。

学习型组织理论源于美国教育家、原芝加哥大学校长罗伯特·赫钦斯于1968年在《学习社会》一书中提出的学习化社会教育理念,这一理念在后来的发展中不断系统化、理论化、实践化。

所谓学习型组织,就是更适合人性的组织模式,强调系统思考、超越自我、改善心智模式、建立共同愿望和团队学习五项修炼技能。在这种学习型组织中,人们胸怀大志,心心相连,脚踏实地,勇于挑战权限及过去的成功模式,不被眼前的利益诱惑;组织成员能不断认识自己、认识外界的变化,不断给予自己新的奋斗目标,做事精益求精,永远努力发展自我、超越自我。同时,建立组织成员的共同愿望并采取有效的政策,充分发挥生命的潜能,创造超乎寻常的成果;在学习中领悟工作的意义,追求心灵的满足与自我实现;组织成员能理解彼此的感觉和想法,从而发挥出综合效率。

1990年,麻省理工学院教授彼得·圣吉提出建立学习型组织的途径有五种,也称作"五项修炼"模式,内容主要包括自我超越意识的培养、心智模式的改善、共同愿景的建立、团体学习意识的培养和系统思考模式的运用。其中,运用系统思考模式是学习型组织建立的核心。

其一,自我超越意识的培养。自我超越指的是组织成员在分析现实状况的前提下，不断建立新的目标，通过努力实现自我突破的过程，这是学习型组织的基础和生命力源泉。

其二，心智模式的改善。每个人的心智模式都会受成长环境等因素的影响，组织成员会通过不断学习，改变固有的思维方式和习惯，弥补心智模式的不足。

其三，共同愿景的建立。组织成员通过交流互动，建立一个共同的愿景和目标，这是组织凝聚力形成的基础。

其四，团体学习意识的培养。组织成员通过交流讨论，形成总体大于个人的意见效果，推动实现共同愿景。

其五，系统思考模式的运用。作为学习型组织的核心，系统思考要求组织成员从整体和全局的角度看待、分析问题，注重把握事物之间的内在联系，从而达到解决问题的目的。

学习型组织是一种柔性可变、持续有机且不断学习的组织，代表的是一种更适合人性的模式。在学习型组织中，每位成员皆有参与问题判断和解决的权利，整个组织因此充满学习的气氛，组织成员还会通过不断的尝试、创新，逐步提升自身综合素养，从而获得持续长久的发展。

自20世纪80年代以来，信息化和全球化浪潮迅速席卷世界，跨国投资不断增加；知识经济的到来使信息与知识成为重要的战略资源，而信息技术的发展又为获取这些资源提供了可能；顾客的个性化、消费的多元化决定了企业只要能够合理组织全球资源，就有生存和发展的可能。在新的竞争环境下，针对企业管理中新的问题和要求，企业界和理论界纷纷探索相应的管理观念、思路、方式和手段，如在企业再造、虚拟组织、知识管理、学习型组织等领域提出了具有创新性的理论和方法，形成现代企业管理新模式。

第二节　经济管理理论创新的时代背景

我国经济发展速度逐步攀升，占据全亚洲第一，国民经济生产总值占据世界第二，为了适应如今的经济状况，必须对国民经济管理理论进行创新,以使经济管理可以和当今市场完全吻合。①

一、新经济市场要求新管理模式

随着社会经济的发展进步,市场环境也在不断发生变化,市场经济深化发展变成全新的时代特征。市场经济背景下,企业想长远发展,务必在经济管理环节提高重视程度。企业经济管理需基于市场经济基础,契合实际,发展全新的管理模式,保证企业稳定发展。

(一)我国经济发展新阶段的历史定位

我国经过多年的经济发展,社会主义建设已经进入了新阶段,对于我国经济建设来说,已经展现了新的历史定位。

第一,新的发展阶段起着承前启后的作用,并且需要将前一阶段经济建设取得的胜利继承下来,吸收之前建设的经验,根据我国目前的经济形势,制定出适合当前发展的经济战略。通过新的经济发展战略,助力我国经济建设在下一个阶段继续取得社会主义经济建设的伟大胜利。

第二,我国提出了在2050年前实现中华民族伟大复兴中国梦的经济建设目标,需要推出一套新的符合社会经济发展需求的经理管理体系。

第三,新阶段代表了我国各族人民更加团结,更加不懈奋斗,更加接近实现我国全体人民共同富裕目标的新时代。

第四,全体中国人民应该更加团结奋进,为了实现中华民族伟大复兴的中国梦而努力奋斗的新时代。

第五,由于我国经济建设成果显著,已经进入世界舞台的中央,中华民族也正进入人民富裕、国家富强的新阶段。

(二)国民经济管理理论的创新突破口

为了实现新时代国民经济管理理论的创新需要从以下几个方面做出突破。

1. 明确新时代经济发展的目标

根据新时代的经济发展特征,经济发展的目标应该是建立在国家提出

---

① 任保平,李禹墨.新时代我国经济从高速增长转向高质量发展的动力转换[J].经济与管理评论,2019,35(1):5-12.

的宏观发展结构基础上进行的，即全面提升经济发展的潜力，增强发展动力，使得经济发展带来的变化能够惠及全体中国人民，使得每个参与建设美好中国的人民都能够享受到他们的劳动成果。①

2. 经济建设需要以人民为核心

（1）经济建设的主力军是全体劳动人民，在经济建设的过程中也应该以劳动人民为核心，将人民的利益放在第一位。

（2）由于我国地域辽阔，地理的差异导致了我国各地经济建设不平衡，因此，在经济建设的过程中需要着力解决区域发展不平衡问题，使得全体人民能够在经济发展的利益分配时享受平等的待遇。

（3）作为参与国家经济建设的主体，需要将国家建设的核心放在人民身上，为人民的全面发展做出努力。

（4）由于对人才的利用在经济建设过程中十分重要，因此，需要加强对人力资源的管理。

（5）在进行管理时，需要以人民为中心，无论何时，管理必须将人民的利益和发展放在主要位置。

二、新体系为国民经济管理理论创新丰富了科学内涵

（一）建设现代化经济体系的战略意义

第一，建设新体系是跨越关口的迫切要求和我国发展的战略目标。从建立"社会主义市场经济体制"到"建立现代化经济体系"是我国发展的战略提升。

第二，提高质量和效益将成为未来经济发展的主旋律。必须坚持质量第一、效益优先，由数量速度型转向质量效率型发展方式。

第三，提高全要素生产率将成为未来经济发展的关键。"全要素生产率"，既是对创新的一种度量，又是实现创新的一种手段。

第四，新体制是不断增强我国经济创新力和竞争力的制度保障。为此要着力构建市场机制有效、微观主体有活力、宏观调控有度的新体制。

---

① 杨光. 中国经济如何实现高质量发展 [N]. 中国财经报，2018-01-09(007).

（二）建设现代化经济体系的理论内涵

1. 高质量的供给体系

必须把发展经济的着力点放在实体经济上，把提高供给体系质量作为主攻方向，加快建设制造强国、科教强国、质量强国、航天强国、网络强国、数字中国、交通强国、贸易强国、教育强国、文化强国、人才强国、人力资源强国、海洋强国等。

2. 高效益的创新体系

加快建设创新型国家，强化基础研究、加强应用基础研究，加强国家创新体系建设，倡导创新文化，培养创新型人才。

3. 高水平的"三农"体系

坚持农业农村优先发展，按照"五个方面"的总要求建立健全城乡融合发展体制机制和政策体系，加快推进农业农村现代化。

4. 协调发展的区域结构体系

实施区域帮扶战略、区域发展总体战略和三个层面的轴带发展战略——"一带一路"是国际层面、"京津冀和长江经济带战略"是国内区际层面、主体功能区战略是区域协调发展战略的重要组成部分。

5. 更加完善的社会主义市场经济体制

主要是在更深层次解决企业、市场和政府三者之间的关系问题，其中包括创新和完善宏观调控，更加强调发挥国家发展规划的战略导向作用，健全财政、货币、产业、区域等经济政策协调机制。

6. 内外联动、双向互济、全面开放的国民经济体系

统筹国内和国际两个大局，发展更高层次的开放型经济，推动构建人类命运共同体。

（三）建立适应现代化经济体系的国民经济管理体系

1. 国民经济系统

主要包括系统概论、系统结构、系统环境。

2. 国民经济运行

主要包括总体分析、需求动力与需求管理、供给推力与供给侧结构性

改革、周期波动。

3. 国民经济发展战略与规划

主要包括国民经济与社会发展战略、国民经济规划。

4. 国民经济管理

主要包括管理目标、监测预警与综合评价、宏观调控、预期管理、资产管理和微观规制。

第二章　经济管理理论

第一节　经济管理概述

一、经济与经济学

经济，通常是指社会再生产活动，包括生产、交换、分配和消费活动，是人类最重要、最基本的社会活动。而经济学是研究稀缺资源配置的科学。众所周知，资源的稀缺性（或有限性）与人们欲望的无限性的矛盾产生了各种经济问题，为了有效地解决这些问题，就产生了经济学。通俗地说，经济学就是研究决定如何有效地使用、消费、分配稀缺性资源，以满足人们无限欲望的科学。

为了研究人们的经济活动，经济学假定：经济资源是稀缺的，经济选择是必要的，人的需要或欲望是近乎无限的。可以设想，让每个家庭填写一份假如想要什么就有什么的清单，那么，他们希望得到的产品和服务的清单，汇总起来一定会超过社会现有供给能力许多倍。与人的欲望相比较，在一定时期中产品和服务总是有限的，因为生产它们的土地、自然资源、厂房、设备、劳动和技术知识总是有限的，这就是经济资源的稀缺性。

非自由取用物品，也就是既对人有用而又稀缺的物品，称为经济物品。客观世界中绝大部分的物品不是自由取用物品，而是经济物品。对于城市里的居民，充足的阳光和新鲜的空气也变得越来越不可以自由取用了，人们不得不为获得这些物品付出代价，即为了享受阳光和新鲜空气，必须放弃其他一些需要来换取。

经济学要解决的基本问题，就是对稀缺性资源的使用进行合理有效的分配，做出抉择。通俗地说，经济学研究的是：人们在经济生活中如何使有限的资源得到充分有效的利用，从而使人们的欲望得到最大的满足。具体地说，经济学要解决以下四个相互关联的经济问题。

一是生产什么和生产多少。这就是说，有限的资源在各种不同的产品和服务中如何分配？在衣食住行、医疗保健、文化教育、休闲娱乐和安全等各种需要之间如何选择？在当下消费和将来的消费之间如何选择？

二是如何生产。这并不像工艺学那样研究产品如何制造，而是选择怎样的要素组合、怎样的经济组织方式来生产产品。是多用人工少用昂贵的自动化设备，还是相反？是组成大公司来生产，还是由分散的个体或小企业生产？等等。

三是为谁生产。社会产品如何分配给不同的居民和家庭？是平均分配还是按劳动时间分配？有多少是由国家直接提供的产品或服务？国家是如何得到这些产品和服务的？

四是谁来决策。在市场经济体制下，产品生产基本上由市场机制来决定。也就是说，生产主要由生产者和消费者的自由交换所决定，对一些混合经济体而言，在一定范围内，由生产者和消费者做出决策，而在另一些范围内由政府做出决策。

二、管理与管理学

管理是人类的基本社会行为，广泛适用于社会的一切领域，包括政治、经济、军事、技术、文化和生活等方方面面。为了达到预定目标和提高效率，任何社会组织都需要管理。本书以工商企业的经济活动为主要对象研究一般管理问题。

管理的必要性在于经济资源的稀缺性或有限性。由于每个企业能投入生产过程的资源都是有限的，整个社会能用于社会生产的资源也是有限的，所以这就要求通过有效的管理来提高资源的使用效率，使有限的资源得到有效的运用，尽可能多地实现某种想要达到的任务或目标。换句话说，如果企业能投入生产过程的资源是无限的，那么，企业就无须追求效率，管理也就会失去它的必要性。正如美国著名学者萨缪尔森在《经济学》一书中所说的："如果资源是无限的，生产什么、如何生产和为谁生产就不会成为问题。如果能够无限量地生产每一种物品，或者，如果人类的需要已经完全满足，那么，某一种物品是否生产得过多是无关紧要的事情。劳动与原料是否配合得恰当也是无关紧要的事情……在上述的情况下，就不存在经济物品。这就是说，没有任何相对稀缺的物品，研究经济学或节约就会没有什么必要。"[①]

由于管理的必要性在于资源的有限性，所以管理的目的就是使企业的目标能有效地实现。每一个企业都要通过有效的管理，解决生产什么、如何生产、为谁生产和谁来决策等基本问题，使企业的有限资源得到有效的运用。

管理学则是一门研究管理活动内在规律的科学，其理论体系由一系列反映管理活动内在规律的概念、原理、原则、制度、程序、方法等所组成。它是一门边缘科学，也是一门基础理论。

为了能达到有效的管理，首先，管理者必须了解管理对象活动的规律性，比如，要想提高高等教育管理工作的成效，就必须了解高等教育活动的内在规律性，要想提高经济工作管理的成效，就必须了解经济活动的内在规律性。只有以管理活动的规律性作为自己研究对象的管理学，才能使管理的理论对管理的实践有真正的指导意义。其次，在具体管理某项事务时，要想达到有效的管理，本身也需要各方面的知识。比如，在企业管理中的投资决策问题，就需要决策者具有多方面的知识：具有投资项目工艺技术方面的知识和投资软、硬环境方面的知识，使决策者对决策问题本身的内在规律性有清楚的了解；具有决策方法的知识，如数学、运筹学等方面的知识，使决策者能掌握科学的决策方法；具有会计和财务管理方面的知识，使决策者在决策时有明确的经济效益的观点；具有心理学方面的知识，使决策者在决策时能了解组织中员工的心理活动的规律，充分地调动员工的工作积极性；等等。以管理活动的内在规律性作为自己研究对象的管理学，必须吸收如经济学、政治学、社会学、心理学、工艺技术学、数学、运筹学、会计学等其他各种学科的思想、原理、方法和研究成果。

管理学是一门介于社会科学和自然科学之间的边缘科学，是一门综合性的、以应用为导向的科学。管理学在吸收其他学科的知识来充实自己的时候，并不是把各门学科的知识简单地汇总，而是以管理学自己的核心知

---

① 萨缪尔森. 经济学（上册）[M]. 高鸿业，译. 北京：商务印书馆，1981：27-28.

识为基础，吸收其他各门学科中的有用知识，形成管理学自己的学科理论体系。管理学的核心知识包括管理思想理论、管理职能理论、管理决策理论等。当然，管理学在吸收其他学科知识时，要注意把管理学与其他学科区分开来，其他学科的知识在管理学上的应用可能对管理思想、管理方法、管理工具和管理手段等的形成和发展会有所帮助，但它们并不能代替管理学本身。

管理学理论来自管理实践，反过来又指导实践。管理实践包罗万象，仅从涉及的领域划分就有军事、社会、行政、企业、教育管理等诸多方面。不同的管理门类具有不同的目标和策略，但作为研究管理活动普遍规律的管理学，它所揭示的是人类管理活动的基本原理、原则、程序和方法，可用以指导各类专业管理活动，因此，它是一门基础理论。

三、经济管理

前面简要地论述了经济及经济学、管理及管理学的基本概念和基本内容，为了让非经管类专业学生对经济、管理理论与知识有一个概括性了解，并掌握和运用其核心理论知识与技能，本书力求把经济学和管理学两者有机地结合起来，取其精华，用有限的篇幅、尽可能少的学时，在"精专业"的基础上，达到"懂经济、会管理"的目的。为了论述方便，本书对经济管理概念定义为：管理主体通过运用管理职能，在经济活动中对人力、物力、财力、时间和信息等进行合理分配和有效使用，以及对各个社会集团和个人之间的物质利益关系进行合理调节，以实现预定目标的一系列活动的总称。经济管理既要研究经济学关于稀缺资源的有效配置与利用问题，即经济活动中的基本问题（生产什么和生产多少、怎样生产、为谁生产、谁来决策），又要研究管理学关于人类按照市场经济规律，对生产经营活动进行计划、组织、领导、激励和控制的问题。

四、经济管理现代化及经济管理发展新趋势

随着市场经济发展体制改革进程的稳步推进，新的市场经济形势对于各行各业而言都需要紧密结合时代的发展变化和要求等不断进行改革创新，这样才能最大限度地夯实发展基础，全面提高科学化管理和运营成效，为组织的发展带来更多的生机和动力。市场形势不断变化，政策监管力度

不断加大，人才的竞争也日益激烈，对于企业而言加强经济管理现代化与发展趋势预测分析，有利于更好地把握机遇、应对市场冲击，进而切实夯实发展基础，实现更长远的发展。加强经济管理现代化及经济管理发展新趋势探究，具有重要的现实意义和社会价值。

（一）经济管理现代化的内涵、特征与意义分析

1. 经济管理现代化的内涵分析

作为一项具有综合性的经济管理活动，经济管理自身随着时代的发展和社会的进步不断向前发展，为此在经济社会不断向前发展的过程中，经济管理现代化应运而生，这也是管理发展的必然趋势。经济管理包含的内容比较复杂，主要是通过预测经济发展目标，进而为组织发展提供更科学的指导和帮助。经济管理现代化是伴随经济管理行业不断向前发展而逐渐形成和发展起来的一种发展趋势、管理理念等的统称，主要是基于管理现代化的基础，结合当前经济领域中的各项经济活动，进而逐渐形成的，与科学技术以及社会科学和管理科学等相关联的先进技术成果等的集合，同时可以借助有效的管理机制和布局等，切实推动经济管理活动实现良性有序发展。

2. 经济管理现代化的特征分析

经济管理现代化有其自身的特点，具体体现在以下几个方面。

（1）经济管理现代化具有艺术性的特征。经济管理现代化自身具有良好的应用指导性，并且可以在管理技术中借助管理理念创新与管理精神塑造等更好地体现管理技术的艺术性特点。

（2）经济管理现代化具有专业化的特征。开展经济管理活动时，要想切实提升其管理成效，就需要积极科学地运用相关的理论和方法来进行实施，同时需要全面加强系统理论、信息理论以及控制理论等方面的深入研究，这样才能以此为基础更好地实现专业化管理，提升组织管理效能。

（3）经济管理现代化具有能动性、创造性的特征。在现代市场经济发展形势下，伴随经济管理现代化建设进程的深入推进，需要对市场形势进行全面分析，既需要严格按照市场的准则来实施有序的管理活动，同时，也需要在经济管理过程中围绕资源的优化配置等进一步加强各类要素的科

学管理和积极创新，进而更好地为组织发展提供强大的支持，为此，经济管理现代化的能动性与创造性的特征也会自然显现①。

（4）经济管理现代化具有灵活性的特征。经济管理现代化涉及很多环节和内容，无论是在传统经济管理模式下还是现代经济管理模式下，都需要科学研究相关的管理理论和方法，并且结合组织的具体实际，设计优化管理理念、方法以及机制等，只有这样才能更好地解决组织发展中遇到的各类问题。运用现代化经济管理理论等指导实践，能更好地为行业发展奠定良好的基础，因此，管理者可以灵活地探索科学的管理方式，进而形成更多的经验成果进行共享与推广，为市场经济发展贡献更多的力量。

（5）经济管理现代化具有民主性的特征。对于社会上的任何组织而言，想要积极推动经济管理现代化实现科学稳定发展，都需要先探索相关的先进的管理理念和管理模式，并着力打造专业化的管理队伍，以利于有效解决组织遇到的各类矛盾或冲突等。经济管理理念和策略的实施等也需要依靠广大员工积极参与，这样才能更好地形成强大的推动合力，所以经济管理现代化体现了以人为本的管理理念，具有民主性的特征。

（6）经济管理现代化具有科学化和自动化的特征。随着时代的发展和社会的变迁，经济管理活动更加复杂，组织在经济管理方面也需要不断进行新技术的探索创新与引入，其中信息时代的到来为组织发展提供了强大的技术手段支持，科学化经济管理活动的实施也离不开智能化信息技术的支撑，只有借助现代信息技术等促进经济管理现代化向着智能化的方向发展延伸，才能更好地降低人力、物力、财力等方面的投入，为组织节约更多的成本，为此经济管理现代化必将向着更加自动化和智能化的方向延伸。

3. 经济管理现代化实施的必要条件分析

实施经济管理现代化，必须遵循基本的原则，满足相关的条件，这样才能更好地推动经济管理现代化机制有效落地。具体表现如下。

（1）要结合我国的国情，实现经济管理现代化，就必须认识到我国仍处于并将长期处于社会主义初级阶段的基本国情，虽然我国市场经济发展取得了良好的成就，但是和发达国家相比依然还存在不小的差距，为此

---

① 王志强. 浅谈经济管理现代化及经济管理发展新趋势[J]. 商场现代化，2020(13)：150-152.

经济管理现代化应当遵循国情，不能盲目地照搬照抄国际标准或其他国家的做法等。

（2）要加强理论实践融合探索。要实现经济管理现代化，就需要不断学习和借鉴国外先进的技术和良好的管理经验等，可以正确地辩证分析国外相关的预测、决策以及分析等技术手段和方法，并结合我国的实际和组织的具体情况有针对性地应用于经济管理现代化活动开展过程中，在理论和实践的结合探索中更好地寻求适合自身的经济管理模式。

（3）需要强大的管理队伍支持。经济管理现代化建设进程的有序推进，需要管理人员的积极支持，并需要他们具备丰富的专业理论和技能，同时还应当不断进行技术和方法创新，加强自我管理和约束，积极探索应用现代化技术手段等进行创新实践。只有这样，才能更好地夯实发展基础，更好地引领组织根据经济社会发展形势科学决策，提高可持续发展动力。

4. 实施经济管理现代化的意义分析

加强经济管理现代化探索，一方面是科学技术不断发展的必然结果，科学技术不断向前发展，与此同时管理和实践也在不断进行改革，从第一次工业革命发展到现在，经历一次次的社会变革，在一定程度上进一步推动了经济的发展，也为经济管理现代化建设提供了良好的发展条件。另一方面是社会发展的必然结果，随着经济社会不断发展，社会生产力水平不断提升，信息时代的到来倒逼行业不断进行变革创新，社会结构不断优化，生产专业化分工更加精细化。为此，加强经济管理现代化更有助于生产工艺的创新和技术的变革，推动生产管理模式不断优化，从而更好地顺应时代的发展。此外，加强经济管理现代化模式和理念等创新探索，也有助于为组织发展提供更科学的手段和方法支持，进而更好地优化调整劳动关系，实现资源要素的科学配置，为组织发展提供强大的动力支持，全面推动组织实现更大的经济效益和社会效益。

（二）经济管理发展新趋势与对策分析

1. 经济管理发展新趋势分析

随着现代市场经济体制改革的深入推进，新形势下的经济管理发展也将向着多元化的方向延伸，主要的发展趋势体现如下。

（1）经济管理将更加体现以人为本的管理思想。经济管理工作的开展，离不开人力资源的强大支持，所以，经济活动的实施需要以人为主体来进行。只有积极发挥人的能动性和创造性，才能更好地确保经济管理活动有序开展，进而为组织创造更大的效益。为此，在经济管理领域和活动的实施过程中更应当注重人本管理理念的融合，只有积极构建以人为本的现代化经济管理模式和体系，才能更好地推动各项活动有序开展，以利于保证组织效益目标和战略发展规划的有效达成。

（2）经济管理更加体现与管理文化的结合。经济管理是一项复杂的活动，持续性的工程，通过管理文化的建设和打造可以更好地聚焦组织的发展目标、思想以及价值观等，进而更好地展示组织的发展形象。伴随经济管理不断发展，组织管理也逐渐形成了特色的企业文化，在社会主义市场经济条件下，企业文化和经济管理将实现深度融合，以利于更好地塑造组织精神，引领组织实现科学化、持续化发展，让组织经济管理达到最理想的状态和效果。

（3）经济管理将向着更加民主化和智能化的方向延伸。一方面经济管理活动开展日益频繁，组织对其重视度不断提升，而且在实施经济管理理念和方法的过程中也更加体现对员工的尊重，只有对组织中的每一名员工的思想观念以及兴趣需求等进行深入分析和了解，并结合组织自身的实际不断征求广大员工的意见和建议，实施民主化管理，才能更好地确保经济管理目标的达成，也更有助于稳定员工队伍，为组织发展提供可靠的人力资源支持。另一方面经济管理将向着智能化的方向发展，在经济管理活动的组织开展过程中，信息时代的到来、科学技术不断升级等，组织的管理手段也将不断进行优化。未来组织将会更加关注成本管控等工作，所以在经济管理活动实施开展层面也将积极引进更加先进的技术和方法，深入实施智能化管理，从而减少用工成本，提高组织科学化管理效能。

2.加强经济管理现代化的具体措施

可以看到经济管理发展呈现新的发展趋势，对组织而言加强经济管理现代化建设，需要全面结合发展趋势和市场发展形势积极探索、不断创新，以利于更好地适应市场经济发展环境，进而转化为自身的稳定优势，实现持续高质量发展，具体建议如下。

（1）加强现代化管理体制的健全完善。在现代经济管理工作开展过程中，经济管理现代化的目标得以实现，需要组织科学建立相关的管理制度体系，提出明确的管理目标、要求等，并具体细化分工、优化流程。为此组织的决策者应当结合市场形势的发展变化以及自身的战略发展目标，积极探索建立完善的现代化管理制度体系，加强经济管理审核建设，重视经济管理理论的系统学习，并建立完善的执行监督机制，围绕组织的发展目标层层进行任务的分解落实和过程考核，从而规范员工行为，切实提高管理效能。

（2）加强现代化管理技术的创新探索与应用。知识经济时代的到来，社会产业化发展进程的有序推进，给各行各业的发展都带来了严峻的市场挑战。在市场经济的环境下，需要组织不断进行现代信息技术的科学运用，构建大数据体系，结合自身领域的发展实际，积极利用现代信息技术收集更全面的信息，并利用数字处理技术进行数据的处理。要更好地推动各项管理活动的有序开展，同时通过数据的存储、共享和应用等，为经济管理的科学决策提供重要的参考依据。

（3）持续加强管理机制创新。除了要加强技术创新以外，还需要加强管理理念、管理方法的不断创新，在经济管理发展的过程中除了要遵循基本的原则，按照组织既定的发展模式来有序推进各项工作以外，同时还需要不断进行创新探索，积极引入和借鉴先进的管理技术和管理经验、方法等，并结合组织自身的特点，进一步强化凸显自身的优势。要更好地塑造特色化的组织文化和管理模式，进而更好地提升自主研发和管理成效，为组织持续发展赢得更多的市场。

（4）全面强化管理队伍建设。对于组织而言最重要的资源依然是人力资源，只有全面加强队伍建设，不断提高队伍的管理技术水平和专业化能力，才能切实为组织各项活动的开展以及战略目标的达成奠定良好的基础。为此应当加强管理人才队伍的建设，制定完善的培训管理体系，结合员工的需求和组织的发展实际建立多层次、多元化的培训机制，在专业理论、管理理念以及技术方法等方面开展系统的培训，引导他们积极转变观念，树立科学管理意识。此外，对于组织而言，还需要加强管理文化的塑造和培育，加强经济管理和企业文化建设的融合，并通过多元化的视觉展示体系以及行为认知体系，进一步提升员工对组织的认同感，并通过文化精神进一步引领组织努力创新，凝聚起全员奋进的强大合力。当然企业文化是无形的力量，组织在这方面需要进行科学探索、逐步推进，发挥全员的力量积极献计献策，这样才能更好地实现文化创新，推动管理文化有效落地实行。

总之，经济管理现代化是经济社会发展的必然趋势，在经济管理活动的开展过程中需要各行各业结合我国的国情遵循基本的原则，积极探索管理创新模式，并发挥员工的作用，积极为组织发展提供更多的可行性建议和方法，推动经济管理实践，取得更大成效。

第二节　经济原理与管理思想

一、经济原理

任何学科都有自己的研究对象，其规律性的东西都要用自己的学科语言表达出来，这在理论上说，就是学科原理，经济学科也不例外。经济原理源于经济实践，只要把经济原理还原为事理常规，它就变得通俗易懂了。下面将尽量用通俗的语言简要地介绍在整个经济学中反复出现的九大重要经济原理，即替代关系原理、机会成本原理、边际决策原理、激励反应原理、比较优势原理、"看不见的手"原理、通货膨胀与失业交替原理、收益递减原理，它们是经济分析的基础。

（一）替代关系原理

在生产资源既定的条件下，多生产A产品，必然以少生产B产品为代价。在现实生活中经常听到诸如"有得必有失""鱼和熊掌不能兼得"等俗语，其表达的意思就是资源约束下的替代关系。经济生活中广泛存在着替代关系，在此略举几例：①学习经济学的时间多了，学习法学、社会学、心理学所花的时间就少了；每天新增加4小时的学习时间，就要放弃本来可用于休息或工作的时间。②在家庭收入既定的条件下，旅游消费多了，其他消费相应地就要减少。③一国资源用于"大炮"（军用品）生产多了，用于"黄油"（民用品）生产就会减少。

（二）机会成本原理

根据替代关系原理，为了得到某种东西就必须放弃另一种东西，必须放弃的东西被经济学家称为机会成本，在现实经济生活中可以举出许多例子。①上大学除缴纳学费、书费外，实际上还存在时间成本——把这段时间用于工作可以挣得工薪，这就是上大学的机会成本。②体育明星（如足球、排球、网球职业选手）从事职业体育运动，有的一年能赚几十万元，甚至几百万上千万元。他们认识到此阶段上大学的机会成本极高，所以大都是在退役以后再去上大学。③如果用10万元存款去投资股票，那么10万元的银行存款利息就是投资股票的机会成本。

（三）边际决策原理

边际决策是指人们经常要对现有行动计划进行增量调整，这种增量调整被称为边际决策或边际变动。例如：①当人口骤增而此时粮食又歉收时，农业问题就成为边际问题，需要放在突出的位置；②当温饱问题基本解决而农业劳动生产率大幅度提高时，农业问题可能会让位给交通问题、电力问题、环境保护问题等；③当要求上大学的人数大增而高校资源又紧缺时，扩大高校规模满足上大学的需要成了突出的边际问题；④消费者和生产者几乎无时无刻不在考虑边际问题，以便做出更好的决策。对于"经济人"来说，只有当一项行动的边际收益大于边际成本时，才会采取该项行动。

（四）激励反应原理

激励反应实际上就是利益驱动，即人们会对激励做出反应，比较成本与收益，从而做出决策。当成本或收益变动时，人们的行为也会改变。例如：①某种商品价格上升，意味着购买者成本上升，人们会做出减少购买而选择其他替代品的决策；反之，当价格下降时，人们对该商品的购买又会增加。同样，该商品的生产者也会根据价格的升降做出相应决策。因为，价格的升降意味着出售商品的收益增减。②经济学家发现，广泛地提高税率反而会减少政府的财政收入。因为税率提高降低了对生产者的激励，从而造成生产活动减少。

(五)比较优势原理

比较优势原理又叫交换(贸易)原理,它说明了交易能使每个生产者状况更好的道理。两个生产者的交换能使双方获益,两个国家的贸易可以使两个国家的状况都变得更好。贸易促使生产者专门从事自己有绝对优势或相对优势的生产活动,并享有更多的物品和劳务。

(六)"看不见的手"原理

"看不见的手"原理是指市场供求受价格这只"看不见的手"的指引,决定消费者购买什么、购买多少、何时购买。同时决定生产者生产什么、生产多少、如何生产。消费者和生产者都时刻关注着价格,不知不觉地考虑他们行动的成本与收益。结果,价格指引这些个别决策者通过市场在大多数情况下实现了市场均衡,达到整体社会福利的最大化。

"看不见的手"原理最早由经济学家亚当·斯密提出。17—18世纪是资本主义形成和发展的初期阶段,生产规模还相对狭小,经济自由竞争还受到各种限制。英国资产阶级古典经济学家亚当·斯密在其1776年出版的名著《国民财富的性质和原因的研究》中对经济自由竞争、自由贸易进行了详尽的阐述。斯密表述了使他欣喜若狂的伟大发现(著名经济学家萨缪尔森把这一发现与牛顿的伟大发现相提并论):动机良好的法令和干预手段,不能帮助经济制度更好地运转,利己的润滑油会使经济齿轮奇迹般地正常运转,市场这只"看不见的手"会解决一切。每个人既不打算促进公共的利益,也不知道他所增进的公共福利是多少。他所追求的仅仅是他个人的利益。在这种场合,像在其他许多场合一样,他受一只"看不见的手"的引导去促进一种目标,而这种目标绝不是他所追求的东西,只是由于他追逐自己的利益,同时也促进了社会利益,其效果要比他真正想促进社会利益时所得到的效果要大。后来的经济学家发现,这是对市场经济描绘的最经典、最清楚的一段文字。

斯密把个人利己行为与社会经济福利统一起来,由此得出价格调节经济是一种正常的自然秩序。

(七)通货膨胀与失业交替原理

通货膨胀是指一国在一定时期中物价总水平的持续上升现象。货币量的迅速增长、货币流通速度加快和生产率的大幅度下降都会导致通货膨胀。失业是指没有工作但仍在积极寻找工作的成年人。许多国家都遇到过通货膨胀与失业交替出现的问题,即通货膨胀率与失业率此消彼长,失业率高,通货膨胀率则低;失业率低,通货膨胀率则高。

(八)收益递减原理

收益递减是广泛观察到的经验性规律,它的内容是指当保持其他投入不变时,连续增加同一单位的某种投入所增加的收益(或产量)越来越少,又称边际收益递减规律。收益递减的原因是:随着某一种投入增加,如劳动的更多单位增加到固定数量的土地、机器和其他投入上,劳动可使用的其他要素越来越少,土地变得更加拥挤,机器超负荷运转,所投入的劳动也变得越来越不重要了。

边际收益递减的另一面是边际成本递增。在短期内,当把可变生产要素作用于不变生产要素时就表现出收益递减的倾向,这就意味着边际成本有上升的倾向。如果最初存在收益递增,那么,边际成本就下降,但在一定时间后,边际收益递减和边际成本递增总会出现。成本的"U"形变化规律和收益的"U"形变化规律对厂商而言意义深远。

二、管理思想

人类的管理活动与其他社会活动一样源远流长。自从有了人类社会,也就有了人类的管理活动,从而有了一些管理思想。随着人们对管理思想认识的不断深化,管理思想逐渐系统化和体系化,形成了管理理论,最终形成了管理科学。但这一过程经历了一个漫长的历史时期。

(一)泰勒的科学管理理论

弗雷德里克·温斯洛·泰勒,美国人,从进厂学徒开始,由普通工提升为小组长、工长、车间主任、总工程师,直至总经理等职。1911年,他发表了《科学管理原理》一书,提出了通过对工作方法的科学研究来改善生产效率的基本原理和方法,最先突破了传统经验管理的局面。泰勒被西方管理学界称为"科学管理之父"。泰勒的科学管理理论的主要思想如下。

1. 制定科学的操作标准和工作定额

泰勒提出，选择合适而熟练的工人把他们的每一项动作和每一项工序的时间记录下来，通过科学的观察分析，消除各种不合理的因素，将最好的因素结合起来，考虑必要的休息和延误时间，制定出标准的操作方法和"合理的日工作量"。

2. 挑选和培训"第一流的工人"

泰勒认为，为了提高劳动生产率，领导者或管理者必须为工作挑选和培训"第一流的工人"，即不是那些能够工作而不想工作的人，而是那些自己愿意努力干，工作对他又合适的工人，并使工人的能力同工作相配合。必须指出的是，泰勒认为把工人培训成为"第一流的工人"是领导方面的责任。

3. 实行有差别的计件工资制

为了使劳资双方真诚地合作，确保双方都能从提高生产效率中获益，泰勒建议实行全额累进或全额累退的"差别计件工资制"，对完成工作定额的工人全部工资按正常工资标准的125%计酬发放，对完不成工作定额的工人全部工资则按正常工资标准的80%计酬发放。对工人来说，能否完成工作定额，实际工资相差45%，通过这种金钱激励，促使工人最大限度地提高生产效率，而在生产率提高幅度超过工资增加幅度的情况下，雇主也能从"做大的蛋糕"中得到更多的利润。

4. 主张管理职能与作业职能相分离，并实行管理的"例外原则"

泰勒认为，管理者与工人的工作职责必须明确。实行管理工作与操作工作的分工，主张设立专门的管理部门。其职责是研究、计划、调查、训练、控制和指导操作者的工作。同时，管理工作也要按具体的职能不同而进行细分，每个管理者只承担一两种管理职能，并实行管理的"例外原则"，即强调高层管理者只集中处理例外事项，也即重要事项的决策权和监督权。而把那些经常出现、重复出现的"例行问题"的解决办法制度化、标准化，并交给下级管理者去处理。

实际上，主张管理职能与作业职能相分离，并实行管理的"例外原则"，都体现了泰勒在组织管理中的分权思想，这种思想对以后实行以分权思想为基础的事业部制起了积极的影响作用。

（二）法约尔的一般管理思想

亨利·法约尔，法国人，1860年毕业于圣艾蒂安国立矿业学校，长期在一家法国采矿业公司中担任工程师、总经理等高级管理职务，以自己在工业领域的管理经验为基础，1916年，发表代表作《工业管理与一般管理》一书，从理论上概括了适用于各类组织（包括公私企业、军政机关和宗教组织等其他组织）管理五要素论和有效管理的十四项原则，后人称其为"一般管理理论"。与泰勒等人主要侧重研究基层的作业管理不同，"一般管理理论"是站在高层管理者角度来研究整个组织的管理问题的，是西方管理过程学派的理论基础，也是后来各种管理理论和管理实践的重要依据之一，特别是关于管理组织和管理过程的职能划分理论，对后来的管理理论研究具有深远的影响，后人称他为"管理过程理论之父"。

法约尔的管理思想主要体现在以下几个方面。

1. 法约尔将工业企业中的各种活动划分成六种

技术活动（生产、制造和加工）、商业活动（采购、销售和交换）、财务活动（资金的筹措、运用和控制）、安全活动（设备的维护和人员的保护）、会计活动（货物盘点、成本统计和核算）和管理活动（计划、组织、指挥、协调和控制）。管理活动只是这六种活动中的一种，其本身包括的计划、组织、指挥、协调和控制五种要素，也称为五种管理职能。其中，计划是指预测未来并制订行动方案；组织是指建立企业的物质结构和社会结构；指挥是指使企业人员发挥作用；协调是指让企业人员团结一致，使企业中的所有活动和努力得到和谐统一；控制是指保证企业中进行的一切活动符合所制订的计划和所下达的命令。

2. 管理存在于一切有组织的人类活动之中

法约尔认为，管理不仅是工业企业的有效运营所不可缺少的，它也存在于一切有组织的人类活动之中，是一种具有普遍性的活动。同时他认为，人的管理能力可以通过教育来获得。实际上管理能力也可以像技术能力一样，首先在学校里，其次在车间里得到。他发现当时社会缺乏管理教育的原因是缺少管理理论，于是，提出了一般管理理论。但是，法约尔认为，管理的成功不完全取决于个人的管理能力，更重要的是管理者要能灵活地贯彻有效管理的十四项原则。这些原则如下①。

（1）劳动分工原则。法约尔认为，通过劳动分工可提高雇员的熟练程度，从而提高工作效率。同时他认为，劳动分工不只适用于技术工作，也适用于管理工作。

（2）权力与责任原则。法约尔认为，管理者必须拥有命令下级的权力，包括正式权力和个人权力。前者是由管理者的职务和职位所决定的，后者是由管理者个人智慧、学识、经验、以往的功绩、道德品质等个人品质和素质所决定的。作为出色的管理者，应当以他的个人权力作为正式权力的补充。同时，有权力的地方，就有相应的责任，这就是著名的权力与责任相符的原则。

（3）纪律原则。法约尔认为，纪律是企业与下属人员之间的协定和人们对这个协定的态度及其遵守的情况，它是组织兴旺发达的关键。同时他认为，雇员必须服从和尊重组织的规定，领导者必须以身作则，使管理者和员工都对组织规章有明确的理解并实行公平的奖惩，这些对于保证纪律的有效性都非常重要。

（4）统一指挥原则。法约尔认为，无论哪一种工作，一个下属只应接受一个领导人的命令，这是一项普遍的、永久必要的原则，否则，权力、纪律、秩序、稳定等都将受到威胁，就会出现或加剧混乱。

（5）统一领导原则。这一原则是与统一指挥原则相关的，法约尔认为，组织为了达到每一项具有共同目标的活动，都只能在一个领导人和一项计划的指导下进行。统一领导取决于健全的组织，一个下级只能有一个上级，上级不能越级下达指令，下级也不能越级接受命令。而统一指挥取决于人员如何发挥作用，即一个下属人员只能听从一个领导人的命令。统一指挥不能没有统一的领导而存在，但并不来源于它。

（6）个人利益服从集体利益原则。法约尔认为，这是一个人们都十分明白清楚的原则，在一个企业里，一个人或一些人的利益不能置于企业利益之上，一个家庭的利益应先于某一个成员的利益，国家的利益应高于公民个人的利益。法约尔认为，坚持这一原则，成功的办法是：①领导人

---

① H.法约尔.工业管理与一般管理[M].周安华，等译.北京：中国社会科学出版社，1982：22-45.

的坚定性和好的榜样；②尽可能签订公平的协定；③认真的监督。

（7）人员的报酬原则。法约尔根据"经济人"原则，阐述应尽可能使劳资双方都能满意，保证人员报酬的公平合理。

（8）集中原则。法约尔认为，决策制定权是集中于管理当局还是分散给下属，这只是一个适度的问题，管理当局的任务是找到每种情况下最合适的集权制度，集权程度并不是固定不变的。

（9）等级链与跳板原则。等级链是指从企业的最高领导到基层的上下级关系，其权力执行的路线和信息传递的渠道。这一原则能保证统一指挥和统一领导，但往往不是信息传递最迅速的渠道。为了把尊重等级制度与保持行动迅速更好地结合起来，法约尔设计了一种"跳板"，也称"法约尔天桥"，便于同级之间的横向沟通，但在横向沟通前要征求各自上级的意见，并且事后要立即向各自的上级汇报，从而维护了统一指挥的原则。

（10）秩序原则。法约尔认为，无论是物品还是人员，都应该在恰当的时候处在恰当的位置上。

（11）公平原则。法约尔认为，管理者应当友善和公正地对待下属。

（12）人员的稳定原则。法约尔认为，每个人适应自己的工作都需要一定的时间，因此，不要轻易变动管理人员和职工的工作岗位，以免影响工作的连续性和稳定性。管理者应制订出规范的人事计划，以保证组织所需人员的供应。

（13）首创原则。法约尔认为，应鼓励员工发表意见和主动地开展工作。但是由于纪律原则、统一指挥、统一领导原则等的贯彻，会影响员工的首创精神，法约尔认为，对于领导者来说，需要极有分寸，并要有某种勇气来激发和支持大家的首创精神。

（14）团结原则。法约尔强调团结精神将会促进组织内部的和谐与统一。

以上是法约尔提出的管理的十四项基本原则。尽管在传统的管理理论中已有所反映，但将它概括为一个完整的概念，是法约尔的首创。法约尔阐明了管理作为一门学科与作为一种艺术之间的关系，即理论是可以指导实践的，问题在于如何应用这个理论。再好的管理理论，如果不懂得如何去应用，也是没有用处的。

(三)韦伯的行政组织理论

马克斯·韦伯,德国著名社会学家,他的代表作《社会组织和经济组织的理论》对管理学的主要贡献是提出了理想的行政组织体系理论,因而被后人誉为"组织理论之父",其管理思想主要体现如下。

1. 权力与权威是组织形成的基础

韦伯认为,组织中存在三种纯粹形式的权力与权威:①法定的权力与权威,是以组织内部各级领导职位所具有的正式权力为依据的;②传统的权力,是以古老传统的不可侵犯性和执行这种权力的人的地位的正统性为依据的;③超凡的权力,是以对个别人特殊的、神圣英雄主义或模范品德的崇拜为依据的。韦伯强调,组织必须以法定的权力与权威作为行政组织体系的基础。

2. 理想的行政组织体系的特点

韦伯认为理想的行政组织体系至少要做到以下几点:①组织的成员之间有明确的任务分工;②上下层次之间有职位、责权分明的结构;③组织中人员的任用,要根据职务的要求,通过正式的教育培训,考核合格后任命;④组织成员的任用必须一视同仁,严格掌握标准;⑤管理与资本经营分离,管理者应成为职业工作者,而不是所有者;⑥组织内人员之间的关系是工作与职位的关系,不受个人感情影响。

(四)梅奥的人际关系理论

埃尔顿·梅奥,美国人,曾在美国哈佛大学任教,从事过哲学、医学和心理学方面的研究。1927年,梅奥应邀参加并指导在梦加哥西方电气公司霍桑工厂进行有关科学管理的试验,研究工作环境、物质条件与劳动生产率的关系,通常称为"霍桑试验"。研究取得了一系列重要成果。在此基础上他发表了他的代表作《工业文明的社会问题》,提出了人际关系理论的一系列思想,标志着人们从早期科学管理思想单纯重视对组织形式及方法的研究,开始转向对人的因素在组织中的作用的研究。这一理论的出现也标志着现代行为科学的早期发展。人际关系论处于从古典理论向现代管理理论过渡时期,因此,后人称为"新古典理论"。其主要表现如下。

1. 提出人首先是"社会人"的思想

梅奥认为,人们从事工作并不是仅追求金钱收入,他们还追求人与人之间的友情、安全感、归属感和受人尊重等。人首先是"社会人",而不是早期科学管理理论所描述的"经济人"。

2. 生产效率主要取决于职工的工作态度和人们的相互关系

梅奥强调,通过建立企业良好的人际关系,给予员工归属感,人们之间和睦相处,满足员工社会和心理方面的需要,加强情感交流等来调动员工的劳动积极性,从而提高生产效率。

3. 重视"非正式组织"的存在和作用

梅奥认为,企业中不仅存在"正式组织",还存在人们在共同劳动中形成的非正式团体,他们有着自己的规范、感情和倾向,并且左右着团体内每个成员的行为。"非正式组织"的存在对组织既有利也有弊。管理人员要想实施有效的管理,就既要重视正式组织的作用,又要重视非正式组织的存在和作用。

第三节 经济管理的作用和地位

一、经济管理的作用

(一)经济管理的"有序化"作用

近代物理学、化学、生物学和社会科学的研究不约而同地对准了"秩序"。系统论、信息论、协同论、耗散结构理论等分别从不同角度研究系统的"有序化"运动。"有序化"是组织生命的根本,"有序化"程度越高,则该组织的生命力越强。热力学第二定律指出,系统的自发过程总是"熵增"和"无序"的。也就是说,在没有外力作用的前提下,系统自发过程的结果只能是熵值的增加、混乱程度的加剧和系统生命力的衰减。系统的维持和趋向"有序"都离不开经济管理。换言之,有效经济管理可以促使系统"熵减"和"有序",是维持和增强系统生命力的根本。通过有效经济管理,实现人、物、精神和行为等多方面的有序。值得强调的是,经济管理的有序化作用还表现为不断改革和创新,以克服组织的惰性,从而增强组织的生存和发展能力。

（二）经济管理的整体推动作用

一项新技术、新发明的作用主要发挥在某一个点、某一条线或某一个面上，或者使某项操作的效率得以提高，或者使某个行业得到长足发展。而对经济管理来讲，即使在某一点上时，其作用的发挥也会达到一个特定的面。如果考虑到发展的过程，经济管理便具有立体的整体推动作用，因为经济管理首先是一种思想、观念和意识，如果它能被组织中多数人掌握，则每个人都可以在其所处的点或线上发挥作用，从而对整个组织产生推动作用。而经济管理的本质作用就是通过经济管理人员、决策、机制等来调动所有人的积极性，从而使每个处于某一点或线上的人创造出更多的成果，推动组织与社会的全面进步和发展。

换言之，经济管理就是造势。通过经济管理，在组织内创造一种气氛、一种态势，使组织中的每一个成员都为某种共同目标而努力。当然，这种共同目标客观上应是组织目标和组织内个体目标的协调结果。经济管理的作用就是要通过经济管理者及其所制定的政策和所建立的机制，调动所有人的积极性来创造出一种气氛、态势。在这种态势下，组织的思想、观念和意识等可以较容易地为大多数人，甚至全部人所接受。这样，每个人（至少是大多数人）都可在其所处的点或线上充分发挥作用，从而发挥对组织的整体推动作用。

（三）经济管理的放大作用

经济管理的放大作用，即人们常说的"1+1>2"。它主要表现在两个方面。

1. 经济管理可以扩大人类的能力范围

个人单独劳动的效果是十分有限的。随着社会的进步和发展，越来越多的劳动对象和领域（如高新技术、大型项目等）单靠个人的劳动需要很长时间才可能完成，而且有时根本就无法完成。经济管理就是由一个或多个人来协调其他人的活动，扩大人类的能力范围，从而取得个人单独劳动所不能取得的效果。[①]

2. 经济管理可以使系统的产出倍增

---

① 赵钧. 探究柔性管理在现代企业管理中的作用 [J]. 中国管理信息化，2020，23(1)：115-116.

从某种意义上说，所有的组织都是一个投入—产出系统，其功能在于使各种投入要素（人力、物力、资金、信息）得以转换，以新的面貌产出。经济管理的重要作用在于科学地配置资源、科学地组织系统的转换过程，保证其产出大于投入。这就是经济管理的放大作用，也称为倍增作用。

二、经济管理的地位

（一）经济管理是一种"基础国力"

当今世界，有的国家很富有，有的国家却非常贫穷。尽管资源和其他方面的基础对一个国家的繁荣与否有很大的影响，但并不是决定性的。有的国家资源贫乏但很富有，而有的国家资源丰富却相当贫穷。事实上，一个国家是否繁荣取决于该国生产率的状况，即该国是怎样有效地利用其人力、土地、机器、原材料和其他资源的。或者说，一个国家的发达与否取决于经济管理的效率。企业的情况也一样，经理的能力差、效率低，该企业经济管理的效率必然也低，哪怕企业的设备多么精良、员工多么优秀。

许多国家、民族、企业或者家庭由强变弱或者由弱变强的事例，其原因归根结底，很大程度是经济管理水平的高低。

事实上，在讨论人类社会赖以发展的资源及其发展活动的组织时，无法脱离经济管理。尽管好的经济管理并不直接创造自然资源，但它可以有效利用自然资源，对于技术、信息等资源的利用也是如此。经济管理是人力和技术资源中的重要组成部分，好的经济管理可以丰富这些资源的有效利用，使人类社会经济活动更有成效。

经济管理不仅是一种基础国力，而且是一种投资小、收效大，有时还是见效最快的国力。各级经济管理者从工作中可以深刻体会到这一点，应该充分重视这一基础国力的提高。无论是一个国家还是一个企业，若要谋求发展，都必须在经济管理上狠下功夫。这在当代中国，尤其具有现实意义。

（二）经济管理是"摸得着的手"

在市场经济中，人们的行为以及整个社会的生产和消费通过"看不见的手"来引导和协调。当市场机制失灵时，人们提出让政府伸出"看得见的手"进行干预。但是由于诸多原因，"看得见的手"同样也会失灵，甚至有人认为"看得见的手"失灵的后果更严重，所以不如没有它。但绝大部分人还是认为"看得见的手"对经济和社会发展功不可没。

事实上,在现实经济社会活动中,除了上述两只分别在"背后"和在"空中"的手之外,还需要一只实实在在的、"摸得着的手"来具体操作。

经济学更多关注的是"前两只手",经济管理研究则重在探讨这只"摸得着的手"如何运作。"看不见的手"研究的是一般规律和普遍现象,"看得见的手"是想按照自己的意愿引导市场和人们的行为。但现实正是由普遍的"最后一只手"的特殊来体现其色彩的,"上有政策下有对策"才是活生生的事实。

规律、政策无疑对现实复杂活动的经济管理有指导意义,但具体的经济管理操作则更具有其复杂特性。"摸得着的手"更注重经济社会活动的现实性和问题的特殊性,它更关心每个经济社会活动主体在每一天里的活动。这只手在各个层次、各个方面不停地具体运作着。

从某种意义上讲,"摸得着的手"可以减少"看不见的手"和"看得见的手"失灵所造成的问题,或在一定程度上弥补这两只手的不足。

要使越来越复杂的社会经济活动的经济管理更为有效,"看不见的手""看得见的手"和"摸得着的手"联合行动是必由之路。实际上三者之间的关系本身就是相互补充和完善的。这也启示经济管理应该多角度地审视所面临的问题,从而找到更加全面、透彻和综合解决问题的可行方案。

第四节 经济管理原则

所谓经济管理的基本原则,是指在经济管理基本原理的指导下,在经济管理的实践中总结起来的,经济管理者在经济管理活动中必须遵循的行为规范,是经济管理基本原理的体现。[①]

一、整分合原则与相对封闭原则

整分合原则与相对封闭原则是经济管理的系统原理的具体化、规范化。

(一)经济管理的系统原理

经济管理的系统原理源于系统理论,它认为应将组织作为人造开放性

---

① 王艳龙.现代企业经济管理模式探究[J].开封教育学院学报,2015,35(6):247-248.

系统来进行经济管理。它要求经济管理应从组织整体的系统性出发，按照系统特点的要求从整体上把握系统运行的规律，对经济管理各方面的前提做系统的分析，进行系统的优化，并依照组织活动的效果和社会环境的变化，及时调整和控制组织系统的运行，最终实现组织目标。

（二）整分合原则

整分合原则，是指为了实现高效率经济管理必须整体规范明确分工，在分工基础上进行有效的综合，形成目标树，明确分工的权力范围和责任，科学、有效地组织开展计划，保证任务的完成。在整分合原则中，整体是前提，分工是基础，综合是保证。整分合原则的应用一般要经过整体目标确立、系统分解、综合协调三个步骤。整分合原则要求经济管理必须有分有合，先分后合。

（三）相对封闭原则

任何社会组织都是一种开放系统，系统内部与外界环境存在物质、能量、信息的交换。但是，作为一个组织的经济管理系统，其经济管理手段和过程必须构成相对连续封闭的回路，形成螺旋式开放的循环，周而复始地进行。这种封闭式经济管理，可以使经济管理系统的内部各要素、各子系统有机衔接，相互促进，保证信息反馈，形成有效的经济管理活动。这就是经济管理的相对封闭原则。

在管理的相对封闭原则中，管理由对内和对外两部分组成。对于管理内部，各个部分、各个环节必须首尾相连，形成回路，使各个部分、各个环节的功能作用都能充分发挥；对于系统外部，任何相对封闭的系统又必须具有开放性，与相关系统有输入、输出关系。[①]

二、反馈原则与弹性原则

反馈原则与弹性原则源于经济管理的动态原理。

（一）经济管理的动态原理

经济管理的动态原理有两个方面的含义：第一，经济管理组织系统内

[①] 赵霞，蒋翔，刘霞，张丽君．相对封闭原则及其在护理管理中的应用范例[J]．护理学杂志，2007(7)：65-66．

部固有的结构、功能及运行状态具有随着内部各要素及内部其他条件的变化而适时调整、变化的动态规律;第二,经济管理组织作为更大系统的子系统,具有随着大系统的运动而运动、变化而变化的规律。

经济管理的动态原理具有有序性和适应性两大基本特点。有序性要求经济管理要按照一定规律有序地进行,适应性要求经济管理必须研究内外部环境的变化并努力适应其变化。

(二)反馈原则

动态原理给经济管理组织系统提出了必须适应系统内外部环境变化的动态要求。[①] 这种要求体现在:任何一个经济管理组织必须对环境变化和行动结果追踪了解,及时拿捏动态。同时,把行动结果与原来的目标进行比较,找出差距并及时纠正,以确保组织目标的实现。这种为了实现一个共同目标,把行为结果返回决策机构,使因果关系相互作用,实行动态控制的行为原则,就是经济管理的反馈原则。经济管理的反馈原则要求加强信息的接收工作、信息的分析与综合工作、信息的反馈控制工作。

(三)弹性原则

随着社会经济的发展,经济管理组织系统的环境因素日益复杂、变动日益加剧,同时组织系统与环境之间的相互依赖关系也日益密切。组织为了生存与发展,客观上要求加强组织的经济管理弹性,各方面都留有可调节余地,在各种不确定因素发生时,能灵活机动地进行调节,具有应变适应能力。经济管理的弹性原则要求倡导"积极弹性",并着重提高关键环节的局部弹性。

三、能级原则与行为原则

能级原则和行为原则都是以强调发挥人的作用为核心内容,经济管理的人本原理是它们的基本原理。

(一)人本原理

所谓人本原理,是指从经济管理的角度对人的本质属性的认识和理论

[①] 杜丹丽,肖燕红.动态环境下企业组织自适应控制模型研究[J].科技管理研究,2009,29(8):293-295.

探讨。人本原理强调人在经济管理中的核心地位和作用，把人的因素放在首位。它要求经济管理者在一切经济管理活动中要十分重视处理人与人之间的关系，充分调动人的主动性和创造性，把做好人的工作作为经济管理根本，使经济管理对象明确组织的整体目标、自己所担负的责任，自觉并主动地为实现整体目标而努力工作。

（二）能级原则

能级原则是指经济管理的组织结构与组织成员的能级结构必须相互适应和协调，这样才能提高经济管理效率，实现组织目标。经济管理的能级原则要求经济管理必须按层次进行并具有稳定的组织形态；权力、责任和利益必须与能级相对应；同时还要求各级必须动态对应。唯有满足这些要求，才能将具有不同责任、能力和专长的人进行科学的组合，产生最大的效应。

（三）行为原则

行为原则是指经济管理者通过对组织成员的行为进行科学的分析，探寻最有效的经济管理方法和措施，以求最大限度地调动人们为实现整体目标的积极性。经济管理行为原则要求经济管理者既要探讨人的行为共性和普遍性的一面，以求科学地归纳组织成员的共同行为规律，又要研究个体行为的差异性和特殊性的一面，以便经济管理者能开展因人而异的经济管理活动，获得经济管理实效。

第五节　经济管理方法

一、经济管理方法的含义

经济管理方法是管理者为了达到组织预定的目标，注重经济效率，运用管理职能或要素而采取的有效的工作方式、途径或手段。需要指出的是，这里讲的经济管理方法主要侧重于经济领域的管理方法，但不完全限于经济领域，经济管理方法同样适用于其他领域。同时，经济领域的经济管理方法也不仅局限于经济方法，还包括行政方法、法律方法、社会学心理学等方法。经济管理机制的功能与作用是通过具体的经济管理方法实现的。尽管经济管理机制具有客观必然性，但选择和运用不同的经济管理方法则具有主观性。经济管理方法是实现组织目标的中介和桥梁，对于提高管理功效，实现组织目标，具有非常重要的意义。

二、经济管理方法的种类

一般来说，经济管理方法可按以下标准分类。

一是按作用的原理，可分为经济方法、行政方法、法律方法和社会学心理学方法。

二是按管理方法适用的普遍程度，可分为一般管理方法和具体管理方法。

三是按方法的定量化程度，可分为定性管理方法和定量管理方法。

四是按所运用技术的性质，可分为管理的软方法（主要靠管理者主观决断能力的方法）和硬方法（主要靠计算机、数学模型等的数理方法）。

五是按管理对象的范围，可分为宏观管理方法、中观管理方法和微观管理方法。

六是按管理对象的类型，可分为人事管理方法、物资管理方法、财务管理方法和信息管理方法等。

三、经济管理的基本方法

从上述经济管理方法的种类可以看出，经济管理方法很多，这里仅介绍其基本的方法，即按经济管理方法作用的原理分类做一简要的论述。这些基本方法几乎适用于任何组织，但要真正发挥作用，必须结合组织实际，灵活加以运用。

（一）经济方法

经济方法是管理者根据客观经济运行规律，依靠利益驱动，利用各种经济杠杆，调节和影响被管理者物质利益，从而促进组织目标实现的方法。在社会主义市场经济条件下，经济方法符合"经济人"利益，体现了物质利益规律的要求，因而它是经济管理方法中最基本、最常用的方法之一。必须指出，在现代生产力迅速发展的条件下，人们除了物质方面的需要以外，还有精神和社会方面的需要，如接受教育或精神鼓励等。不能单纯依靠经济方法，必须与行政、法律、社会学心理学等方法结合使用。

1. 经济方法的特点

（1）利益驱动性。被管理者是在经济利益的驱使下去采取管理者所预期的行为的。经济方法符合市场经济的一般规律，是物质利益规律的基本体现。

（2）普遍性。经济方法被整个社会广泛采用，而且也是管理方法中最基本的方法。在一国经济处于发展阶段，物质文明程度较低时，经济方法被更加广泛地采用，在经济领域显得尤其重要。

（3）持久性。作为经济管理的最基本方法，经济方法被长期采用，而且，只要科学运用，其作用也是持久的。但经济方法也有其局限性，可能会产生明显的负面作用，即会使被管理者过分看重金钱。对物质利益的追求往往会超越经济发展的可能，从而影响其工作积极性、主动性和创造性的发挥。

（4）平等性。经济方法承认被管理的组织或个人在获取自己的经济利益上是平等的。社会按照统一的价值尺度来计算和分配经济成果，各种经济手段的运用，对于相同情况的被管理者起同样的效力，不允许有特殊。

（5）灵活性。一方面，经济方法针对不同的管理对象，可以采用不同的手段。另一方面，对于同一管理对象，在不同情况下，也可以采用不同的方式来进行管理，以适应形势的发展。例如，税收的增减能够限制或促进某一产业的发展，增减的幅度越大，作用越明显。

2. 经济方法的形式

经济方法的形式很多，主要的或常用的有价格、利率、税收、利润、工资、奖金、罚款、定额管理、经济核算、经营责任制等。

（1）价格。价格用于描述物质价值，是价值的具体反映，是计量和评价劳动的社会标准。商品的价格直接地、动态地反映市场中供需的状况。但在特殊情况下，国家为了一些经济目标的实现，会提出强制性的计划价格（如最低限价和最高限价等），以此调整生产者和消费者的经济利益，影响它们的生产和消费行为。

（2）利率。利率是国家在宏观调控中调节信贷总量最为直接、有效的经济杠杆。一般而言，降低利率可促进消费和投资，提高利率则可抑制过度消费和投资。银行以信用作担保吸收社会闲散资金，并把资金贷款给需要资金流通的生产经营单位。利率的调整直接影响到银行能吸收多少社会闲散资金、生产经营单位愿意贷多少金额。

（3）税收。税收是国家取得财政收入的主要形式，也是国家财政政策常用的调节手段之一。国家根据需要，按照各经济单位和个人的经济收入额、产品流转额及特定经济行为，合理制定不同的税种和税率。利用加成、减免等形式调节生产和流通，调节企业的利润水平，使社会经济的内部结构、发展趋势、活动规模等趋于合理。

（4）利润。利润是反映组织经济效益的综合指标。除非营利性组织外，利润决定着经济组织的发展和延续。在管理实践中，组织通常把一定的经济责任、经济权限、经济利益和利润指标紧密结合在一起，与部门或个人的责任和利益挂钩。

（5）工资。工资是一种基本的劳动报酬形式。这一经济手段直接涉及组织各成员的物质利益。正确使用它，对于调动成员的积极性，有着直接的促进作用。根据按劳分配原则，工资应该与劳动者的工作性质、数量、质量以及劳动贡献联系起来。

（6）奖金与罚款。奖金是组织根据成员所做贡献的大小付给成员的奖赏，是对组织成员工作的肯定和鼓励。奖金在一定程度上能起到调动员工积极性的作用。罚款是当组织成员给组织造成损害行为时所进行的经济惩罚。它可以制约或收敛某些人的不轨行为，减少对组织的损害，保证组织正常运作。奖金和罚款不能滥用，既要防止平均分配奖金的做法，又要防止用罚款代替管理工作、代替思想工作的倾向。奖励与惩罚最重要的是严明，该奖即奖、当罚则罚、激励正气、祛除邪气，只有这样，才能使奖金与罚款真正成为有效的管理手段。

此外，定额管理、经济核算、经营责任制等经济方法也是经常采用的，尤其在经济领域更是如此。

发挥各种经济杠杆的作用，要重视整体上的协调配合。如果忽视综合运用，孤立地运用单一杠杆，往往不能取得预期的效果。例如，价格杠杆对生产和消费同时有方向相反的调节作用：提高价格可以促进生产，但会抑制消费。在经济生活中有些产品具有特殊的性质，如农业用生产资料，国家既要鼓励生产，又要鼓励消费，以促进农业生产和技术进步。因而，仅凭单一的价格杠杆难以奏效，必须综合运用经济杠杆。

（二）行政管理制度

行政管理制度，是指依靠组织的行政权威，运用命令、规定、指示、条例等行政手段，按照行政系统和层次，以权威和服从为前提，直接领导、指挥和协调下属工作的管理制度。行政管理制度的实质是通过组织中的行政职务和职位来进行管理。它特别强调职责、职权、职位，而并非个人的能力或特权。任何部门、单位都会建立起若干行政机构来进行管理。它们都有严格的职责和权限范围。上级指挥下级，完全是由于高一级的职位所决定的。下级服从上级是对上级所拥有的管理权限的服从。行政管理制度是通过一系列的行政措施，如表扬、晋升、降级、任务分配、工作调动及批评、警告、记过、撤职等处分直至开除等作为保证来执行的。这是任何组织应有的特权，在非经济领域显得尤其重要。当然，在经济领域，尽管行政级别在淡化，但行政管理制度却不是可有可无的。

1. 行政管理制度的特点

（1）强制性。行政管理制度依靠行政权威强制被管理者执行。其强制性程度仅次于法律管理制度。

（2）直接性。行政管理制度是采取直接干预的方式进行的，其作用明显、直接、迅速。

（3）垂直性。行政管理制度是通过行政系统、行政层次来实施管理活动的。行政管理制度反映了明显的上下级行政隶属关系，是完全垂直领导的。也就是说，行政指令一般都是自上而下，通过直线职能部门逐级下达、执行。

（4）无偿性。行政管理制度是通过行政命令方式进行的，不直接与报酬挂钩。

2. 行政管理制度的形式

行政管理制度的主要形式有命令、规定、指示、制度、纪律、计划、指挥、监督、检查、协调、仲裁、行政处分等。

3.行政管理制度的应用

行政管理制度是组织实现经济管理功能的一个重要手段,但只有正确运用,不断克服其局限性,才能发挥它应有的作用。行政管理制度的运用有利于贯彻上级的方针政策,促进组织内部的统一协调;有利于管理活动的有效控制;有利于快速地处理、解决特殊问题。

(1)管理者必须充分认识行政管理的本质是服务。服务是行政管理的根本目的,这是由管理的实质、生产的社会化以及市场经济的基本特点决定的。行政管理不以服务为目的,必然导致官僚主义、以权谋私、玩忽职守等行为,然而若没有有效的行政管理,也达不到服务的目的。

(2)行政管理效果为领导者水平所制约。因为它更多的是人治,而不是法治。管理效果基本上取决于领导者的指挥艺术和心理素质,取决于领导者和执行者的知识、能力,所以行政管理制度的运用对领导者各方面的素质提出了很高的要求。

(3)信息在运用行政管理制度过程中是至关重要的。首先,领导者驾驭全局、统一指挥,必须及时获取组织内外部有用的信息,并以此做出正确决策,避免指挥失误。其次,上级要把行政命令、规定或指示迅速而准确地下达,还要把收集到的各种反馈信息和预测信息发送给下级领导层,供下级决策时使用。总之,行政管理制度要求有一个灵敏、有效的信息管理系统。

(4)行政管理制度容易助长官僚主义作风。由于行政管理借助了职位的权力,因此,对行政下属来说有较强的约束力,较少遇到下属的抵制,但这种特点可能使得上级在使用行政管理手段时忽视下属的正确意见和合理的要求,从而容易助长官僚主义作风,不利于充分调动各方面的积极性。

(三)法律制度

法律制度是指国家根据广大人民群众的根本利益,通过各种法律、法规、条例和司法、仲裁工作,调整组织的各种关系,规范和监督组织及其成员的行为,保证和促进社会经济发展的管理手段。法律制度的实质是实现全体人民的意志，并维护他们的根本利益，代表他们对社会经济、政治、文化活动实行强制性的、统一的管理。法律和法规是所有组织和个人行动的统一准则，对他们具有同等的约束力。

1. 法律制度的作用

法律制度对建立和健全科学的管理制度有十分重要的作用，主要表现在以下几个方面。

（1）保证必要的管理秩序。管理系统内外部存在各种社会经济关系，只有通过法律制度才能公正、合理、有效地加以调整，并及时排除各种不利因素的影响，保证社会经济秩序的正常运行，为管理活动提供良好的外部环境。

（2）调节管理因素之间的关系。根据对象的不同特点和所给任务的不同，规定不同管理因素在整个管理活动中各自应尽的义务和应起的作用。这是法律制度所具有的自动调节功能。

（3）使管理活动纳入规范化、制度化轨道。法律方法的运用，有助于使符合客观规律、行之有效的管理制度和管理方法用法律的形式规范化、条文化、固定化，使人们有法可依，只要严格执行法律制度，管理系统就能自动有效运转。

2. 法律制度的特点

（1）高度强制性。法律制度的强制性大于行政制度。法律、法规一经制定就要强制执行，各企事业单位以至每个公民都必须毫无例外地遵守。否则，就要受到国家强制力量的惩处。

（2）规范性。法律和法规都使用极严格、规范的语言，准确阐明一定的含义，并且只允许对它作出一种意义的解释。法律与法规之间不允许互相冲突，法规应服从法律。

（3）严肃性。法律和法规的制定必须严格按照法律规定的程序进行，一旦制定和颁布，就具有相对的稳定性。法律和法规不可因人而异、滥加修改，必须保持它的严肃性。司法工作更是严肃的行为，它必须通过严格的执法活动来维护法律的尊严。

2. 法律制度的形式

法律制度的运用主要有立法、司法、仲裁和法律教育四种形式。

（1）立法。立法即制定法律，主要解决有法可依的问题。它是法律方法的首要运行形式。立法是一个复杂的过程，除了要明确规定立法机构和立法权限以外，还要确定严格的立法程序，以保证法律的严肃性和合理性。一般来说，立法程序包括法律草案提出、法律草案审议、法律草案通过和法律公布四个步骤。一个国家的法律，实际上是由各种不同的法律组成的统一的法律体系。在我国社会主义市场经济体制下，法律的作用非常重要，没有法律的制约和支持，市场经济就不能健康有序地发展。

（2）司法。司法工作是由公安机关、人民检察院和人民法院按照诉讼程序应用法律规范处理。各种纠纷和审理案件的执法活动。司法机构依据法律通过司法制裁、强制执行，阻止违法活动，并给予当事人一定惩罚。司法制裁分为经济制裁和刑事制裁两类。经济制裁包括强制执行，付给违约金和罚款，停止侵害，返还原物，赔偿损失，等等。刑事制裁是对直接责任人员因违反刑法、危害社会而采取的处罚，包括管制、拘役、有期徒刑、无期徒刑和死缓、死刑以及罚金、剥夺政治权利和没收财产等附加刑罚。

（3）仲裁。仲裁也称为公断。如果组织之间发生纠纷，经过协商仍不能达成协议，双方同意选定第三方对纠纷依法进行处理，并做出对当事人具有约束力的裁决。一般第三方是指中立的仲裁机构，因为仲裁是一种行政性活动，不是司法活动，仲裁结果不能由仲裁机关和当事人执行，只能由法院强制执行。

（4）法律教育。进行广泛深入的法律宣传教育能有效强化人们的法制观念，增强遵纪守法的自觉性。法律教育还有利于发挥事前引导和预防功能，有利于及时揭露违法犯罪行为。

（四）社会学心理学机制

社会学心理学机制是指借助社会学和心理学原理，运用教育、激励、沟通等手段，通过满足管理对象社会心理需要的方式来调动其积极性的机制。

1. 社会学心理学机制的特点

（1）自觉自愿性。这是通过被管理者内心受激励，而使其自觉自愿去实现目标的机制，不带有任何强制性。

（2）持久性。这种机制是基于被管理者觉悟和自觉服从的，因此，其作用持久，没有负面影响。其局限性主要表现为对紧急情况难以适应，而且，单纯使用这一种机制常常无法达到目标。

（3）灵活性。社会学心理学机制效果的获得依赖于运用方式的灵活多样性。人们普遍认识到，对于思想性质的问题，必须采取讨论的方法、说理的方法、批评和自我批评的方法进行疏导。而不应依靠粗暴的训斥、压制和简单的惩罚来解决问题。对于传授知识和技能方面的教育，也不宜全部采用以讲授为中心的教育方法。

因为在讲授方式中，受教育者处于被动状态，接受知识的效率并不高，应当较多地采用有目的、有指导的小组讨论，并指导受教育者现场实习和体验学习，让受教育者按他们自己创造的学习方法去学习，这样会取得更好的效果。国内外许多企业在这种新的教育思想指导下创造了多种行之有效的教育方式，诸如案例分析法、业务演习法、事件过程分析法、角色扮演法、敏感性训练法等，这些方法都会产生较好的效果，可供各企业选择采用。总之，社会学心理学方法应灵活方便，讲求实效。

2. 社会学心理学机制的形式

社会学心理学机制的形式主要有宣传教育、思想沟通、各种形式的激励等。各种激励的理论与手段将在本书第十一章展开，在此暂且不论。宣传教育和思想沟通就是通常讲的思想政治工作。其中，教育是按照一定的目的、要求，对受教育者从德、智、体诸方面施加影响的一种有计划的活动。科学技术的迅猛发展导致人类知识更新速度加快，对组织成员不断进行培养教育，已经成为现代经济管理的基本方法之一。其主要内容包括如下几点。

（1）科学文化教育。科学技术是第一生产力，普及和提高科学文化知识是提高职工思想道德觉悟水平的重要条件，也是企业进行生产经营活动的重要条件，在当今的新技术革命浪潮中，科学技术越来越成为推动企业生产发展、提高企业竞争能力的重要力量。

（2）组织文化建设。组织文化是组织员工在较长时期的生产经营实践中逐步形成的价值观、信念、行为准则及具有相应特色的行为方式、物质表现的总称。它是组织员工内在的思想观念与外在的行为方式和物质表现的统一，要通过组织文化建设来创造促进职工素质不断完善的精神环境。在组织文化建设的指导思想上，必须突出管理的人本原理，把尊重人、关心人、理解人、培养人、合理使用人作为组织文化建设的主要内容。采用教育、启发、诱导、吸引、熏陶和激励等多种方式来培养员工的共同使命感、工作责任感、事业开拓感和集体荣誉感，在员工中形成正确的价值观念、道德规范和行为准则，促使每个人都能把其内在潜力和创造力最大限度地发挥出来。一个具有独特而优秀组织文化的单位，必然充满生机和活力。

（3）民主、法制、纪律教育。管理的人本原理告诉企业必须全心全意依靠企业广大职工办好企业，企业领导不仅要充分考虑到本企业职工的利益，而且应当通过各种方式吸收职工参与企业管理。同时，还要对职工进行正确行使民主权利的教育，让职工明白自己有权对企业的经营活动进行监督，有权维护自己的合法权益，有权对企业管理工作提出批评建议，也有权参与企业管理。但应当实事求是地承认，由于信息和能力的限制，民主参与的程度和方式是有限度和有条件的。加强法制观念和工作纪律教育，有利于规范和约束人们的行动，只有制裁和打击各种不法行为和违纪行为，才能保证企业生产经营活动的正常进行，才能使职工的根本利益得到保障。

四、经济管理方法的综合应用

各种管理方法各有千秋，只有加以综合运用，才能在经济管理实践中发挥更好的作用。概括起来，综合运用各种管理方法应注意以下几点。

（一）加强管理方法的科学依据

在管理实践中，要不断促进管理方法的建设与完善，使管理方法更加科学有效。其中，最重要的就是要加强管理方法的科学依据，使其符合相关客观规律的要求，更好地体现管理机制的功能与作用。

（二）弄清管理方法的性质和特点

管理者若决定采用某种管理方法，就必须弄清其作用的客观依据是什么，管理方法作用于被管理者的哪个方面，能否产生明显的效果，以及管理方法本身的特点与局限性，以便正确有效地加以运用。

（三）研究管理者与管理对象的性质与特点，提高针对性

经济管理方法是管理者作用管理对象的方式或手段，其最后效果，不

但取决于方法本身的因素，还取决于管理双方的性质与特点。同时，既要研究管理对象，也要研究管理者本身，只有这样，才能使管理方法既适用于管理对象，又有利于管理者优势的发挥，从而使管理方法针对性强，成效大。

（四）了解与掌握环境因素，采取适宜的管理方法

由于环境是影响管理成效的重要因素，因此，管理者在选择与运用管理方法时，一定要认真了解与掌握环境变量，使管理方法与所处环境相协调，从而更有效地发挥其作用。

（五）注意管理方法的综合运用

不同的经济管理方法，各有长处和不足，各自在不同领域发挥其优势，没有哪种方法是绝对适用于一切场合的，也没有哪种场合是只可依靠一种方法的。要科学有效地运用经济管理方法，就必须依目标和实际需要，灵活地选择多种管理方法，综合地、系统地运用各种经济管理方法，以求实现经济管理方法的整体功效。

第六节　经济管理的职能

一、经济管理的计划职能

计划职能是管理职能中最基本的职能，其主要任务是确定组织的任务和目标，拟定完成任务和目标的行动纲领。

计划是先于其他管理职能的工作，在现代社会，计划工作已成为组织生存的必要条件。对企业而言更是如此，要经营好企业就必须有计划，而且要保证计划任务能按部就班地完成，把计划作为集体行动的准绳。

（一）计划的概念及其特性

1. 计划的概念

对计划的理解有动态和静态之分：从静态角度看，计划是指用文字和指标等形式所表述的，对组织以及组织内不同部门和不同成员在未来一定

时间内关于行动方向、内容和方式安排的管理文件；从动态角度看，计划是指为了实现决策所确定的目标，预先进行的行动安排。即计划必须清楚地确定和描述以下内容，简称"5W1H"。

（1）What——做什么，即明确所进行活动的内容及要求。

（2）Why——为什么做，即明确计划工作的原因及目的。

（3）When——何时做，即规定计划中各项工作的起始和完成时间。

（4）Where——何地做，即规定计划的实施地点。

（5）Who——谁去做，即规定由哪些部门和人员负责实施计划。

（6）How——如何做，即规定实施计划的手段和措施。

2.计划的特征

计划工作的特征可以概括为以下四个方面。

（1）目的性。任何组织都是通过有意识的合作来完成群体的目标而得以生存的。具体地说，计划工作首先要确定目标，其次，组织要围绕目标开展各种行动，并预测哪些行动有利于达到目标，哪些行动不利于达到目标，从而指导今后的行动朝着目标的方向迈进。

（2）主导性。计划的主导性体现在两个方面：第一，管理过程中的其他职能都只有在计划工作确定了以后才能进行；第二，管理者通过制订计划，可以了解需要什么样的组织结构、需要什么样的人员、按照什么样的方式来领导下属，以及采用什么样的控制方法。

（3）普遍性。虽然各级管理人员的职能和权限不同，但是他们在工作中始终都要不断决策，也就是说，计划工作存在于各级管理人员的工作中。

（4）效率性。计划的效率是指对组织目标所做贡献扣除制订和执行计划所需要的费用及其他因素后的差额。如果一个计划能够达到目标，但在计划的实施过程中付出了太高的代价或不必要的代价，那么这个计划的效率就很低。如果一个计划按合理的代价实现了目标，这样的计划就是有效率的。在衡量代价时，不仅要用时间、金钱来衡量，而且要用集体和个人的满意程度来衡量。

（二）计划的表现形式

计划的表现形式很多，计划通常可表现为宗旨或目的、目标、战略或策略、政策、程序、规则、规划和预算等几种形式。

1. 宗旨或目的

它明确地指出了一定的组织机构在社会上应起的作用及所处的地位。例如,工商企业的目的就是生产和分配商品或服务,大学的目的就是培养人才等。

2. 目标

它具体规定了组织及各个部门的经营管理活动在一定的时期内所要完成的具体任务。目标不仅是计划工作的终点,而且是组织工作、人员配备及控制等活动所要达到的结果。

3. 战略或策略

它指出了组织为实现自己的目标而确定的主攻方向,是所拥有的人力、物力、财力部署的基本依据。

4. 政策

它是指在决定和处理问题时,指导与沟通思想活动的方针和一般规定,政策能明确组织活动的方针和范围,鼓励什么和限制什么,以保证行动和目标一致。

5. 程序

通俗地讲,程序就是办事手续,是对所要进行的行动规定的时间顺序以及处理例行问题的方法和步骤。

6. 规则

它是对具体场合和在具体情况下,允许和不允许采取某种特定行动的规定。

7. 规划

规划是综合性计划,它是为实现既定目标、政策、程序、规则、任务分配、执行手续、使用资源以及其他要素的复合体。

8. 预算

它是一种数量化的财务计划,也是一种重要的控制手段。

(三)计划工作的作用

虽然各种计划的形式和规模都不同,但它们的作用基本相同。

1. 提供方向

未来的不确定性和环境的变化要求行动保持正确的方向。计划作为未来的一种筹划，它能使所有行动保持同一方向，促使目标的实现。

2. 力求经济合理

实现目标有许多途径，需要选择尽可能好的方法，以最低的费用取得预期的成果，避免不必要的损失。计划强调协调和节约，其重大安排都经过经济和技术的可行性分析，可以使付出的代价尽可能合理。

3. 发现机会和危险

未来的不确定性不可能完全消除，但应力求把它降到最低限度。计划工作能够及时发现机会，也能及时预见危险，早做准备，以防万一。

4. 统一工作标准

组织中所有部门都在为了一个目标工作，这就需要计划来协调。

（四）计划工作的程序

一项计划的制订，一般包括四个方面的工作：分析环境并进行预测，制定实现目标的行动方案并择优，计划方案的细化，计划的执行。具体而言，计划工作可分为七个步骤。

1. 估量机会

估量机会是计划工作的起点，其目的是发现将来可能出现的机会，包括对计划的内外部环境进行评估分析，评估企业把握机会的能力。

2. 建立目标

计划工作的目标是指组织在一定的时期内所要达到的效果。它指明所要做的工作有哪些，重点放在哪里，以及通过策略、政策、程序、预算和规划这个系统要完成的是什么任务。目标一旦建立，以后一切行动和工作均须以此为标准。

3. 确定计划的前提

计划的前提是计划制订时的假定条件，即执行计划的预期环境，它包括说明事实的预测资料、可行的基本政策和当前的企业计划。由于计划执行的未来环境相当复杂，此企业计划前提的确定一般只限于对计划执行有较大影响的那些条件。

4. 制订可供选择的方案

一个计划没有几个可供选择方案的情况是很少的，计划制订者的初步工作就是要考察大量可供选择的方案，并从中选出有希望成功的几个方案，以便对之进行评价和择优。

5. 评价各种方案并择优

在找出了各种可供选择的方案并分析了它们的优缺点后,下一步就是根据计划目标和前提来权衡各种因素,以此对各个方案进行评价和择优。由于可供选择的方案有着大量的变数和限定条件,评价工作可能相当复杂,以各种方案的行为过程和结果来择优是计划的关键一步。

6. 制订派生计划及相应的预算

派生计划和预算是基本计划的具体化与分支,基本计划的执行是通过执行派生计划和预算而得以实现的。

7. 计划的执行

在执行计划的过程中,管理者要不断地检查进度和成效,并针对发生的各种变化和问题调整计划方案。只有当一项计划执行后取得了预定的效果,完成了预定的目标,才可以说计划是成功的。

(五)计划编制的方法

计划工作的效率高低很大程度上取决于计划编制质量的好坏。过去的计划编制方法是综合平衡法,现在看来已经难以适应组织所面临的复杂而多变的外部环境。[①]现代计划编制方法大量采用数学、计算机科学的成果,不仅大幅度提高了计划工作的质量,而且大大加快了计划工作的进度。现代计划技术和方法很多,被广泛应用的有滚动计划法、网络计划技术、线性规划法、预算法等。

1. 滚动计划法

滚动计划法是一种动态编制计划的方法。它不像静态分析法那样,等计划全部执行完了以后再重新编制下一个计划,而是在每次编制或调整计划时,均将计划时间顺序向前推进一个计划期,即向前滚动一次。对距离现在时期较远的计划编制比较粗略,只是概括性的,在以后可根据计划因素的变化而进行调整和修正,而对距离现在时期较近的计划则编制得比较详细和具体。[②]

---

① 潘文骏. 现代项目管理计划方法在滇池医院建设项目中的应用 [D]. 昆明: 昆明理工大学, 2007.

② 赵周岐. 多品种、小批量生产模式下滚动计划法的生产计划编制 [J]. 商场现代化, 2013 (14): 55-56.

2. 网络计划技术

网络计划技术即计划评审术，又叫关键路线法，在我国也称统筹法。它是利用网络理论制订计划并对计划进行评价、审定的技术方法。它的基本原理是：用网络图来表示计划任务的进度安排，并且反映出组成计划任务的各项活动（或各道工序）之间的相互关系。

网络计划技术的步骤如下。首先绘制网络图，网络图由活动、事项和路线三部分组成。网络绘制规则是有向性、无回路、首尾有结点、两点一线、事项编号从大到小。其次进行网络分析，计算网络时间，确定关键线路和关键工序。

在网络图中，关键路线是由总时差为零的关键工序连接起来的路线。时差是指某事件的最迟完工时间和最早完工时间之差。最后利用时差，不断改善网络计划，求得工期、资源与成本的综合优化方案。网络计划技术适用于单件小批量生产类型的企业，特别适用于一次性的生产或工程项目，其优点是能缩短工期、降低成本、提高经济效益。

3. 线性规划法

为了不断提高组织的效益，组织在编制计划时经常需要解决两个问题：一是当计划任务已经确定时，应如何安排才能做到以最少的资源去完成任务；二是在资源有一定限制时，如何合理地分配与使用，使得计划任务完成得最多。

这就需要运用线性规划法。应用线性规划法时，应注意以下几点。

（1）要有个明确的目标，这个目标被称为目标函数。

（2）要确定可利用的资源，包括原材料供应量、设备台数、劳动工时等几个因素。

（3）根据各种产品的资源利用定额和预计达到目标函数的产量，确定约束条件，这是实现目标函数的限制因素。

（4）把目标函数、资源条件、实现目标函数的产量及各种产品资源利用定额之间的数量关系，用数学方程式来表示，形成线性规划的数学模型。

（5）采用一定方法求出最优解。

4. 预算法

预算就是运用数字编制的计划，这些数字可以是财务性的，也可以是非财务性的，预算用这些数字来表明组织行动的预期结果。预算有两个基本作用：一是它能把组织各项工作的预期成果用数字表示出来，从而为各项工作提供具体的目标，这些具体目标是实现组织整体目标必不可少的组成部分；二是预算提供的具体目标又是检验各项工作的标准，因此，预算又是强有力的控制手段。

常用的预算方法有固定预算、弹性预算、零基预算和滚动预算等。

（1）固定预算。固定预算法是按照预算期可能实现的、固定业务量水平编制预算的方法。固定预算又称静态预算，就是把未来某一个时期的计划用各种数字表示出来，不论将来情况是否变化，预算确定的各种数字都不进行大的修改。这种方法简单易行，但缺点是不够灵活。[①]

固定预算法编制简便、直观，容易理解；缺点是过于呆板，适应性、可比性差，当业务水平与预算出现较大差异时，难以适应业务量变化，不利于合理地控制、考核和评价预算执行情况。

固定预算法适用于运营环境与销量水平相对稳定或能对销量有影响与可控的企业或部门，这一类型的预算单位中，发生的销售量差异较小或预算单位对销售量差异为可控，故在这类单位中运用固定预算法是科学合理的。[②]

（2）弹性预算。弹性预算法是与固定预算法相对应的一种方法，即为特定业务量水平确立一个基准预算，并在成本性态分析的基础上，依据业务量、成本和利润之间的联动关系，以预算期内可能实现的不同业务水平为基础编制预算的方法。

弹性预算是一种为适应环境变化而变化的预算方法，它所确定的各种数字可以随着销售额或产量的变化而变化。当环境变化引起销售额或产量变化时，人们可以及时用这种方法做出适当的调整。弹性预算比固定预算具有较多的优越性，它具有适应范围广、使用时间长的特点。由于预算期内实际发生的数额一般包括在预计的弹性预算内，所以能够比较准确地控制生产经营活动，同时避免了重复编制预算的缺点，发挥了预算动态控制的作用。

[①] 张小红.固定预算与弹性预算刍议[J].中国总会计师，2017(10)：63-64.
[②] 杜红英.企业全面预算管理存在的问题及对策[J].经济视角（中旬），2011(6)：38.

弹性预算法能适用各项随业务量变化而变化的成本支出、预算对比；能反映在不同业务量的情况下合理开支的费用或利润水平；避免在实际情况发生变化时对预算的频繁修改；便于对预算执行的分析、评价与考核，为业绩评价提供更加客观合理的基础；能帮助管理层更清晰地分析预算完成，利于控制成本、改善绩效。①

弹性预算法适用于运营环境与销量水平变化较大或对销量不可控的企业或部门，在这一类型的预算单位中，发生的销售量差异较大或预算单位对销售量差异不可控，故这类单位中运用弹性预算法是科学合理的。

（3）零基预算。零基预算是以零为基数编制的预算，其全称为"以零为基础编制计划的预算方法"。这种方法在编制预算时是从零开始，以零为起点，根本不考虑基期的水平，不受现行预算的约束，完全根据实际情况和各项目的需要来制定预算的。由于不受既成事实和不合理因素的影响，所以编制的预算切合实际，能够合理并有效地提高效益。②

零基预算在提高支出部门的投入产出意识、合理分配资金和提高预算管理水平方面具有天然的优势。

（4）滚动预算。滚动预算是指随着时间的推移和预算的实施，及时修订未来预算，使预算期始终保持一个固定的期间，逐渐地向前推移，把近期预算和远期预算结合起来的一种连续预算法。滚动预算的特点是：近期预算和远期预算紧密结合，使各期预算相互衔接，能发挥长期预算对短期预算的指导作用。③

在企业经济管理中应用滚动预算，一是要加强管理的规范性，在新企业会计准则规范的指导和要求下开展滚动预算实施，同时在滚动预算的调整过程中要符合企业发展的总体布局与要求，使滚动预算规范地在企业发展的框架下为企业提供服务。二是要加强管理的系统性，滚动预算最重要的内容是为企业发展提供规划性数据决策参考依据，充分运用信息技术进行大数据挖掘与分析技术，为企业发展提供最为有力的决策参考支持。

---

① 唐兴祝. 浅谈企业全面预算管理 [J]. 甘肃科技, 2011, 27(21): 108-111.
② 岳文超. 零基预算在企业经费控制中的运用探讨 [J]. 会计师, 2019(18): 35-36.
③ 王珍. 滚动预算在企业管理中的应用研究 [J]. 中外企业家, 2019(5): 29.

二、经济管理的组织职能

在计划工作确定了组织的目标和实现目标的方案之后,管理者就要将本组织中拥有的各项资源按最有利于实现目标的形式组织起来。

(一)组织的概述

1. 组织的含义和特征

(1)组织的含义。组织的原义是指和谐、协调。从管理学的角度看,"组织"一词可以从静态和动态两个方面进行理解。从静态方面看,组织是指组织结构,即组织是由人组成的,是有明确的目的和系统性结构的实体;从动态方面看,组织是指管理的组织职能,即指维持与变革组织结构,完成组织目标的过程。[①]

(2)组织的特征。一个实体之所以成为组织,它应具备以下四个共同特征。

①组织是一个人为的系统。这里,所谓"人为"的系统是指以人为主体组成的、有特定功能的整体。

②组织必须有特定的目标。目标是组织存在的前提,不管目标是明确的还是含糊的,组织都是为这一特定目标而存在的。组织目标反映了组织的性质及其存在的价值。

③组织必须有分工合作。组织的本质在于协作,正是由于人们聚集在一起,协同完成某项活动才产生了组织。

④组织必须有不同层次的权力与责任制度。权责关系的统一,使组织内部形成有机联系的不同管理层次。这种联系是在分工协作基础上形成的,是实现合理分工协作的保障,也是实现企业目标的保障。

2. 组织的类型

组织可以根据不同的标准进行分类,最常见的是以满足心理要求为标准,将组织分为正式组织和非正式组织。

(1)正式组织。正式组织一般是指组织中体现组织目标所规定的成员之间职责的组织体系。在正式组织中,其成员保持着形式上的协作关系,

---

① 张祖英. 管理职能(三)——组织职能(下)[J]. 中国妇运, 2000(8): 44-46.

以完成组织目标为行动的出发点和归宿点。这个组织具有正式和稳定的结构、明确的职责关系和协作关系等特征。

（2）非正式组织。非正式组织是在共同的工作中自发产生的，是有共同情感的团体。非正式组织一般没有自觉的共同目标，也没有正式的组织结构，但是有共同的利益、观点、习惯或准则。

（3）正式组织与非正式组织的关系。无论什么地方都存在与正式组织有关的非正式组织。正式组织是以组织的目标为基础建立起来的，强调效率原则，非正式组织是以共同价值观为基础，强调感情关系，两者具有较大的区别。但是，两者又有密切的关系，它们互为基础、互为条件。非正式组织有如下三个方面的作用。

①一些不适宜通过正式组织解决的问题，通过非正式组织比较容易解决。

②利用非正式组织的感情交流渠道，能维持组织成员的稳定与团结。

③非正式组织的存在能为员工提供表达思想的机会，减少工作厌恶感，加强相互协作。

（二）组织结构

组织结构是组织正常运行和提高经济效益的支撑或载体。现代组织如果缺乏良好的组织结构，没有一整套分工明确、权责清晰、协作配合、合理有效的组织结构，其内在机制的作用就不可能充分发掘出来。一个组织如果不能根据外部环境的变化及时调整、创新和优化组织结构，就会影响管理效能和组织效率的提高。建立合理高效的组织结构是十分必要的。

1.组织结构设计的任务依据和原则

所谓组织结构是指组织的基本架构，是对完成组织目标的人员、工作、技术和信息所做的制度性安排。组织设计是指对组织结构进行创建、变更和再设计。①

（1）组织设计的任务。组织设计的任务是设计清晰的组织结构，规划和设计组织中各部门的职能和职权，确定组织中职能职权、参谋职权、直线职权的活动范围并编制职务说明书，即提供组织结构系统图和编制职务说明书。

---

① 张晔.中小型企业经济管理水平与组织绩效关系探究[J].山西农经，2018(2)：48-49.

组织结构系统图表明了各种管理职务或部门在组织中的地位以及它们之间的相互关系。职务说明书要求能够简单而明确地指出该管理职务的工作内容、职责和权力,与组织中其他部门和职务的关系,要求担当该职务者所必备的基本素质、技术知识、工作经验和处理问题的能力等条件。

(2)组织设计的影响因素。组织设计是为了合理组织管理人员的劳动,而需要管理的组织活动总是在一定的环境中,利用一定的技术条件,并在组织的总体战略指导下进行的。组织设计时也考虑环境、战略、技术和规模与组织所处的发展阶段等一系列因素。

①环境。任何一个组织都存在于一定的环境中,组织的外部环境必然对内部的结构形式产生一定的影响。这种影响主要表现在以下几个方面。一是对职务和部门设计的影响。组织是社会大系统中的一个子系统,社会分工的不同决定了组织内部工作内容的不同,各种组织所需完成的任务、所需设立的职务和部门也不同。二是对组织结构总体特征的影响。外部环境是否稳定,对组织结构的要求也不一致,稳定环境中的组织,要求设计出被称为"机械式管理系统"的稳固结构,管理部门与人员职责界限分明,工作程序和内容经过仔细的规定,各部门的权责关系需要经常做出适应性调整,等级结构非常严密,组织设计中强调的是部门间的横向沟通,而不是等级控制。

②战略。战略在两个层次上影响组织结构:一是不同战略要求不同的业务活动,从而影响管理职务的设计;二是战略重点的改变,会引起组织的工作重点改变,从而引起部门与职务在组织中重要程度的改变,这就要求各管理职务以及部门之间的关系做出相应的调整。

③技术。组织的活动要利用一定技术水平的物质手段进行。技术设备的水平不仅影响组织活动的效果和效率,而且会影响组织活动的内容划分、职务的数量和工作人员的素质要求,加强信息处理的计算机化必将改变组织中的会计、文书等部门的工作形式和性质。

④规模与组织所处的发展阶段。规模是影响组织结构中一个不可忽视的因素。组织的规模往往与组织的发展阶段相联系,伴随着组织的发展,组织活动的内容会日趋复杂,人数会日趋增多,活动的规模越来越大,组织的结构也需随之而经常调整。

（3）组织设计的原则。组织所处的环境、采用的技术、制定的战略、发展的规模不同，所需的职务和部门及其相互关系也不同，但任何组织在进行机构和结构设计时，都需要遵守一些共同原则。

①目标任务原则。组织设计的根本目的就是实现组织的战略任务和经营目标，组织结构的全部设计工作必须以此作为出发点和归宿点。组织结构及其每一部分构成，都应当有特定任务和目标，并且这些任务和目标应当服从实现组织整体目标的要求。

②责、权、利相结合的原则。责任、权力、利益三者之间是不可分割的，它们必须是协调的、平衡的和统一的。权力是责任的基础，责任是权力的约束。有了责任，权力拥有者在运用权力时就必须考虑可能产生的后果，不敢滥用权力；利益的大小，决定了管理者是否愿意接受权力和担负责任的程度。有责无权，有权无责，或者责权不对等，或者责权不协调、不统一，都会使组织结构不能有效运行，难以完成自己的目标任务。总之，责任、权力、利益必须相统一，这一原理适用于组织中的任何一个层次，特别是高层管理。

③分工协作原则及精干高效原则。完成组织的任务目标，离不开企业内部的专业化分工和协作。因为现代组织的管理工作量大、专业性强，分别设置不同的专业部门，有利于提高管理工作的效率。在合理分工的基础上，为保证各项专业管理工作的顺利展开，以实现组织的整体目标，各专业部门必须加强协作和配合。但由于随着分工的深入，会增加管理组织机构的单位和人员，增加管理组织的横向幅度，使管理的协调任务加重、协调难度加大，因此在设置组织结构时，既要有分工，又要有协作。

④管理幅度原则。管理幅度是指一个主管能够有效地指挥下属成员的数目。由于受个人精力、知识、经验条件的限制，一个上级主管所管辖的人数是有限的。同时，从管理的效率角度出发，不同组织的管理层次和管理幅度也不相同。法国有位管理顾问丘纳斯（Chunus）根据上下级关系的分析，得出如下结论：在向经理汇报的人数以算术级数增加时，他们之间的最大关系数是以几何级数增加的。其计算公式如下。

$$C = N[2^{N-1} + (N-1)]$$

式中：C 表示关系数，N 表示下属人数。

通过上式可以看出，随着下级人数的增加，关系数急剧增加，管理人员之间的协调工作越来越复杂。同时，作为一个主管不仅要处理同下级的关系，还要处理同上级以及同级之间的横向关系。一般来说，管理幅度不宜太宽，以 4～6 人较为适宜。

总之，由于管理中幅度的大小同管理层次的多少成反比例的关系，在确定企业的管理层次时必须考虑到有效管理幅度的制约。

⑤统一领导和权力制衡的原则。统一领导是指无论对哪一种工作来说，一个下属人员只应该接受一个领导人的命令。权力制衡是指无论哪一个领导人，其权力运用必须受到监督，一旦发现某个机构或者职务在运用权力时有严重损害组织的行为，可以通过合法程序，制止其权力的运用。

统一领导和权力制衡原则要求在组织设计或调整时，要特别注意处理好以下关系。一是正确处理直线经理与职能经理的关系。对直线经理管辖范围内的某项业务，职能经理必然拥有部分管理权，这时很可能出现双重领导。为避免多头领导和无人负责的现象，应实行首长负责制。二是在同一层次领导班子中，必须明确主辅关系，副职必须服从正职，正副职之间是上下级关系。三是一级管一级。即各个管理层次应实行每级领导和逐级负责。一般情况下不应越级领导，否则会影响下级领导人的威信，挫伤他们的积极性。此外，在组织的高层中还必须形成权力制衡机制。因为在组织的中下层，其上级自然形成权力制衡。但在企业这一类经营组织中，其最高层没有上级，必须设立专门机构，例如公司中的股东大会、董事会、监事会。

⑥集权与分权相结合的原则。在进行组织设计和调整时，既要有必要的权力集中，又要有必要的权力分散，两者不可偏废。集权是社会化大生产的客观要求，它有利于保护企业的统一领导和指挥，有利于人力、物力、财力的合理分配和使用。而分权则是调动下属积极性、主动性的必要条件，有利于基层根据实际情况迅速而准确地做出决策，也有利于上层领导摆脱日常事务，集中力量办大事。集权与分权是相辅相成的。

2. 组织结构的形式

从传统管理到现代管理，企业组织结构有多种模式。了解这些模式的特点，有利于选择适宜的组织结构形式，建立具有本企业特点的组织结构框架。

（1）直线制结构。直线制是组织发展初期一种简单的组织结构模式。直线制组织结构的特点是没有管理的职能，企业依照由上至下的权力划分实施指挥。这种形式的优点是结构简单，权责明确，指挥统一，工作效率高。其缺点是没有专业管理分工，要求领导者具有多方面的能力，且领导者每日忙于日常工作，无法集中精力研究战略问题。①

（2）职能制组织结构。职能制是科学管理之父泰勒首先提出的，其特点是按专业分工设置管理职能部门，各部门在其业务范围内有权向下级发布命令。每一级组织既要服从上级指挥，也要听从几个职能部门的指挥。②

（3）事业部制。事业部制又称 M 型组织结构，它是美国管理学家斯隆（Slone）在 20 世纪 20 年代初针对企业实行多样化经营所带来的复杂管理问题而提出的，后经不断完善，最终形成目前相对标准的结构模式。

M 型结构与 U 型结构的关键区别在于：M 型结构是一种分权式结构，即事业部是在总公司领导下按产品、地区或市场划分统一进行产品设计、采购、生产和销售的相对独立经营、单独核算的分权结构，事业部是总公司控制下的利润中心，拥有很大的生产经营权，能够像独立的企业那样根据市场特征自己经营。在各事业部之上的公司总部机构除了对各事业部的人事、财务等主要经营活动进行监督、评价和协调，并通过利润指标进行控制外，主要致力于研究制定重大方针、政策和战略性计划。这就克服了 U 型结构中高层管理人员深陷于日常经营活动而不能自拔的重大缺陷。但需要特别指出的是，事业部并非完美无瑕，它还存在许多问题。

（三）人员配备

组织设计仅为系统提供了可供依托的框架，这一框架要发挥作用，还需由人来操作，在设计了合理的组织机构和结构基础上，还需为这些机构的不同岗位选配合适的人，只有通过人来操作，这一框架才能发挥自身的作用。

---

① 周发全.浅析直线职能制组织结构下的归口管理[J].现代商业，2010(23)：168-169.
② 钱黎春，黄碧涛.关于职能制组织结构再造的几点思考[J].安徽工业大学学报（社会科学版），2008(2)：66-67.

1. 人员配备的任务

人员配备是为每个岗位配备适合的人,其任务可以从组织和个人两个角度考察。

(1)从组织需要的角度考察。设计合理的组织系统不仅要能有效地运转,而且要不断发展。为每个岗位配备合适的人员不仅能保证系统正常运转,而且也能维持人员对组织的忠诚,从而为组织的发展准备后备人才。

(2)从组织成员需要的角度考虑。留住人才,不仅要留住其身,还要留住其心。人员配备一方面可以使每个人的知识和能力得到公正的评价、承认和运用;另一方面,可以使每个人的知识和能力不断发展,素质不断提高。知识和能力能否得到公正的评价将影响个人工作的积极性、主动性,知识与技能的提高不仅可以满足人们较高层次的心理需要,而且往往是通向职务晋升的阶梯。

2. 人员配备工作的程序

要合理地进行人员配备,通常要做好以下工作。

(1)确定人员需用量。人员配备是在组织设计的基础上进行的。人员需用量的确定主要以设计出的职务数量和类型为依据。职务类型提出了需要什么样的人,职务数量则告诉我们每种类型的职务需要多少人。

(2)配备人员。职务设计和分析指出了组织中需要具备哪些素质的人。为了保证提供职务的人员具备职务要求的知识和技能,必须对组织内外的候选人进行筛选,做出最恰当的选择。

(3)制订和实施人员培训计划。人的发展有一个过程,组织成员在明天工作的表现需要在今天培训;组织发展所需要的干部要求现在就开始培训,维持组织成员忠诚的一个重要方面就是使他们看到在组织中发展的前途。管理人员培训无疑是人员配备中一项重要的工作。

3. 人员配备的原则

人员配备过程中必须遵循以下原则。

(1)经济效益原则。组织中人员配备计划的拟定要以组织需要为依据,以保证经济效益提高为前提,它不仅不能盲目扩大职工队伍,更不能单纯为了解决职工就业,而是要以保证组织的正常运营为目的。当组织发展感到人员不足时，应该首先挖掘内部的潜力，提高劳动生产率，通过人员余缺调剂来解决。

（2）任人唯贤的原则。早在春秋战国时期，我国一些著名的思想家和政治家就提出了任人唯贤的思想。在组织招聘过程中，贯彻任人唯贤的原则，就是要求在人员选聘方面，必须从实际需要出发，大公无私，实事求是地发现人才、爱护人才，本着求贤若渴的精神，重视和使用确有真才实学的人。

（3）因事择人的原则。因事择人就是员工的选聘应以职位空缺和实际工作的需要为出发点，以职位对人员的实际要求为目标，选拔、录用各类人员。因为人事任用的目的是谋求人和事之间的有效配合，因此，只有从实际的职位需要去选拔合理人才才能实现这一目标，否则必然导致机构臃肿、人浮于事、工作效率低下。

（4）量才使用的原则。简单地说，量才使用就是根据每个人的能力大小而安排合适的岗位。行为科学关于个别差别的原则告诉我们，人的差异是客观存在的，一个人只有处在能发挥其才能的岗位上，才能干得最好。量才使用的原则要求管理者充分掌握每位员工的基本条件，尽量把每个人安排到适合的工作岗位上，使其聪明才智得到充分发挥。

（5）程序化、规范化的原则。员工的选拔必须遵循一定的标准和程序。科学合理地确定员工的选拔标准是聘任优秀人才的重要保证。只有严格按照规定的程序和标准办事，才能真正选聘到愿为组织发展做出贡献的人才。

第三章 经济管理目标

第一节 经济管理目标概述

一、经济管理目标的含义

（一）目标

目标是目的或宗旨的具体化，是各项活动所指向的终点，即一个组织或一个人在一定时期内奋力争取达到所希望的未来状况或结果。每一个组织或个人都有自己的目标，倘若无目标存在，就会失去方向、斗志、动力，无追求，也就没有存在的必要。当然，不同的组织（所从事的活动内容和所处系统的层次不同）或个人的目标是各不相同的。

（二）经济管理目标

经济管理目标就是经济组织的目的或宗旨的具体化，是在分析外部环境和内部条件的基础上确定的在一定时期内各项经济活动的发展方向和奋斗目标。经济管理目标为经济组织决策指明方向，是经济组织计划的基础，也是衡量经济组织实际绩效的标准。

传统的经济组织把经济管理目标定位在利润最大化方面，在完全竞争的市场环境下，经济组织在追求自身利益最大化的同时，通过市场中"看不见的手"的引导，实现资源配置的优化，从而实现全社会的公共利益最大化。而面对现代社会日趋变化的社会环境，经济组织为了保持自己在公众中良好的形象，不得不"割舍"一定的利润，以承担其在环保、就业、社会稳定等方面相应的责任。

正如美国未来学家阿尔文·托夫勒在《第三次浪潮》一书中预言的那样，未来世界衡量管理的标准不再仅仅是劳动生产率、销售量和盈利额，而是由社会、环境、信息、政治、经济、道德等方面组成的综合标准。经济组织永远是成功管理的直观标志，也是经济组织的永恒追求。

二、经济管理目标体系

在现代社会，经济管理目标作为衡量经济组织履行其使命的标志，单一指标无法胜任，必然存在一个相互联系、相互支持的目标体系，一般可归纳为以下几类。

（一）按经济管理目标的内容划分

经济管理目标的内容和重点随着外界环境、经营思想、自身优势的变化而变化。经济组织作为市场竞争主体，随着竞争环境的变化，以及对自身核心能力的思考，在一定程度上决定了其在不同时点上经济管理目标是不同的。就现代经济组织而言，一般都从以下几个方面考虑经济管理目标的基本内容。

1. 社会目标

经济组织的社会目标就是指经济组织应为社会做出的贡献，具体表现为所提供的产品和服务的品种、质量、数量以及对生态平衡的保护、对社会公共事业的贡献等。它是经济组织以至任何组织得以生存的基础，体现了经济组织与其外部环境之间的联系，即经济组织从社会取得一定的投入资源，而又为社会提供一定的服务和产品。

2. 市场目标

市场目标是指经济组织在经营活动方面应达到的成果。市场目标不仅包括占有国内市场的广度，也应包括走向国际市场、提高产品的国际市场竞争力。

3. 发展目标

发展目标是用来指明经济组织的使命和宗旨，表明经济组织存在的理由和价值，反映经济组织的价值观。通常包括经济组织在增加品种、推进技术、提高质量、扩大市场、开发人才等方面应达到的成果。

4.利益目标

利益目标是指经济组织在物质利益方面应达到的成果,可用利润总额、销售利润率、税后利润、奖励基金、福利基金、工资增长率等指标表示。利益目标是经济组织经营活动的内在动力,是组织生存和发展的基本条件,是衡量经济组织经营活动效果的基本尺度,也是经济组织满足各方面要求,实现其他目标的前提。经济组织的利益目标与社会目标之间存在既相互矛盾,又相互统一的关系。

从发展的角度看,经济管理目标的内容日趋丰富,从泰勒时代单纯的利润目标,到强调人际关系、注重工作丰富化等的目标,经济管理目标的制定一直是眼睛向内,强调经济组织内部资源的挖掘。第二次世界大战以后,顾客至上的经济管理目标日益普及,发展至今,经济管理目标中又融入了社会责任,提倡绿色管理的内容。政府对经济组织的干预,又决定了经济管理目标必须与政府的政策相一致。在目标内容方面,美国著名管理学家彼得·德鲁克指出,经济组织的性质本身需要多重目标。他认为以下8个领域必须制订出绩效和成果的目标:市场地位、创新、生产率、物资和财务资源、可营利性、经理人员的业绩和培养、工人的工作和态度、社会责任心。斯蒂芬·P.罗宾斯著的《管理学》一书中,通过对80家美国最大公司进行调查,发现每家公司设立的目标数量都不尽相同,从1个到18个不等,平均为5～6个。在这些目标中得到最高评价的前10个目标依次为利润率、增长、市场份额、社会责任、雇员福利、产品质量和服务、研究与开发、多元化、效率、财务稳定性。

(二)按经济管理目标在不同时期的战略重点划分

上述经济管理目标,在不同的历史时期,由于经济组织所面临的问题有所不同,应有不同的战略重点。这样,经济管理目标又可分为战略目标和战术目标。

战略目标是在较长的时期内决定经济组织发展方向和规模的总体目标。每一个经济组织在其发展的不同历史时期,均有不同的战略目标,就其目标的性质来说,分为三个方面:成长性目标、稳定性目标和竞争性目标。

成长性目标表明经济组织的进步和发展水平,这种目标的实现,标志着经济组织经营能力有了明显的提高。稳定性目标表明经济组织经营状况是否安全，有没有亏损甚至倒闭的危险。成长性目标包括：销售额及其增长率；利润额及其增长率；资金总额；生产能力。竞争性目标表明经济组织的竞争能力和经济组织形象。稳定性目标包括：经营安全率；利润率；支付能力。竞争性目标包括：市场占有率；产品质量名次。

战术目标则是保证战略目标实现的近期具体目标。

（三）按经济管理目标的考核性质划分

按考核目标的性质可以将目标分为定量目标和定性目标。定性目标就是依靠人的知识和经验从性质上描述争取达到所希望的未来状况或结果。定量目标就是指用时间、数量、质量等量化的具体指标描述争取达到所希望的未来状况或结果。一般来说，强调目标必须是可考核的，而使目标具有可考核性的最方便的方法就是使之定量化，从上到下逐级量化。但是，在经济组织的经营活动中，定性目标也是不可缺少的，主管人员在经济组织中的地位越高，其定性目标就可能越多，有时，提出一个定性目标可能比规定一个定量目标会使主管人员处于更有利、更主动的地位。

（四）按经济管理目标所要达到的不同水平划分

按照经济管理目标所要达到的不同水平可分为突破性目标和控制性目标两类。所谓突破性目标是指使生产水平或经营活动水平达到前所未有的目标水平。例如，某厂产品的废品率在15%左右，在经济管理目标中提出使废品率降到10%，这个10%就叫突破性目标。所谓控制性目标是指使生产水平或经营活动水平维持在现有水平的目标。

（五）按经济管理目标的管理层次划分

任何经济组织的目标都不是单一存在的独立目标，总目标可以分解为各个层次的子目标或分目标，使之分配到经济组织内相应的管理层次。各个层次的目标仍可进一步分解，使之落实到内部各个部门，甚至将具体的目标落实到完成这一目标负有责任的个人，使之呈现具有层次的一系列目标的总和，即组织目标具有层次性。美国著名管理学家哈罗德·孔茨以企业为例，将企业的目标划分为自上而下的七个等级层次：一是社会经济总目标；二是使命；三是一定时期的全部目标，包括长期目标和战略性目标；四是更具专业性的全部目标；五是分公司目标；六是部门或单位目标；七是组织成员的个人目标，包括成就、个人培养目标等。从经济组织的结构角度来看，在不同时期都应有一个重点的战略目标，也就是总体目标，它是一切生产技术经济活动的立足点和出发点，划分为若干中间目标，如产品发展目标、质量目标、市场销售目标等。中间目标又划分为若干具体目标，如工作质量目标、服务目标等。具体目标是靠员工的劳动实现的，因而具体目标还可划分为不同岗位上员工的个人目标。管理层次的差异决定目标体系的垂直高度，经济管理目标构成了一个有层次的目标体系。

在经济管理目标体系中，上下层次目标之间的关系是：上层次目标是下层次目标的立足点和出发点，对下层次目标有制约和规定作用，其实现程度依赖于下一个层次目标的实现程度、生产率的高低和贡献的大小；下层次目标是上层次目标的发展，为上层次目标的实现而服务，是实现上层次目标的手段。在同一层次的不同目标之间，形成横向的有机联系，使各环节、各部门的经营活动达到紧密的衔接。同时上下层次目标之间、同层次目标之间，也存在着相互矛盾、不一致和不和谐的一面。在确立经济管理目标时要注意发挥其一致性和协调性方面的作用，并注意限制和克服其矛盾、不一致、不和谐方面的作用发挥。

（六）按经济管理目标之间的网络关系划分

经济组织中各类、各级目标构成一个网络，表示研究对象的相互关系。一个网络，很少表现为线性方式，因此要使一个网络具有效果，就必须使各个目标彼此协调、互相支援、彼此呼应、融为一体。

（七）按经济管理目标实现所需的时间长短划分

按时间可以将目标分为短期目标、中期目标和长期目标。它们的区分是相对而言的。短期目标是中、长期目标的基础。任何长期目标的实现必然是由近及远，在长期目标的第一年中实现的短期目标应该是全面而具体的，而且所要做的工作必须为以后各年所要做的工作打下基础。

三、经济管理目标的重要性

（一）指明方向

经济管理目标反映一个组织所追求的价值，是衡量组织经济活动的价值标准，也是经济组织生存和发展的意义所在。从某种意义上说，它起到统一思想，为达到同一目标而协调集体活动的作用，明确经济组织在各个时期的经营方向和奋斗目标，能够使经济组织的全部生产经营活动突出重点。

（二）激励员工

经济管理目标是一种激励经济组织成员的力量源泉。根据期望理论的基本原理，目标对人的激励作用可用公式表示如下。

$$激励作用 = 目标效价 \times 期望值$$

其中目标效价是一个人对某一成果的偏好程度；期望值是某一特别行动会导致一个预期成果的概率。从组织成员个人的角度来看，目标的激励作用具体表现在两个方面：一是个人只有明确了目标才能调动起潜在能力，尽力而为，创造出最佳成绩；二是个人只有在达到了目标后，才会产生成就感和满足感。合理先进的目标，能把每个员工的积极性和聪明才智科学地组织到目标体系之内，并得以有效的发挥，起到激励员工的作用。

（三）凝聚力量

经济组织是一个社会协作系统，它必须对其成员有一种凝聚力。一盘散沙的经济组织难以发挥作用，是不能够长期存在的。它的凝聚力大小受到多种因素影响，其中一个因素就是目标。特别是当组织目标充分体现了组织成员的共同利益，并能够与组织成员的个人目标取得最大程度的和谐一致时，就能极大地激发组织成员的工作热情、献身精神和创造力。当然，经济组织的目标与个人目标之间存在着潜在的冲突，也是削弱其凝聚力的主要原因。

（四）客观标准

经济管理目标是考核主管人员和员工绩效的客观标准。大量管理实践表明，凭上级的主观印象而做出的对下级主管人员的价值判断作为对主管人员绩效的考核依据，是不客观、不科学的，因而不利于调动下级主管人员的积极性。正确方法应当是根据明确的目标进行考核。

（五）统筹协调

经济组织的各项现代管理技术，推动其管理现代化。现代化管理的技术方法多种多样，如全面质量管理（TOC）、管理运筹学、系统工程等，这些管理技术都是以目标管理为主轴，与目标管理互相配套，相辅相成的。通过推行目标管理，能够统筹协调和充实完善各项管理技术，促使经济组织管理科学化、系统化、标准化、民主化、公开化，便于自我控制、群众监督和上级检查。

（六）动态平衡

经济组织在反复权衡内部条件和外部环境、科学预测和把握外部环境发展趋势的基础上确定的经济管理目标，既能在一定时期、一定范围内适应环境趋势，又能使经济组织的经济活动保持稳定性和连续性，使经济组织获得长期、稳定、协调的发展。通过不同层次经济管理目标的纵横衔接与平衡，能够以总体战略目标为中心，把经济组织各个部门的生产经营活动联成一个有机整体，产生一种"向心力"，使各项生产经营活动达到最有效的协调，以利于提高管理效率和经营效果。总之，经济管理目标有助于经济组织实现动态平衡。

第二节　经济管理目标制定

一、经济管理目标的制定原则

经济管理目标定得过高或过低对开展经济活动都是不利的。定得过高，完不成，会挫伤员工的积极性；相反，定得过低，又会影响员工聪明才智和积极性的发挥。为了正确制定目标，必须遵循一定的原则。

（一）战略性原则

对于经济组织来说，经济管理目标的实现是求得生存和发展，因此，确立经济管理目标时一定要弄清楚它的发展战略如何。美国管理学家彼得·德鲁克（Peter F. Drucker）认为，在确立经济管理目标时，首先应搞清楚以下问题：本经济组织是个什么样的经济组织？将来准备发展成一个什么样的经济组织？经济管理目标是经济组织的发展战略取向，只有体现经济组织发展战略的经济管理目标才是有效的。

（二）关键性原则

经济组织要以合理的成本为社会提供商品和服务。为实现这一宗旨而确定的经济组织发展目标很多。即使在某一特定发展时期，所强调的目标重点也不相同，经济管理目标有主次之分。经济组织必须把有关大局、决定经营成果的内容作为经济管理目标的主体，面面俱到的目标会使经济组织无所适从。为此，要求经济组织在每个时期的总体目标必须突出有关经济活动成败的重要问题；决定经济组织长期发展的全局性问题，内容不宜过多，以利于集中力量完成关键性目标。分清目标的主次，切不可把次要目标或战术目标列为经济组织的总体目标，以免滥用资源、本末倒置、因小失大。

（三）可行性原则

制定经济管理目标是为了实现它，因而具有可行性，保证如期实现。经济管理目标的确定要建立在对内外环境进行充分分析的基础上，全面分析经济组织可以利用的一切资源条件，并通过一定程序加以确定。既要保证经济管理目标的科学性，又要保证其可行性，不能凭主观愿望把经济管理目标定得太高，脱离实际。同时，也要对经济组织的创造性经营结果进行充分估计，不能忽视主观能动性的作用，而把经济管理目标定得过低，一般以平均水平为宜。

（四）可衡置性原则

确立经济管理目标的直接目的是编制实施计划，划分每项工作的责任与权限，明确控制的标准，它是组织职能和控制职能的基础。必须保证经济管理目标具有可测性和可比性，能够反映经济管理目标在质与量上的要求，把定性与定量结合起来，尽可能使之具体化、定量化，以便于实施和考核。一方面，通过对量化目标完成情况的监控，保证经济组织总目标的实现；另一方面，通过具体目标与总目标的衔接，使员工更容易感受到自身工作对经济管理目标实现的贡献，以利于激发员工的积极性。切忌把总体战略目标变成空洞、抽象的口号。

（五）一致性原则

在多样化的经济管理目标中，总会出现不协调性。如经济组织为了增加盈利而放弃维持生态环境目标的追求。这些矛盾的存在要求管理者在制定经济管理目标时，应尽可能在多重目标之间进行综合平衡，以协调多重目标之间的矛盾冲突，使上层目标同下层目标协调一致，形成系统。在保证分目标实现的同时，经济组织总体目标也必然实现。同时，把长期目标和短期目标相结合，防止只顾眼前，不顾长远发展，以保持后继力量。

（六）激励性原则

富有挑战性的经济管理目标是组织成员通过努力可以达到的目标，能使每个人对目标的实现都抱有极大的希望，增强完成目标的信心和满意感，从而愿把自己的全部力量贡献出来，是激励组织成员工作的驱动力。为了使经济管理目标更具有挑战性，在确立经济管理目标时，应充分考虑组织内、外环境的影响。综合考虑为实现经济管理目标所需要的条件和能力，明确规定达到目标的水平和限制实现目标的时间。

（七）灵活性原则

经济组织的外部环境和内部条件都是不断变化的，因此经济管理目标也不应该一成不变，应具有一定的灵活性，根据客观条件的变化，改变不合时宜的经济管理目标，根据新形势的要求及时调整与修正经济管理目标。比较而言，经济组织的长期目标应保持一定的稳定性，短期目标要保持一定的灵活性。

（八）协商性原则

经济组织上下级之间围绕经济管理目标的分解、层次目标的落实所进行的思想交流和意见商讨，称为目标协商。经济管理目标协商可以使目标上下统一，消除各级管理人员及全体员工的意见分歧，加深对目标的了解和理解，调动各方面的主动性、积极性和创造性，保证总目标和分目标的实现。上级主管根据情况初步拟订目标后，不能硬塞给下级，这样很难产生下级完成任务的责任感，也难以从下属那里获取重要的情况和建议。

二、经济管理目标的制定过程

（一）确定经济管理目标

确定经济管理目标，实际上是一个完整的决策过程。它不是单指拍板定案的瞬间，而是指制定目标前后需要进行的大量工作，包括采取一定的步骤和应用必要的科学的预测、决策方法。一般来说，制定经济管理目标的过程可分为以下步骤。

1. 掌握情报信息

要全面收集、调查、了解、掌握经济组织系统的外部环境和内部条件的资料，作为确定经济管理目标的依据。

2. 拟订目标方案

要在对情报信息进行系统管理分析的基础上，提出目标方案。方案所规定的经济管理目标应明确表示将经济组织引向何处，达到什么目的，对国家、集体、个人将起到什么作用等。拟订的方案应有若干个，供比较、鉴别、选择用。

3. 评估经济管理目标方案

即对拟订的经济管理目标方案进行分析论证，主要包括以下方面。

（1）限制因素分析。分析实现每一个经济管理目标方案的各项条件是否具备，包括时间、资源、技术及其他各种内外部条件。

（2）效益的综合分析。对每一个经济管理目标方案要综合分析该方案所带来的经济效益及其对社会、自然生态的影响。

（3）潜在问题分析。对实现每一个经济管理目标方案时可能发生的问题、困难和障碍进行预测，确定发生问题的可能性大小、分析发生问题的原因，有无预防措施或补救措施，一旦发生问题，其后果的严重程度如何。

4. 选择最优方案

即在评估经济管理目标方案的基础上，从各个方案中选出较优的目标方案。在方案选择过程中，应全面权衡各方案的利弊得失，有时应对各方案进行必要的修改补充，有时需要在综合原拟订方案的基础上设计新的方案。

（二）经济管理目标展开

将经济管理目标层层分解落实的过程，称为经济管理目标展开。一般包括以下内容。

1. 经济管理目标分解

经济管理目标分解是把经济组织的总目标分解成中间目标、具体目标、个人目标，使经济组织所有员工都乐于接受经济组织的目标，并且在完成这一目标中承担自己应承担的责任。经济组织总目标按组织管理的层次进行分解，上下级的目标之间通常是一种"目的—手段"的关系：某一级的目标，需要用一定的手段来实现，这些手段就成为下一级的次目标，按级顺推下去，直到个人目标，形成目标链体系。

在经济管理目标分解时要注意：①经济管理目标体系的逻辑要严密，纵横成网络，体现出由上而下越来越具体的特点；②经济管理目标要突出重点，与经济组织总目标无关的其他工作不必列入各级分目标；③要鼓励员工积极参与经济管理目标分解，把由"要我做"变为"我要做"。

2. 经济管理目标对策

对策就是实现经济管理目标的具体措施，它是经济组织总目标实现的保证。由于经济组织总目标要分解成各个分目标，因此，要在各个层次上针对分目标，制定出实现该目标的具体对策或措施。制定对策的基本方法是：按照层次，通过对经济组织的诊断分析和掌握的现状，找出各部门实际情况与经济管理目标之间存在的差距，对这些差距进行归纳、整理、分类，就可以找出实现经济管理目标所必须解决的重要问题，针对各个问题点，研究、制定对策，以便有的放矢地缩短现状与经济管理目标之间的差距，保证经济管理目标的实现。

3. 经济管理目标协商

在经济管理目标展开过程中，需要和下属充分协商，询问他们：为完成总体目标能做些什么？能完成哪些目标？何时完成？需要哪些资源？有什么困难和障碍？需要上级提供些什么帮助？需要什么样的变革？等等。在仔细征求意见的基础上，主管人员指导下属拟订先进合理、协调一致的目标。

4.经济管理目标责任

明确经济管理目标责任是经济管理目标展开中的又一个重要环节。其基本要求是：根据每个岗位的工作目标或员工的个人工作目标确定责任，使每个岗位、每个人都明确自己在实现经济管理目标过程中所应负的责任。这就是说，每个员工都要对准经济管理目标，认清自身目标，明确自己应该做什么、怎么做、做到什么程度、达到什么要求，要努力使责任指标化，便于执行、考核和检查。

经济管理目标展开的过程，其实质就是为每一个目标执行者确定目标和措施，使各级目标同执行者的责任紧紧结合起来。经济管理目标展开的要求如下。①做到纵向到底、横向到边。所谓纵向到底是指经济管理目标分解从经济组织的最高层开始，直到个人，一贯到底；所谓横向到边是指经济管理目标分解到各个部门以及管理人员。②各个分目标与经济组织总目标达到上下贯通，融合一体。③各分目标之间在时间上要达到协调和平衡，防止因时差影响实施过程。④分目标应力求简明扼要，有明确的计量标准。

（三）经济管理目标卡片

在实践中经济管理目标卡片是目标管理的有效工具。经济管理目标卡片一般一式两份，正本由经济管理目标执行者保存，副本由上级保存。对上级而言，经济管理目标卡片是实施管理与指导的依据，对下级而言是自我控制的标准。一般包括的内容有：一是经济管理目标名称，按目标对经济组织总目标的重要程度排列；二是经济管理目标分解，把重点目标细分为更具体的目标；三是行动方案，完成目标的主要措施及时间安排；四是工作条件，上级对有关工作环境所做出的承诺、授权等；五是经济管理目标控制，目标完成中自我检查的安排；六是自我评价，自己对经济管理目标执行情况的评价；七是上级评价，上级对经济管理目标执行情况的评价。

第三节 目标管理

一、目标管理概述

（一）目标管理的由来

目标管理起源于美国，20世纪50年代中期，美国管理学家彼得·德鲁克首先在《管理实践》一书中提出目标管理思想，后经管理实践，又将其发展成为一种全面的管理系统。日本在1957年率先将目标管理理论应用于企业管理之中。1965年以后，美国企业中目标管理方法迅速普及，效果得到一致认可。70年代以后，我国开始引入目标管理思想，实行比较广泛的是目标成本管理、目标质量管理、目标利润管理等。目标管理（简称MBO）是一个全面的管理系统，以重视成果的管理思想为基础，为了达到经济管理的总目标，组织动员所有部门和全体人员，通过共同制定、展开和实现各种目标、措施，在工作中实行"自我控制"并努力完成目标的一种有效管理制度或方法。目标管理现已发展出各种不同的形式，如绩效管理、成果管理、承诺管理、季度评审法等，但其基本原理是一致的。

（二）目标管理的基本思想

1. 目标管理的原理

目标管理是以相信人的积极性和能力为基础的。目标管理原理认为，人们有多种不同需要和动机，但主要需要是具有胜任感。人们在胜任感的驱使下，会努力追求实现某一目标，当这一目标实现后，还会追求新的目标。所以，经济组织的各级领导和下属人员的领导，要重视下级的胜任感，运用激励理论，通过诱导启发员工自己制定工作目标，明确做什么、如何去做、达到什么程度，在做的过程中，发挥他们的聪明才智，自主进行自我控制，自觉采取措施完成经济管理目标，自动进行自我评价，这样可以大大激发员工为完成经济管理目标而努力。

2. 目标管理体现了系统论和控制论的思想

目标管理中所说的目标，是把经济管理目标作为一个"系统"看待，从整体考虑问题。也就是说，在确定经济管理总目标时，充分注意经济组织内部各分目标的确定和落实，从上到下构成一个具有有机联系的经济管理目标体系。这就把经济组织内部的各个部门、各个环节、外部的各种因素都与完成经济管理目标联系在一起，从这些联系中，经济组织可以通盘考虑，准确、有效、完整地掌握完成经济组织总体目标的过程。目标管理体现出一切活动开始于经济管理目标的制定，活动的进行以经济管理目标为导向、为控制标准，活动的结果以完成经济管理目标的程度来评价。

3. 目标管理的基本思路

从形式上看，目标管理是一种程序和过程。经济组织的最高领导层根据面临的形势和社会需要，统筹、协调经济组织内部各部门、各单位间的工作，并制定出一定时期内所要达到的经济管理总目标。依据组织程序与专业分工程序，各部门工作在经济管理总目标下，应建立起一个自上而下、层层展开、层层保证，并要求下属各部门主管人员以至每个员工根据上级目标制定部门目标、个人目标和保证措施，以利实现全员参加、全过程管理、全部门负责的综合管理体系，并把目标完成的情况作为各部门或个人考核的依据。

4. 目标管理的重点

目标管理由于把管理的重点从行动转移到了目标，从而改变了员工对工作的看法，现在不是问"我做些什么"，而是问"我工作的目标是什么"，所有人都需要对工作成果负责，而不是对行动负责。

5. 目标管理的目的

实行目标管理的目的在于激发员工对工作的积极性，使员工主动地提高和发挥自己的才干，按既定的经济管理目标做好本职工作，为实现经济组织共同目标贡献力量。

（三）目标管理的特点

目标管理的特点概括起来主要有以下几点。

1. 有一套科学、完整的目标体系

经济管理目标的践行者同时也是经济管理目标的制定者，通过由上而下或自下而上一起共同协商制定层层目标。首先，确定出经济管理总目标，对它进行分解，逐级展开，并通过上下协商，制定出中间目标、具体目标直至每个员工的个人目标；其次，用经济管理总目标指导分目标，用分目标保证经济管理总目标，形成一个"目标—手段"链。建立起纵横联结的完整的经济管理目标体系，把各部门、各类人员都严密地组织在经济管理目标体系之中，明确职责，划清关系，使每个人员的工作都直接或间接地同经济组织的总目标联系起来，从而使员工看清个人工作目标和经济管理目标的关系，了解自己的工作价值，激发大家关心经济管理目标的热情。这样，就可以使经济组织领导者更有效地把全体员工的力量和才能集中起来，提高经济组织生产经营效率。

2. 强调"自我控制"

大力倡导目标管理的彼得·德鲁克认为，员工是愿意负责的，是愿意在工作中发挥自己的聪明才智和创造性的。如果我们控制的对象是一个社会组织中的"人"，则我们应"控制"的必须是行为的动机，而不应当是行为本身，也就是说，必须以对动机的控制达到对行为的控制。目标管理非常重视上下级之间的协商、共同讨论和意见交流，用"自我控制的管理"代替"压制性的管理"，通过预先确定经济管理目标、适当授权和及时的信息反馈，推动各级管理人员及员工控制他们自己的成绩。这种自我控制可以成为更强劲的动力，推动他们尽自己最大的力量把工作做好，而不仅仅是"过得去"就行了。

3. 促使下放权力

集权和分权的矛盾是经济组织的基本矛盾之一，唯恐失去控制是阻碍大胆授权的主要原因之一。推行目标管理有助于协调这一对矛盾，促使权力下放，这有助于在保持有效控制的前提下，把局面搞得更有生机。

4. 目标管理是激发员工超越现状的创造过程

经济管理目标层层展开的过程，实际上就是一个层层发动员工、集思广益、改革创新的过程，也是统一思想、统一意志、统一步调的过程。通过这一过程，把员工的智慧和创造力聚集在经济管理总目标之上，并把大家的积极性和创造性充分发挥出来，突破现状，奔向更高的经济管理目标。

5. 强调成果，注重实效。目标管理又叫成果管理

这说明目标管理所追求的目标，就是经济组织和每个员工在一定时期内应该达到的工作成果。目标管理与工作成果是分不开的，如果离开工作成果，就不能称其为目标管理。它力求经济组织的目标与个人目标更加密切地结合在一起，以增强员工在工作中的满足感。这对调动员工的积极性、

增强组织的凝聚力能起到很好的作用。建立一套完善的目标考核体系,能够按员工的实际贡献大小如实地评价一个人,所以,目标管理不以行动表现为满足,而以实际成果为目的。工作成果对目标管理来说,既是评定目标完成程度的根据,又是奖惩和人事考核的主要依据。在实施目标管理过程中,只有突出工作成果,才能激发员工的主观能动性,使其自觉地提高工作能力,积极完成经济管理目标。

6. 重视员工的培训与能力开发

目标管理既然强调工作成果,自然会引起对员工培训和能力开发的重视。如果不提高员工素质,要取得理想的工作成果是不可能的。为了达到目标管理的要求,应把员工培训同日常工作结合起来。首先,应要求员工在工作中努力学习,开发个人能力,不断改进工作方法,提高工作效率;其次,通过职务的重新分配,促进员工能力的提高。

总之,目标管理的特点是明显的、多方面的,也是互相联系的。完整的经济管理目标体系是开展目标管理的前提条件,协商是开展目标管理的原则,重视成果是目标管理的基本目的所在,员工教育、能力开发是目标管理取得成果的手段。

(四)目标管理的形式

经济组织的具体情况和工作需要不同,而目标管理形式也不尽一致,分析国内外目标管理实践,其具体形式多种多样。如果以目标管理的中心来分类,可划分为三种类型。

1. 组织中心型目标管理

这种目标管理的重点是在经济组织整体方面。其主要特点是:①在经济组织领导者的主持下确定经济管理目标。②由上而下逐级展开。③形成分目标与经济管理总目标相结合的经济管理目标体系。通过经济管理目标体系把经济组织各方面的力量集中起来,保证经济管理目标实施。

2. 个人中心型目标管理

这种目标管理的侧重点放在个人方面。其主要特点是:致力于激发员工奔向个人目标的动机,充分发挥个人的主观能动性和独创性,大力开发个人能力。

3. 成果中心型目标管理

这种目标管理立足于整个经济组织经营成果,以实现成果为宗旨。它按盈利责任单位分解经济组织的目标,对员工个人来讲,不制定个人目标,而以本单位目标作为自己的奋斗目标,有利于促进员工团结合作,同心协力,增强员工的集体荣誉感。

以上三种类型的目标管理各有所长和不足,每个经济组织可根据具体情况和需要加以选择,也可以把三者结合起来运用,扬长避短,以收到相得益彰之效。

二、目标管理的实施

经济管理目标一经制定并合理展开之后,便进入实施阶段。这一阶段是最为重要的一个环节,需要进行大量的艰苦工作,也是目标管理是否取得成效的关键。为此,必须明确其具体要求,抓好基本环节。

(一)目标管理的具体要求

1. 宣传鼓动

务必使有关人员对经济管理目标内容、意义、依据、实行步骤、有利条件和困难有透彻的了解,充分调动其积极性和主观能动性。

2. 鼓励自控又不放弃领导

经济管理目标既定,主管人员就应放手把权力交给下级成员,而自己去抓重点的综合性管理。完成经济管理目标主要靠执行者的自我控制,上级的管理主要表现在鼓励各部门、各岗位对经济管理目标实施情况定期自检、自评,并主动采取措施以确保经济管理目标顺利实施,要随时了解情况,提出问题,提供情报,给予指导和具体帮助,还要创造良好的工作环境,使下属部门和人员顺利实现经济管理目标。

3. 保持一定弹性

正常情况下,应力促预定经济管理目标的实现。一旦发现预定经济管理目标不够合理,或内外环境发生了意外变化,原定经济管理目标已明显不合理时,应当及时修订经济管理目标,不过应按照一定程序进行,以保持目标管理的严肃性。

（二）目标管理实施的基本环节

1. 从上到下实行权力下放，保证目标责任者有实现经济管理目标的主动权

目标管理主要靠目标责任者的自主管理及独立开展活动。上级领导者只向下级放权，任由下属人员自行选择完成经济管理目标的方法和手段，即使有人在实施经济管理目标中受挫，也允许在失败和磨炼中增长才干。

2. 实行自我控制，发挥经济管理目标责任者的才干

实行自我控制，是以经济管理目标分解过程中民主参与、上级授权与指导为前提，由部门和员工在实施经济管理目标的过程中，按照要求，自觉地定期检查与分析自己的工作，及时发现问题，采取补救措施，自主地处理问题，并根据经济管理目标实施方案的要求加强学习，增强履行责任的能力。当经济管理目标执行中遇到非主观努力所能解决的问题时，应主动要求上级领导的帮助，以保证按时、保质保量地完成经济管理目标。实行自我控制能引起人们心理状态的变化，由"要我干"变为"我要干"，由消极态度变为积极态度，能使经济管理目标责任者的才干得到充分发挥。

3. 实行经济管理目标控制，加强上级的领导管理

积极的自我控制与有力的领导控制相结合是实现经济管理目标动态控制的关键。经济管理目标体系的内在逻辑关系决定任何部门或个人如果没有完成自己的目标，都将影响经济管理总目标的实现，管理者必须进行经济管理目标控制，随时了解经济管理目标实施情况，及时发现问题，协助解决问题，必要时，也可以根据环境的变化对经济管理目标进行一定的修正。在实施经济管理目标控制的过程中应注意：①充分发挥员工自我控制的能力，必须将领导的充分信任与完善的自检制度相结合，保证经济组织具有进行自我控制的积极性与制度保障；②建立经济管理目标控制中心，结合均衡生产的特点保证动态平衡；③保证信息反馈渠道的畅通，以便及时发现问题，对经济管理目标做出必要的修正；④创造良好的工作环境，在经济管理目标责任明确的前提下，保证形成团结互助的工作氛围。

4. 建立信息反馈系统，加强上下级的意见交流

要使下级在自我控制中达到经济管理目标要求，就需要交流有助于及

时做出判断的一切信息。作为上级领导，应积极地为下级创造提供信息和意见的机会，随时掌握下级情况，定期或不定期地向各部门和员工通报经济管理分目标实施情况，防止工作偏离经济管理目标，通过上下级问答方式进行意见交流，鼓励下级创造性地研究问题与解决问题。对下级，可得到上级的及时指导和启发，增加完成经济管理目标的信心，有什么要求和建议，可随时向上级提出，及时予以解决，使上下级之间形成一种崭新的合作关系。

5. 把目标管理和专业管理结合起来，建立各种专业保证体系

经济组织的有些目标综合性很强，不是哪一个单位所能独立完成的，而是需要各有关单位密切合作才能完成。在实施综合性经济管理目标时，应以某一单位为主，其他有关单位配合，建立专业保证体系。

6. 目标管理同其他现代管理方法结合起来，提高经济效益

目标管理是一种综合性管理方法，着眼于经济组织总体效益。为了实现经济组织的总体目标和各部门个人的分目标，还需推行其他有关的现代管理方法，如采用价值工程，可以降低成本，达到提高利润的目的。总之，目标管理不能孤立地进行，只有同其他现代管理方法结合起来，才能取得更大的效果。

三、目标管理成果的评价

目标管理成果评价是目标管理的最后阶段，也是下一个目标管理循环的开始。目标管理特别强调成果，重视成果的考核和评价，通过评价，肯定成绩、发现问题、奖优罚劣，及时总结经济管理目标执行过程中的成绩与不足，以此完善下一个目标管理过程，并作为向新年度、新的经济管理目标挑战的开始。评价可以促进个人努力和领导工作的改善，鼓舞士气，增强员工完成经济管理目标的责任心和满意度，推动下一循环达到更高的经济管理目标。

（一）目标管理成果评价的程序

目标管理成果评价的程序如下。首先，由部门和员工进行自我评价，自觉地按照经济管理目标要求检查实际工作成果，总结经验教训。评定的

内容包括经济管理目标执行方案、手段是否合适，条件变化情况，主观努力程度等。其次，上级对下级以民主协商的方式进行指导，共同总结经验，找出差距、分析原因，提出改进办法。最后，以经济管理目标完成程度为主，同时考虑经济管理目标的复杂难易程度和努力情况，经过协商做出目标管理成果评价。

（二）目标管理成果评价应注意的问题

为使目标管理健康发展，在进行目标管理成果评价时，应注意以下几个方面的问题。

1. 坚持标准，严格考评

考核、评价经济管理目标实施状况，是承认、区别部门和工作人员绩效、贡献的过程，对于调动积极性、改进管理工作有极其重要的作用，因而要严肃、认真地进行，坚持既定标准，掌握准确的数据，采用科学方法，坚持上下结合，务必使考核结果有说服力。

2. 上级评定要全面、公正

上级对发现的问题要分析产生的原因，找出解决问题的方法，以便鼓励下级今后继续努力。

3. 实事求是，重在总结

考核评价一方面是肯定成绩、区分功过；另一方面是分析总结、改进工作。经济管理目标的实现既取决于主观努力，又取决于客观条件。在考核评价过程中，要认真分析主观原因和客观原因，总结经验教训，为下一轮目标管理创造有利条件。

4. 奖惩结合，鼓励为主

奖惩分明，才能鼓励先进、鞭策后进，因此考评必须伴之以奖惩。但目标管理的重要指导思想是人们愿意承担责任和希望有所成就，鼓励自我控制、自我评价、自我鞭策，因而还应坚持对先进给予表扬，对后进重在帮助分析原因、制定赶超措施，而不是惩处。应较多地采用召开目标成果发布会、经验交流会、庆功表彰会等精神激励形式来推动人们改进工作。

5. 目标评定与人事管理相结合

人事考核要以目标考核为基础，通过报酬、升迁等体现奖优。处罚是辅助措施，其目的是鼓舞士气，总结经验教训，为经济组织发展服务。

6. 及时反馈信息是提高目标管理水平的重要保证

目标管理成果的评价意味着一个管理循环的结束，而循环中的信息反映出经济组织的综合发展能力，是制定下一个经济管理目标的重要依据。

（三）目标管理成果评价的方法

常用的目标管理成果评价的方法有两种，即目标管理成果评价表法和综合打分法。

1. 目标管理成果评价表法

目标管理成果评价表法是按经济管理目标的完成程度、复杂困难程度、执行过程中的努力程度等三大基本因素，对每一个目标进行评定，然后考虑在执行过程中环境条件带来的影响以及执行者主观努力的结果，进行适当的修正，做出综合评价。

（1）评定经济管理目标的完成程度。经济管理目标完成程度是指实际完成的目标值与计划目标值之比，它有两种表示方法。①定量表示经济管理目标完成程度，可把经济管理目标的完成率分为三个等级进行评定。例如，完成率达到101%以上为甲级，92%~100%为乙级，80%~90%为丙级。②定性表示经济管理目标完成程度，可按制定经济管理目标时预先规定的成果评定要点进行评定，同样分为甲、乙、丙三个等级。

（2）评定经济管理目标的复杂难易程度。这是指实现经济管理目标的难度，它在制定经济管理目标时已考虑在内，但在经济管理目标的实施过程中，由于情况和条件的变化，可能同预期的成果发生一定的差距，因此，要做出成果的公正评价，就应重新评定。

（3）评定完成经济管理目标的主观努力程度。实施经济管理目标过程中会出现不利条件和有利条件，而经济管理目标责任者完成经济管理目标的主观努力程度也会因此不同。在有利的条件下，用较小的力气就可以完成经济管理目标；在不利的条件下，需要经过很大的努力才能完成经济管理目标。为了正确评定成果，必须对主观努力程度进行评价。

2. 综合打分法

综合打分法是结合经济责任制考核办法评价目标管理成果的一种方法。具体方法如下。

（1）百分分配法，即把全部完成各项经济管理目标项目的分数确定为 100 分，按各项目的重要程度分别确定其比重，根据完成程度评定各项目的分数，全部完成得 100 分，哪项没完成，就扣减该项得分；

（2）百分加减法，即以 100 分为基础，然后分别规定各经济管理目标项目的奖罚分数，根据各项目完成好坏加分或减分，从而得出被考核者的考核分数；

（3）逐日评分累计法，即结合日考勤，按被考核者承担的经济管理目标项目主次，加上对其工作态度、遵纪守法情况等的评价，以每天 10 分为基数进行考核，逐日考核累计，月末汇总。

以上两种目标管理成果评价方法都有自己的适应条件，各经济组织应根据自己的实际情况加以选择。

第四章 经济管理环境与战略

第一节 经济管理环境概述

一、经济管理环境的含义

对经济管理环境可做不同的描述，倘若把经济组织比作生物有机体，那么，经济管理环境就是指经济组织生存和发展的土壤；倘若把经济组织比作市场中的演员，那么，经济管理环境就是经济组织开展生产经营活动的舞台，也就是它开展生产经营活动的广阔空间，在这个空间范围内，对经济组织的生产经营活动有影响的各种因素的总和，就构成了经济管理的环境。

二、经济管理环境的构成

经济管理环境因素是多方面的，其构成也是复杂的，可以从不同的角度看待经济管理环境。从范围上划分，经济管理环境由国内环境和国际环境构成。从经济组织的拥有性或可控性划分，包括外部环境和内部环境。其中，外部环境按其对经济组织发挥作用的直接性又分为间接环境和直接环境；按环境影响的因素划分，既有经济因素，又有自然资源、科技、人口、信息、文化等环境因素，还有政治、法律、社会的因素；从经济组织与社会的联系上划分，可以由投资者、消费者、供应者、主管机关、政府管理部门、社会团体等方面构成。内部环境按作用的性质来划分，包括财产物资、组织、人力、知识、技术和信息等要素。

三、经济组织与经济管理环境的关系

（一）经济组织与外部环境的关系

外部环境与经济组织相辅相成。一方面，外部环境及其正常变化可为经济"组织细胞"的新陈代谢提供必需的场所和条件，但是外部环境与经济组织又是彼此制约的，外部环境的异常变化有时可能超越经济"组织细胞"的承受能力，甚至会破坏经济"组织细胞"，而无数经济"组织细胞"的"异常代谢"或"恶性增生"又可能导致环境的紊乱，它是非经济组织所能改变的，要主动去适应它。另一方面，经济组织对外部环境也有反作用，可以在一定范围内创造或影响外部环境。同时，经济组织还可以通过某些方面的努力，如开辟新技术、新行业，改变经济组织的公众形象，开展有效的公共关系活动等来影响外部环境朝着有利于经济组织生存和发展的方向发展。

（二）经济组织与内部环境的关系

经济组织的内部环境是从事生产经营活动的基本保证条件，是为实现经济组织的目标进行投资而形成的。所形成的内部环境，凡是能促进经济组织目标实现的都是优势，反之为劣势。优势与劣势是可以通过自身努力加以改变的，可以把劣势改变为优势，当然，优势也有可能转化为劣势。

（三）经济组织与市场环境的交换关系

在市场经济条件下，经济组织与市场环境最基本的关系就是交换关系，这种关系可以说无处不在。经营所需要的各种资源都要通过交换才能获得，不论是经济组织所需的资金、原材料、设备、劳动力，还是技术、经验、知识、信用等，都是直接或间接地来自交换关系。与此同时，经济组织向市场环境提供各种商品和服务，也无一不是通过交换来实现的。所以，与市场环境交换活动的过程组织得如何以及获得的盈余的多寡，直接决定着经济组织的生存与发展。

任何一个经济组织都要与环境发生多种交换关系，在众多的交换关系中，都离不开交换主体。这里的交换主体主要是指与经济组织发生交换关系的对象。由于交换关系是多种多样的，因而交换主体也是多元的。在确定交换对象时，管理者必须进行市场调查，通过市场细分，确定目标市场，找准为之服务的对象，明确经营目标，树立正确的经营思想。此外，还要特别考虑相关者，即竞争对手，也就是与经济组织在同一行业、经营同种业务的经营者。竞争对手不与经济组织发生直接的交换关系，但对经济组织管理影响至关重要，是经济组织环境管理必须重视的相关者。

四、环境管理应处理好的几个问题

（一）明确环境管理的目的

经济组织的发展能够带来满足内外各方面需求的结果。不论是满足经济组织长期的利润最大化的需要，还是维护经济组织作为社会组织的性质，或者是满足个人自我价值实现的需要，都可以通过经济组织的成长和发展得以实现。而在市场经济条件下，发展的机会与风险总是伴随在一起的，机会与风险并存，这是市场经营中经济组织命运的真实写照，所以在追求经济组织发展的同时也就意味着必须降低风险，这是环境管理的必然，也是环境管理的难点所在。由此决定了在保障经济组织安全条件下尽可能实现经济组织发展就是环境管理的基本目的。

（二）保持经济管理环境的动态平衡性

不论是经济组织的外部环境还是内部环境，其所包含的所有内容都不是静止的，而是相互联系、相互制约、不断发展变化的。经济组织要生存和发展，必须适应外部环境的变化，能够经常使内部环境保持适合于外部环境状态的经济组织系统是理想的系统，不能适应外部环境变化的经济组织的内部系统是没有生命力的。要做到这一点，就必须分析经济组织内外部环境与经济组织经营目标及决策的关系。经济组织要正确进行决策，就必须在确定目标和任务时，充分考虑和分析经济组织的外部和内部环境，并让两者很好地结合起来。经济组织经营目标和经济组织外部环境、内部环境的关系实质上是取得三者之间动态平衡的关系。具体地说，经常变动的、首先变动的、最活跃的是外部环境的各因素，随着系统外部环境的变化，就会带来整个系统的不平衡，这时，经济组织就需要调整内部环境去适应外部环境的变化。如果调整后仍解决不了问题，就要调整经营目标。

这里的关键是要处理好外部环境和内部环境的关系。这两者的关系可归纳为两点：一是内部服从外部，即经济组织内部环境适应不断变化发展的外部环境，而不是让外部环境服从内部环境；二是在外部环境的"空隙"中求发展，对于外部环境，经济组织一般是无能为力的，经济组织应积极利用外部条件对经济组织的有利之处，以保证经济组织经营活动的顺利进行。

（三）处理好经济组织与政府的关系

在市场经济条件下，一般指两个方面：一方面是经济组织与所在国政府的关系问题；另一方面是经济组织采用国际化经营战略，从事国际经营业务时碰到的与该国政府的关系问题。由于不同国家的政治、社会、法律、经济制度有很大差别，当经济组织的经营涉及两个以上国家的市场时，由于是在特定的政治经济体制背景下开展生产经营活动，往往需要同时考虑几种不同的社会制度以及与当地政府的关系，为了实现经济组织的经营目标和战略，要主动承担社会责任，利益来源于社会，也要贡献于社会。这方面关系处理得是否得当，直接关系到法人地位的确立、经营权的获取以及经营成败等。

（四）处理好经济组织与销售市场的关系

经济组织与销售市场的关系侧重于经济组织的输出，主要涉及经济组织向市场提供商品和劳务方面的问题。如经济组织向顾客提供何种商品和劳务，业务经营的范围和种类、深度以及经济组织如何取得竞争优势，确定市场位置，扩大市场占有率等方面的问题，这些问题都涉及经济组织要处理好与销售市场的关系，在复杂多变的经济管理环境中进行预测和决策，以确定经营战略等方面的问题。要树立为顾客服务的思想，以满足社会需要为出发点，把握时机，扬长避短，量力而行，实行差别化经营，增强生产经营的柔性，不断向市场提供能够满足消费者需要的产品和服务，以确保交换实现。

（五）处理好经济组织与供应市场的关系

经济组织与供应市场的关系侧重经济组织的输入，主要涉及资金、劳动力、原材料、工具、设备、信息、技术等的供应、购置和补充。在这一关系中最基本的是经济组织与员工的关系和经济组织与出资者的关系。这些关系的处理在很大程度上受国家基本经济制度、经济体制的制约。而经济组织与原材料、工具、设备、信息、技术等市场的关系与基本经济制度的关系不大，更多的是与经济组织的经营战略相联系。作为经济组织应积极营造条件让员工积极地为经济组织的发展做贡献。同时让投资者的投资目标得以实现，遵循等价交换的原则，实现各方共同发展，共同受益。同时，协调经济组织与供应市场的关系，满足经济组织在劳动力、资金、原材料等方面的供应需求。

（六）善于寻找市场空隙

所谓市场空隙是指没有被满足的顾客需求。寻找市场空隙则是向未开发的和未得到充分重视的局部市场或只有少数经济组织进入的市场发展。第一个进入市场或者成为市场中少数经济组织中的一个，至少在初期阶段，可以做到垄断市场或者接近于垄断状态。从这种意义上讲，寻找市场空隙，也就是创造某种垄断要素而获得利润。市场空隙按常识考虑是不存在的东西，或者是不值一提的东西，这就要求打破旧的市场思维模式，不循规蹈矩。实际上，对于市场空隙许许多多人都会注意到，但真正敢于打破旧市场秩序、建立新市场秩序的人却很少。这就要求经济组织善于收集市场信息，以及能够产生新需求的技术信息，随时掌握市场消费动态，及时发现顾客的新需求，善于发现竞争对手不能发现的需求，用创新的思想破除旧市场秩序，从空隙中创造市场，以满足过去没有满足的市场需求。寻找市场空隙，不应该只瞄准大空间，小空间同样可以孕育成为大市场。

（七）要有差别化意识

差别化就是在满足顾客全部需求过程中，确定在哪些环节形成与竞争对手的差别，形成竞争优势。市场机制的最终发展方向就是竞争，通过竞争，缓和寻找市场空隙而达到的非竞争状态，不可能持久保持下去，迟早还会被竞争代替。想在市场上长期垄断某种要素几乎是不可能的，这时，如何维持对部分要素的垄断，就是"差别化"所要解决的问题。

第二节 经济管理环境分析

一、经济管理环境分析的内容

（一）外部环境分析的内容

经济组织是现代社会经济的基本单位，它是一个开放性的系统，同时又是属于更大的社会系统的一个子系统，与系统中的其他子系统相互联系、相互影响、相互制约，就构成了经济组织的外部环境，社会的政治、经济、法律、文化、信息、科技等各个方面都将对其开展的经济活动发生直接或间接的影响。分析研究经济组织外部环境，可以使我们认识和把握经济组织所处环境中的有利因素和不利因素，以及其未来的发展趋势，从而为经济组织制定组织的战略决策，提高经济组织的应变能力，提供较为可靠的客观依据。外部环境分析一般包括间接环境分析和直接环境分析。

1. 间接环境分析的内容

所谓间接环境就是指能够影响所有经济组织的宏观环境，它对经济组织的影响一般都比较间接，需要通过直接环境因素反映出来。对间接环境进行分析就包括对其所有的影响因素进行分析。

（1）政治法律因素。在任何社会制度下，经济组织的生产经营活动都必定要受到政治与法律环境的规范和制约。这种政治与法律环境（也可简称为政治环境），由影响和制约各种组织和个人行为的法律、政府机构、公众团体组成。经济组织时时刻刻都能感受到这些方面的影响，或者说经济组织总是在一定的政治与法律环境下运行的。政治与法律环境的好坏影响宏观经济形势，对经济组织既可以形成强有力的保证促进作用，也可以产生巨大的负面冲击作用，从而影响经济组织的生产经营活动。对一个经济组织来说，应不断提高和加强对政治法律环境的预测能力和适应能力。对政治法律因素的分析主要包括对社会制度、政治体制、国内外政治形势、国家的方针政策、法律法规的出台与实施等因素的分析。

（2）宏观经济因素。一个繁荣的经济背景显然对经济组织的经营是有利的。而萧条、衰退的经济背景会对经济组织的经营造成不利影响。宏观经济的状况和趋势常常是经济组织制定经营战略决策的重要依据,它包括国际国内的经济形势、经济发展阶段、经济结构、地区与行业的发展状况、未来的发展趋势等。

(3) 社会文化因素。社会文化是人类在创造物质财富过程中所积累的精神财富的总和,在这里,则主要是指那些在一定物质文明的基础上,在一个社会、一个群体的不同成员中一再重复的情感模式、思维模式和行为模式。在经济组织所面临的诸方面环境中,社会文化环境是较为特殊的,它不像其他环境因素那样显而易见与易于理解,却又无时不在深刻影响着经济组织的经营活动,那种无视社会文化环境的经营活动必然会陷于被动或归于失败。在分析社会文化环境时要特别注意分析人口结构、道德规范、价值观念、民族传统、宗教信仰等方面的情况。

(4) 信息资源。经济管理信息是反映经济组织的活动情况、经过加工处理对经济管理活动产生影响的一系列资料和数据。它是经济组织开展经济管理的基础资源和开展经营决策的依据。经济管理信息经过人们加工、开发和利用可以表现出巨大价值,特别是计算机技术的发展使经济管理信息的作用在现代管理中得以充分发挥。经济管理信息资源分析主要包括对其质量、数量的分析,也包括对获取信息渠道和方便性的分析。

(5) 科学技术因素。科学技术是人类在长期实践活动中所积累的经验、知识和技能的总和,是最活跃、最主要的生产力。要注意分析科学技术水平及发展趋势、科学技术创新动向,以及新技术、新材料、新产品、新工艺的突破情况等。

(6) 自然环境因素。自然环境也处于发展变化之中,当代最主要的动向是自然原料日益短缺、能源成本趋于提高、环境污染日益严重、政府对自然资源管理的干预不断加强。所有这些,都会直接或间接地给经济组织带来威胁或机会。要注意分析自然资源种类、数量和可用性及地形、气候等情况。

2. 直接环境因素

所谓直接环境因素就是指能直接影响经济组织开展的经济活动,以及与市场直接相关的一些环境因素。上述各种间接环境因素,常常是通过直接环境因素对经济组织发生作用和影响的。对直接环境进行分析就要对其有直接影响的因素进行分析,一般包括如下几个方面。

(1)需求因素。这主要是指市场对经济组织所提供的产品或服务的需求状况。其中,用户的基本情况、购买能力、需求容量等是最主要的直接因素,要特别重视对它们的分析。

(2)竞争因素。这主要是指对竞争对手在产品生产经营方面的竞争状况进行分析。包括对竞争对手状况(竞争厂家数、生产总规模、竞争能力等)、竞争态势(竞争激烈程度、市场占有与分割情况、主要竞争策略和竞争领域)、潜在竞争因素等的分析。

(3)分销因素。这是指营销渠道网络状况以及中间商销售规模和能力大小等。这关系到经济组织能否将其提供的产品或服务向市场顺利输出以实现和加快再生产过程的重要影响因素,需要加强对其的分析研究。

(4)政策因素。这是指能直接对经济组织开展的经济活动发生影响的有关政策性因素。主要注重分析研究各级政府、行业主管机关、群众团体、金融机构等提出的有关政策、法令、法规、指示和各种要求等。

(5)资源因素。这是向经济组织投入的资源性因素。主要包括生产设备、原材料、外协元器材、零部件、能源等物资以及资金、劳动力等的供应、来源及其开发情况的分析。

(二)内部环境分析的内容

所谓经济管理内部环境就是指在经济组织内存在并为实现生产经营目标而提供基本保证的、除了社会环境因素之外的各种因素。内部环境一般分析以下内容。

1.经济组织一般情况分析

根据经济组织制定的经营战略和经营计划的要求,一般情况的分析包括如下几个方面。

(1)领导者素质和员工素质分析;

(2)发展情况分析;

(3)经济管理素质分析;

(4)技术素质分析;

(5)生产条件分析;

（6）营销情况分析；

（7）财务、成本和经济效益分析；

（8）资源供应分析；

（9）组织结构分析。

2.经济组织经营实力分析

经济组织是否存在优势，集中反映在经济组织的经济实力上，这方面的分析包括如下内容。

（1）产品竞争能力分析；

（2）技术开发能力分析；

（3）生产能力分析；

（4）市场营销能力分析；

（5）产品获利能力分析。

3.经济组织内部各要素的状况、结构及其原因分析

就环境分析工作的主体而言，经济组织内部环境要素的状况及其结构分析一般包括三项基本内容。

（1）现状分析（要素分析）。这是指针对经济组织内部环境的不同要素的现实情况开展调查分析，了解其数量水平和质量状态。这项分析的特点是：单一性，即分列各种要素，逐一进行分析；表象性，着重考察各项条件外显的种种特征。现状分析工作是由表及里深入分析的基础，这在大多数情况下是非常必要的。

（2）结构分析。这是指对构成经济组织内部环境诸要素之间的相互关系，包括数量比例、空间位置、质量要求等的合理性进行调查研究。根据系统学说关于"结构重于要素"的基本原理，经济组织能力大小，固然取决于经济组织各构成要素生产力的强弱，但更取决于要素间的结构状况。若结构关系失当，强力量可能相互抵减（人力虚耗，物力闲置），造成资源的严重浪费；若结构合理，强弱因素匹配互补，可以产生强大的协作力。

（3）原因分析。这是针对现状分析或结构分析中所发现的问题，研究问题产生的原因。原因分析在经济组织内部环境分析中至关重要，因为只有准确地查明问题的原因，才能使经济组织决策者采取根本性的解决措

施。在原因分析中，应注意潜在问题和潜在原因的分析，以增强经营决策的预见性。

二、经济管理内部环境分析的方法

经济管理内部环境分析就是要明白自己的长处——优势，知晓自己的短处——劣势，分析产生优势和劣势的原因，寻找解决的办法，为经济组织进行经营决策、制定经营战略、编制经营计划提供科学的依据。经济管理内部环境分析的方法很多，其常用的方法主要有以下几种。

（一）按综合程度划分

按综合程度可以分为全面分析和专项分析两种。全面分析就是对事关经济组织全局和长远利益，把握经济组织内部的各种可控或不可控因素，针对经济组织各类条件或主要相关条件，有序地开展现状分析、结构分析和原因分析。该分析的综合性较强，一般在制定经济组织长远发展规划、进行重大战略决策时进行。专项分析就是指经济组织内部的一个或数个单位针对一个或数个特定问题所开展的专门分析。分析的内容视管理层次的高低和问题的复杂程度而定，如基层管理者多侧重于现状分析，为中、高层管理者提供基本情况，中、高层管理人员则多侧重于结构分析或原因分析，其专业色彩较为浓厚，如工艺分析、产品外观分析、成本分析、信息管理分析等。

（二）按分析频率划分

按分析频率可分为定期分析和随机分析。定期分析就是按照一定的时间间隔进行的分析，其工作内容同样视管理层次的不同有所不同。但一般来说多为专项分析，而且常以现状分析或结构分析为主。随机分析就是针对突发或偶发事件所进行的分析，其工作内容视需要或问题的大小而定，一般侧重于结构分析，有时也需要进行现状、原因分析等。

（三）按分析内容划分

按分析内容可分为生产技术分析、产品质量分析、人员素质分析、财务成本分析、组织管理制度分析、经营销售分析、经济效益分析等。

第三节 经济管理战略

一、经济管理战略的意义

经济管理战略就是经济组织为实现经济管理目标，顺应环境变化，谋求长期生存和发展，以正确的思想为指导，对涉及经济组织发展中带有全局性、长远性和根本性的经营方向、重大经营方针、策略和实施步骤等做出长远的、系统的和全局的谋划。经济管理战略是由各种各样的战略构成的，由于各个经济组织的外部环境、内部环境、经营实力、生产经营特点等各不相同，不可能有一个适用于每个经济组织的经济管理战略方案。为了研究经济管理战略的规律性，便于经济组织结合自身的具体情况选择确定经济管理战略，一般将经济管理战略按其应用领域分为总体战略和分战略。

二、经济管理总体战略

经济管理总体战略在经济管理战略体系中居于指导地位，它决定着经济组织的兴衰存亡，是每个经济管理者必须首先考虑的问题。经济管理总体战略，是经济组织最高决策层在审视组织外部环境的历史变化及其现状，并运用科学的技术和方法对其未来变化发展的趋势做出正确的认识和把握后，依据其内部资源条件，对经济组织今后较长时期里经营战略做出的科学规划与设计，即从总体上制定的经济组织生存与发展战略。经济管理总体战略具有多样性和选择性。

（一）扩张战略

扩张战略就是在经济组织已经达到的现有水平基础上，向更高一级的目标发展的战略。这一战略的核心是通过扩张来达到经济组织发展和壮大的目的，其成功的关键是不断创新、积极进取。一般适用于拥有有利发展的环境，在产品、技术、市场占有很大优势的经济组织，特别是拥有名牌产品或社会声誉较高的经济组织，应优先采用这种战略。扩张战略主要包括依靠自身力量积极扩大经营规模，或在原有经济组织范围内增加生产能力与产品供应量、投资新的事业领域，或是通过竞争推动经济组织之间的联合与兼并、以促进经济组织不断发展。具体可以根据不同需要，实施单一产品发展战略、纵向一体化发展战略、横向一体化发展战略、同心与多样化发展战略、复合多样化发展战略或进行多种战略的合理组合。

（二）维持战略

维持战略是经济组织现在所处的环境较好，在一定时期内对产品、技术、市场等方面采取维持现状的一种战略。这一战略的核心是在维持现状的基础上，提高经济组织现有生产条件下的经济效益。经济组织采用这一战略，当然不是永远维持现状，不思进取，而是在一段维持现状的时期内，积极培育资源优势、积蓄力量、创造发展条件，一旦客观环境条件发生实质性变化，机遇降临，则可以迅速把握，上一个新台阶。选择维持战略时必须注意组织的稳定、人员的稳定、产品的稳定和技术的稳定。这种战略一般适用于下列情况：一是经济管理外部环境相对稳定，既无大的威胁，也没有过多的机会；二是经济组织经营状况良好，产品在较长时期里仍然具有明显优势；三是市场地位稳固的大型经济组织，由于大规模的经济投入，为了避免风险，更倾向于不求短期扩张，而是注意调整内部资源组合，以提高效率与效益；四是经济组织最高层经理人员经营思想以稳健为主，当经济组织暂不能具有突出优势，也没有明显不利因素时，则以保持经济组织稳定经营为目标。

（三）防御战略

防御战略是经济组织在一定时期内对产品技术、市场等方面采取以守为攻的一种战略。这种战略的核心是以其恰当的防卫，使新经济组织很难进入市场，使挑战者难有立足之地。这种战略一般适用于外部环境和内部环境暂时处于劣势，经营严重滑坡，一时难以改变，选择缩小经营规模，或退出某一个或几个事业领域，放弃一些产品的生产经营，以腾出厂房、设备、人员、资金等资源投向更有前途的事业。

（四）市场领导者战略

大多数行业都存在着一家为大众所熟悉的市场领导者，这家经济组织在相同的产品市场上拥有最大的市场占有率。它通常在价格调整、新产品导入、市场覆盖面及促销密度等方面,都领导着其他经济组织。在国际市场上有一些比较著名的市场领导者,如通用汽车(汽车业)、柯达(摄影器材业)、IBM(电脑业)、可口可乐(软性饮料业)、麦当劳(快餐业)、吉列(刮胡刀片业)等。

市场领导者战略的核心是保持其领导地位,要保住这一宝座,一般可采取三方面的行动:第一,发现扩大整个市场规模的途径;第二,保护现有的市场份额;第三,进一步扩大现有的市场份额。

(五)市场挑战者战略

这种战略是那些挑战者向市场领袖者发动攻势的战略,所以被称作市场挑战者策略。这些挑战者大多是在本行业产品的销售额中处于前几名的大公司。实施市场挑战者战略首先要确定战略目标和竞争对手,在进攻中运用"密集原则",集中优势兵力在关键的时刻和地点,向行业领导者发动攻势。在进攻中可根据市场情况选择正面进攻、侧翼进攻、包围进攻、迂回进攻、游击进攻等策略中的一种或几种策略的组合。在营销中实施价格折扣策略、廉价品策略、名牌产品策略、产品扩散策略、产品创新策略、降低制造成本策略、改善服务策略、分销渠道创新策略、密集广告促销策略等来达到目的。

三、经济管理分战略

经济管理分战略是指经济组织内部各部门、各单位以及针对某一方面或某一经营领域,在经济管理总体战略的指导下所制定的战略。它与经济管理总体战略之间的关系是一种主从关系。不同的经济组织由于其行业性质、经营规模、生产特点等不同,需要制定的分战略的种类也各不相同。一般来说,经济管理分战略主要有以下几种。

(一)市场战略

在市场经济条件下,市场是经济组织赖以生存的基本条件,经济组织失去了市场就失去了生存的空间,因此市场战略就是研究如何占领市场和利用市场的策略,包括目标市场战略、市场渗透战略、市场开拓战略、新产品市场战略、混合市场战略和市场营销组合战略等。

（二）产品战略

产品的生产经营是经济组织最基本的活动。经济组织的产品战略主要研究如何根据市场的需要，开发生产适销对路的产品。可采用新产品开发战略、老产品调整战略、产品线战略和产品组合战略等，它与市场战略紧密相连。

（三）技术战略

在科学技术飞速发展的今天，经济组织技术落后，最终将被淘汰。经济组织的技术战略就是要研究确定经济组织技术进步的目标及其实现的途径和方式等问题。

（四）人才战略

经济组织之间的竞争，归根结底是人才的竞争，建立一支高素质的员工队伍，是经济组织在激烈竞争中立于不败之地的根本。经济组织的人才战略就是要研究如何发现人才、培养人才、使用人才，提高员工队伍素质的问题。

（五）价格战略

价格竞争是市场竞争的重要方面。如何合理确定定价目标，制定出具有较强竞争力的价格，是经济组织价格战略要研究解决的问题。常用的价格战略有高价策略、低价策略、均衡价策略和最优价策略等。

（六）财务战略

经济组织的一切生产经营活动都与财务活动紧密相连。经济组织的财务战略，主要是研究、解决如何最合理地筹集经济组织生产经营所需资金，如何最合理地分配和最有效地使用有限的资金等问题，以保证经济组织生产经营的正常进行。

（七）竞争战略

竞争战略就是指经济组织在特定的产品与市场范围内，为了取得差别优势，维持和扩大市场占有率所采取的战略。

（八）生产战略

生产战略是对生产资源转换成产品和服务的转换过程所提出的战略要求。例如，最低成本/高交货能力战略、最高品质/高适应性战略，或在这两个端点之间选择适当的组合，进而确定经济组织的资源需求，使产品和服务的转换过程能满足经营的需要。有必要强调的是，生产战略的目标不是提供具体的产品和服务，而是提供一套满足顾客需求的能力和支持竞争优势的能力。

（九）销售战略

销售战略用于确定经济组织应投入竞争的市场，或者说确定其应从事的经营领域，并根据该类市场或经营领域的顾客需求，确定其产品和服务的特征，以及新产品引入市场的时机和范围的战略。

（十）成长战略

成长战略就是指经济组织为适应外部环境的变化，有效地利用资源，研究以成长为目标的经济组织如何选择成长基点、成长指向等成长机会，并保证实现机会所采取的战略。

四、经济管理战略实施与控制

（一）经济管理战略的实施

经济管理战略确定以后，实施就变成了经济管理成败的关键，它是战略管理工作的主体。为贯彻已定的战略所必须从事的工作内容包括建立相应的组织、设置行政支持系统、制订行动计划、分派责任、配置战略资源、建立协调控制机制和实行战略控制。

（二）经济战略控制

经济管理战略控制是将预先制定的战略目标或标准，与反馈的战略执行信息进行比较，以检查战略计划与实际执行的偏离程度，并采取措施纠偏的一系列活动的过程。战略控制一般由三个方面的活动组成：①制定战略评价标准；②将战略执行信息反馈的实际成效与标准加以对比分析；

③针对偏差采取纠偏行动。按照"确定目标→确定衡量工作成果的标准→建立报告和通信等控制系统→审查结果→采取纠正措施"的经济管理战略控制程序实施事前控制、事中控制和事后控制。经济管理战略控制的目的主要有两个：一是保证战略方案的正确实施，二是检验、修订、优化原定战略方案。但要注意，战略控制不是具体地去进行计划执行情况的检查与控制，而是关心解决一些主要问题：现行战略实施的有效性问题；制定战略方案的前提，如战略环境及预测等问题的可靠性问题；早期发现战略方案修正的必要性问题和优化的可能性问题；有无引起对战略方案与战略规划总体需要进行重新评价的问题。

第五章 经济管理的内容

第一节 企业管理

一、现代企业的特征

一般认为,现代企业于 19 世纪末 20 世纪初诞生。现代企业不仅在组织形态、产权制度上与以前的工厂组织及工厂制度有根本性的区别,而且在组织生产和销售方面也有了很大的进展。在今天,人们往往将具有现代企业制度,利用现代大生产方式和开展大规模产销活动的企业称作现代企业。[①]

（一）现代企业的一般特征

1. 生产规模化

现代企业为了提高生产效率,通过使用大量专门设备、专业人才和雄厚资金组织大量生产,以减少平均成本。

2. 分工精细

分工是现代生产的基础,它可以不断提高生产效率。现代企业的分工日趋精细。

3. 组织严密

为保证分工的科学性和协作的有效性,企业必须有严密的组织。

---

① 赵钧.探究柔性管理在现代企业管理中的作用[J].中国管理信息化,2020,23（1）:115-116.

4. 大量采用高新技术

企业发展依赖科技进步，大量采用高新技术改造生产设备和生产工艺、开发新产品、提高产品质量、提高管理水平是现代企业的显著特征。

5. 高素质人才

随着生产力的不断提高和经济全球化趋势的增强，人力资源，特别是掌握现代科技和管理知识的专业人才，对现代企业生存和发展的作用日益突出。

6. 所有权与管理权分离

企业经营环境的多变性和管理活动的复杂性以及人类能力分布的不均衡性，使得企业的经营管理越来越多地采用所有权与管理权相分离的方式进行。

7. 快速反应

随着信息技术的进步和人类需求个性化趋势的发展，对市场做出快速反应已成为现代企业的重要特征之一。为保证企业具有快速反应能力，各种新的组织和管理技术应运而生。

8. 政府管理

政府管理是市场机制的有效补充。各国政府都通过不同的方式对企业施加直接和间接的影响，促使企业和市场健康发展。

9. 企业集团大量出现

尽管有不少研究认为"小的是好的"，但是现代企业发展的趋势明显表现出集团化、多元化、国际化的趋势。

（二）现代企业的法律特征

作为依法组织、成立和进行活动的企业，具有三个重要的法律特征。

1. 合法性

企业必须依照法律规定的条件和程序设立，同样必须按照法律的规定进行经营和管理。

2. 营利性

企业通过生产、经营和服务等为社会做出贡献，同时取得相应的经济收益。

3. 独立性

法律赋予具有法人资格的企业以完整独立的人格，企业就像自然人一样享有权利、承担义务和责任。

二、企业管理系统

现代企业是一个复杂而庞大的人造系统，从总体上看，由"物质生产系统"和"企业管理系统"组成。①企业管理又由管理者、员工、部门、岗位、制度、职能等多种要素构成。这些要素相互依存、相互影响，在企业总目标的前提下有机结合，构成了企业管理系统。从内容上看，企业管理系统包括经营战略、生产管理、人力资源管理、财务管理、管理信息以及营销管理六个子系统。

（一）经营战略子系统

经营就是为了实现企业目标而对企业各种重要的社会经济活动进行运筹、谋划。它担负着适应和开发市场、向顾客提供适销对路商品、增强企业竞争力、提高企业经济效益的功能。企业经营管理主要解决外部环境、内部条件和企业目标三者之间的动态平衡，基本内容如下。

1. 环境分析

企业是个开放系统，企业的运行过程实质是企业与其所处的环境持续的交互过程，企业的绩效集中表现为对环境的适应性。企业必须重视并做好对环境的研究，具体包括外部环境及其变化趋势、内部条件及优劣势、市场需求及发展趋势、竞争态势及其变化等。

2. 战略研究

企业战略是指企业为谋求长期的生存与发展，在积极把握外部环境和内部条件的基础上，结合企业专长所做出的总体谋划。企业战略管理一般包括战略制定、战略执行、战略控制等活动。

3. 经营决策与计划

企业在环境分析和战略规划的基础上，必须对内部资源做出统筹安排，

---

① 佟春梅.基于现代企业管理系统的传统企业资产管理应用对策研究[J].企业改革与管理，2019(21)：182-183.

对有关经营目标、投资、产品开发、生产组织、产品销售、技术改造等活动做出科学的决策和周密的计划，以保证企业各项活动的正常进行。

（二）生产管理子系统

生产活动是工商企业的基本活动，涉及企业生存发展的物质基础和条件。这里的生产是一个广义的概念，既指工业企业的物资采购、生产制造、产品销售，也指商业企业的商品采购、配送、销售等。生产管理就是对企业"投入—产出"过程的组织与管理，以求用最经济的方式实现企业的既定目标。[①] 生产管理子系统的内容主要包括以下几个方面。

1. 采购供应

采购供应是工商企业生产系统的投入端，也是生产系统正常运行的保证。其主要任务是：①为企业的生产活动提供必要的人力、物力、财力以及有关经济、技术、市场等方面的信息；②搞好物资供应与商品配送；③做好库存管理，降低消耗，减少资金占用。

2. 生产组织

从时间和空间上科学组织劳动者、劳动对象和劳动手段，保证生产过程的连续性、比例性和均衡性，提高生产效率。

3. 设备动力管理

建立并贯彻科学的设备管理制度，搞好设备的维护、保养、修理和更新改造，保证设备处于良好状态。全员生产维修是日本企业以设备综合工程学为理论基础，总结设备管理经验并结合其管理传统形成和推行的一套现代设备维修和管理制度。其要点如下：①全效率，即以提高设备全效率为目标；②全过程，即建立以设备一生为对象的生产维修系统；③全员参加，即设备的研究规划、使用、维修等部门和人员都参与设备的维修和管理。

4. 质量管理

质量是企业的生命，质量管理是企业管理的重点。自20世纪60年代以来，在费根堡姆、朱兰等专家的共同倡导下，企业的质量管理进入了全面质量管理（Total Quality Management，TQM）阶段，特别是日本企业创造

---

① 张冰冰，宋福根. 基于ASP.NET的四层生产管理子系统实施[J]. 物流工程与管理，2014，36(2)：117-120.

性地应用和发展了全面质量管理,取得了显著成绩。

全面质量管理是企业为保证和提高产品或服务质量,组织各部门和全体员工,运用科学理论和方法,建立质量管理体系,控制影响质量全过程的各种因素,保证提供顾客满意的商品或服务。其要点如下。①全面质量。以优异的工作质量与工程质量保证并提高产品或服务质量,降低成本、增加产量,保证按质、按量、按期供应市场,满足需求。②全过程。产品或服务质量是某种活动过程的产物,必须做好企业生产经营全过程的管理,加强关键工序的控制,对影响产品或服务质量的关键要素加以重点管理。③全员参加。"质量管理,人人有责",各部门、各岗位、所有人员都有质量责任和义务,都必须参与质量管理。

(三)财务管理子系统

资金是企业经营的重要资源,财务管理是企业管理的重要内容。设备全效率也称为综合效率,是指设备整个寿命周期的输出与输入之比。

$$设备效率 = 设备一生的输出 / 设备一生的输入$$

其中:设备一生的输出是指在满足安全、无公害、作业环境良好、成本低、质量高、按期交货及保证操作者情绪饱满的条件下所能产出的产量。设备一生的输入是指设备寿命周期所需支出的费用(包括购置费用和使用费用)。

做好成本和费用的核算,而且要在各项活动进行前科学地制定成本及费用目标、控制费用和消耗,还要为企业经营活动筹措资金、管好和用好资金,保证企业资金不断增值。

(四)人力资源管理子系统

人是企业生产活动和经营管理的主体,是重要的企业资源。人力资源管理的主要任务是:①人力资源发展规划;②岗位设置、组织结构设计与适时变更,以及人员配备;③人员的招聘、选拔和培训;④绩效考核;⑤激励与报酬机制的建立与改革;⑥企业文化建设。

(五)营销管理子系统

市场是企业经营活动的出发点和归宿。从某种意义上说,市场营销已成为现代企业经营成败的关键。有效的营销,不仅可以提高顾客对企业产品的满意度,不断拓展市场,增加销售,而且可以广泛收集市场信息,为企业经营决策提供支持。营销管理的基本任务如下。一是市场研究。通过市场调查和预测,了解顾客需求及竞争者的状态和发展趋势,发现和确认企业的发展机会。二是产品研究。应用最新科技成果和管理技术,研究开发适应市场需要的产品和服务。三是策略营销。制定并实施营销战略,建立并维持系统的营销策略,保证营销的有效性。四是销售促进。综合运用各种促销手段,激发市场的积极反应。五是指导消费。充分利用潜在需求,培养有利的消费倾向和品牌偏好。

(六)管理信息子系统

管理信息是指那些经过整理加工,反映企业生产经营、市场需求、竞争等状况,并能指导企业决策和正常运行的数据和资料。管理信息系统是一种由人和计算机等组成的,能进行管理信息收集、传递、储存、加工、维护和利用的系统,是企业经营的中枢神经。管理信息系统的特点是:①信息的集中统一形成信息资源;②运用数学模型对信息进行集成和调用,具有预测和控制功能;③为不同的管理层次提供程度各不相同的信息支持;④大量减少规划、统计、报告等手工作业量,提高管理的自动化程度和管理效率。

第二节　决策管理

决策是计划工作的核心,无论是确定目标,还是制订计划,管理者都需要做出决策。不仅领导工作需要决策,其他各项管理工作也都需要决策。事实上,决策贯穿于整个管理过程。

一、决策的含义

所谓决策,就是为了解决现实中出现的问题,实现某个特定的目标,在充分收集并详细分析相关信息后,提出解决问题和实现目标的各种可行方案,依据准则和标准选定方案并实施,作为解决问题、达到目标的方法和途径。[①]简单地说,决策就是针对问题和目标,分析问题、解决问题的一个管理过程。决策的含义实际上包含了以下内容。

(一)决策需要有目标

决策目标就是决策所需解决的问题,只有在存在问题的情况下,而且决策者认为这些问题必须解决的时候才会有决策。决策是通过解决某些问题来实现目标的,无目标或目标不明确的决策往往导致决策无效甚至失误。

(二)决策需要有可行的方案

决策必须具有两个或两个以上的备选方案,通过比较评定来进行选择。如果无法制定方案或只有一个方案,就失去了决策的意义。

(三)决策是一个方案的取舍过程

决策既非单纯的"出谋划策",又非简单的"拍板定案",而是一个多阶段、多步骤的分析判断过程。

(四)决策必须有效

决策的有效性是指各方面有效,要保证决策的有效性,首先要求有合理的决策评判准则;其次要求决策过程有效。

二、决策的类型

从不同角度研究决策,可将决策问题归结为不同的类型。

(一)按决策者职能划分

1. 专业决策

专业决策也称为专家决策,是指各类专业人员在职业标准的范围内,根据自己或别人提供的经验和专门知识所进行的判断和抉择。如水利工程师设计水坝,机械工程师设计机器,教练安排出场阵容,教师安排教材教法,医师诊病开药等。专业决策的基本特点是:①专业决策与专业标准密切相关且相辅相成,改善标准有利于提高专业决策水平,成功的专业决策

---

① 尤启,王秀华.企业经营决策方法及应用分析[J].中国集体经济,2013(35):70-72.

经验必然反映在专业标准中；②专业人员善于"批量"地处理问题；③专业决策的知识和能力有很强的专业领域限制，在某领域是高明专家，在其他领域不一定是内行。

2. 管理决策

管理决策是指企事业单位的管理者所面对的决策，如经营方向决策、经营战略决策、营销策略决策、人力资源管理决策、公共关系决策等。管理决策的基本特点是：①管理的艺术性决定了管理决策没有统一的标准和一成不变的准则；②管理的特殊性决定了管理者只能逐个解决问题；③管理者担负着多种角色，面对大量繁杂甚至琐碎的问题，管理决策是一种不停顿的滚动式决策，要求管理者既要"为大于其细"，善于从整天的忙碌和处理琐事中发现和捕捉机会，又要避免过多地被日常事务牵扯。

3. 公共决策

公共决策也称为社会决策，指国家、行政管理机构和社会团体所进行的决策，如国家安全决策、国际关系决策、社会就业决策、公共福利决策等。公共决策的特点是：①决策问题的清晰度较差，决策的重点在于探究问题之所在。譬如，社会治安状况不佳，是公安管理不力、是司法宣传不够，还是文化娱乐、教育或某项经济政策的问题。解决交通拥挤问题，是增加投资拓宽公路、建设立交桥，还是改善交通管理系统和调度方式等。②公共决策追求公众共识和舆论的可行性。公共决策难以采用诸如技术效率、经济效益等明晰的准则推理评价，也不可能获得各组织和团体同等程度的满意，只能以大多数组织和公众的满意为前提，造成共识局面，以保证决策方案的顺利实施。③公众更关心公共决策的后果。对有些能够用清晰准则进行评价的公共决策问题，公众并不关心其决策方式和过程，仅关心决策的结论和后果。

（二）按决策问题的性质划分

1. 程序化决策

程序化决策也称为常规决策，是指那些经常重复出现的决策问题。如学校的课程安排，医院的检查诊断，企业的采购供应、生产调度等。程序化决策不必探求新的决策方法，可以在总结的基础上制定一套行之有效的程序和规则来处理。由于这类决策相对简单，并在很大程度上依赖以前的解决方法，因此，决策者只要求助于一个系统化的程序、规则或政策就可以了。

2. 非程序化决策

非程序化决策也称为非常规决策，是指那些以前尚未发生过且不容易重复出现的决策问题。如学校的新专业设置，医院的新手术方案研究，企业的新产品开发、合资经营模式研究等。非程序化决策问题比较复杂且结构不清晰，缺乏现成的解决办法，主要依靠决策者的经验和创造精神，对决策者的主观性依赖很大。

现实中的决策很少有管理决策是完全程序化或完全非程序化的，绝大多数决策介于两者之间。

（三）按决策环境划分

1. 确定型决策

确定型决策是指那些未来状态完全可以预测，有精确、可靠的数据资料支持的决策问题。

2. 风险型决策

风险型决策是指那些具有多种未来状态和相应后果，但只能得到各种状态发生的概率而难以获得充分可靠信息的决策问题。如企业在市场预测基础上的新产品决策和投资决策等。

3. 不确定型决策

不确定型决策是指那些难以获得各种状态发生的概率，甚至对未来状态都难以把握的决策问题。如某项改革制度的决策、促销方案决策等。这是最具风险的一种决策。

（四）按决策思维方式划分

1. 理性决策

理性决策是以逻辑思维为主，根据现成规则评价方案，追求清晰性和一致性的决策。理性决策有三个特点：①理性决策以决策者的现状为基础，包括决策者拥有的财富资源状况、生理状况、心理承受能力、感情、社会关系等；②理性决策从各种方案的后果出发并按某种规则做出抉择；③理性决策应符合概率论的各种定律。

2. 行为决策

行为决策是以直觉思维为主的决策。行为决策的特点如下。①直感性。行为决策着重从整体上把握对象，并不像归纳法那样先分析各部分再归纳或综合为整体，也不是从整体出发再推演到部分。②无阶段性。行为决策只追求结果的清晰，而得出结果的过程是不清晰的。③突发性。行为决策不像理性决策那样按一定程序有计划有步骤地进行，而是靠直觉进行判断。有时当决策者集中精力费尽心机寻求答案时可能毫无所获，而一旦放松思考时答案可能就会突然产生。

三、决策的原则

管理者在进行决策时，为保证决策的科学性，就必须遵循一定的原则。

一是满意原则。满意原则就是能够满足合理要求的决策，它是针对"最优化"原则提出的。

二是层级原则。层级原则要求决策在企业内分级进行，实行层级原则，这既有利于组织高层决策者集中精力抓好战略决策、例外决策，又可提高下级单位领导者的主动性和责任性，改良组织管理。

三是集体和个人相结合的原则。集体和个人相结合的决策原则是决策科学化和民主化的客观要求，这一原则要求无论是集体决策，还是个人决策，都要建立在广泛的民主基础上，在民主基础上实行集中。

四、决策的程序

决策是一项非常复杂的管理活动。决策者要做出正确的决策，除要掌握决策原则外，还必须遵循正确的决策程序。赫伯特·西蒙认为，决策程序应该包括四个步骤：找出制定决策的理由，找到可能的行动方案，在诸方案中进行抉择，对已进行的抉择进行评价。一般来说，决策程序应该包括以下内容。

（一）确定决策目标

确定决策目标是决策的首要环节。所谓决策目标，就是指在一定的外部环境和内部条件下，在市场调查和研究的基础上所预期达到的结果。决策目标是根据所要解决的问题来确定的，只有明确了决策目标，才能避免决策的失误。根据决策目标在决策中的地位和重要程度，它可分为必须达到的目标、希望完成的目标和不予重视的目标。必须完成的目标对组织和决策来讲绝对重要，能够完成它就意味着决策的成功；希望完成的目标对组织和决策来讲相对重要，能够全部完成更好，部分完成也算决策的收获，因此，它是一种弹性的要求；不予重视的目标对组织和决策来讲不太重要，在决策方案中是不需要专门考虑的目标。

决策目标的确定，必须注意以下几个问题。

一是要把目标建立在需要和可能的基础上。

二是使目标明确、具体，并尽可能数量化，以便于衡量决策的实施效果。

三是要明确目标的约束性。目标的约束条件直接影响着目标的实现，因此必须对那些与实现目标有联系的各种条件加以分析。

四是要明确主要目标。任何组织的决策目标往往都是多元的，它们之间常常存在这样或那样的矛盾，因此确定目标必须分清主次，使次要目标服从主要目标，突出主要目标，保证主要目标的实现。

（二）拟定备选方案

备选方案的拟定，一般要经过几个步骤。

第一步，分析和研究目标实现的外部条件和内部条件、积极因素和消极因素以及决策事物本身的运动趋势和发展状况。

第二步，在此基础上，将外部环境各限制因素和有利因素、内部业务活动的有利条件和不利条件等，同决策事物未来趋势和发展状况的各种估计进行排列组合，拟定出适当的能实现目标的方案。

第三步，将这些方案同目标要求进行简要的分析对比，权衡利弊，从中选择出若干个利多于弊的可行方案，供进一步评估和抉择。

（三）评价备选方案

备选方案选定以后，就要对备选方案进行评价。评价的方法通常有三种：经验判断法、数学分析法和试验法。备选方案的评价一般分三步。第一步是看备选方案是否满足必须达到的目标要求。满足要求的，就予以保留，反之就淘汰。第二步是按希望完成的目标要求，对保留下来的方案进行讨论，根据它们满足希望完成目标的程度，进行评价，以区分方案在希望完成目标上的优劣程度。第三步是按方案在必须完成的目标评价过程中的满意程度，对各方案进行全面衡量，从中选择出最满意的方案。

（四）选择方案

选择方案就是对各种备选方案进行总体权衡后，由组织决策者挑选一个最好的方案。方案的选择方式，依决策事物的重要性程度不同而有所不同。重要的决策方案，首先，要将方案印发给有关人员，准备意见；其次，是召开会议，由专家小组报告方案评估过程和结论；最后，是决策者集体进行充分的讨论，选择出满意的方案。对一般性的、程序性的决策，一般由决策者个人进行，以降低决策成本，提高工作效率。

五、决策的方法

在科学技术日益发达的今天，有效的决策必须借助有效的决策方法。有效的决策方法有助于决策者更好地预测决策的结果，但不能代替决策本身。决策方法可分为定性决策方法和定量决策方法两大类。

（一）定性决策方法

定性决策方法是决策者根据所掌握的信息，通过对事物运动规律的分析，在把握事物内在本质联系基础上进行决策的方法。[①] 定性决策有以下几种。

一是头脑风暴法。头脑风暴法也叫思维共振法，即通过有关专家之间的信息交流，引起思维共振，产生组合效应，从而导致创造性思维。

二是特尔菲法。特尔菲法是用于预测和决策的方法，该方法是以匿名方式通过几轮函询征求专家的意见，组织预测小组对每一轮意见进行汇总整理后作为参数再发给各专家，供他们分析判断以提出新的论证。几轮反复后，专家意见上渐趋一致，最后供决策者进行决策。特尔菲法是一种广为使用的决策方法，其基本步骤是：确定预测题目，选择专家，制定调查表，预测过程，做出预测结论。

三是哥顿法。哥顿法是美国人哥顿于1964年提出的决策方法。该法

---

① 卢美丽.推进企业应用定量决策方法的对策[J].经济师，2006(6)：206.

与头脑风暴法相似,由会议主持人先把决策的问题向会议成员做笼统的介绍后,然后由会议成员讨论解决方案。当会议进行到适当时机,决策者即将决策的具体问题展示给小组成员,使小组成员的讨论进行深化,最后由决策者吸收讨论结果进行决策。

四是其他定性决策方法。除了上述三种定性决策方法外,还有以下几种。

第一,淘汰法。淘汰法是先根据一定条件和标准,对全部备选方案筛选一遍,把达不到要求的方案淘汰掉,以达到缩小选择范围的目的。

第二,环比法。环比法也叫0—1法,是对所有方法两个一组进行比较,优者得1分,劣者得0分,然后以各项方案得分多少为标准选择方案。

第三,归类法。归类法先将类似的方案进行归类,然后再进行选择。归类简化方案的方法有两种:一是先从各类方案内部选择一个或两个优者,然后再把各类方案中最优的方案进行比较;二是先选类,再从所选类中挑选出最优方案。

(二)定量决策方法

定量决策方法是利用数学模型进行优选决策方案的决策方法。根据数学模型涉及的决策问题的性质,定量决策一般分为确定型决策、风险型决策和不确定型决策三类。

1. 确定型决策方法

确定型决策是指在稳定(可控)条件下进行的决策。在确定型决策中,决策者确切知道自然状态的发生,每个方案只存在一个确定的结果,最终选择哪个方案取决于对各个方案结果的直接比较。属于确定型决策的方法有很多,常用的方法有线性规划法和量本利分析法。

2. 风险型决策方法

在比较和选择活动方法时,如果未来情况不止一种,在管理过程中,尽管不知道到底哪种情况会发生,但知道每种情况发生的概率,则可采用风险型决策方法进行决策。典型的风险型决策方法是决策树。

决策树是由决策结点、方案枝、状态结点和概率枝四个要素组成的树状图。决策是以决策结点为出发点,引出若干方案枝,每个方案枝的末端是一个状态结点，状态结点后引出若干概率枝，每个概率枝代表一种状态。据此自左向右层层展开便得到形如树状的决策树。

决策树法决策程序如下。

第一，绘制决策树。图形自左向右层层展开，根据已知条件排列出各个方案和每一个方案的各种自然状态。

第二，将各状态概率及损益值标于概率枝上。

第三，计算各方案的期望值，将期望值小的剪掉，用"//"标于方案枝上方。

第四，剪枝后所标的方案即为最佳方案。

3. 不确定型决策方法

在风险型决策中，概率是计算期望值的必要条件，而在不确定型决策中不清楚或无法预测自然状态发生的概率。可行方案的选择与判断，主要取决于决策者的认识、决策者的经验和对待风险的态度，常见的不确定型决策方法如下。

（1）大中取大法，也称冒险法。这种方法就是从每个方案中选择一个最大损益值，在这些最大值中再取最大值，把这个最大值对应的方案作为决策的方案。

（2）小中取大法，也称保守法。这种方法就是从每个方案中选择一个最小损益值，在这些最小值中再选取最大值，把这个最大值对应的方案作为决策方案。

（3）折中法。保守法和冒险法都是以各方案同状态的最大和最小极端值为标准。但多个情况下决策者既非完全的保守者，也非极端冒险者，而是在介于两个极端的某一位置寻找决策方案，即折中法。

（4）后悔值法，也称最大最小后悔值法。这种方法是用后悔值标准选择决策方案。其步骤如下：①用各状态下的最大损益值分别减去该状态下所有方案的损益值，从而得到对应的后悔值；②从各方案中选取最大后悔值；③在已选出的最大后悔值中选取最小值，所对应的方案即为所选方案。

第三节 领导与激励

组织设计和人事配备为人力资源作用的发挥提供了先决条件,但人力资源潜力的充分挖掘在很大程度上取决于管理者的领导艺术和才能。管理者领导职能的任务就是诱发组织所需要的蕴含在人这个要素中的生产力。[①]

一、领导

人力资源是在一定组织环境中,在一定的管理人员指挥和控制下才能为企业提供服务。其服务的质量在很大程度上取决于管理者的领导能力。

(一)领导的作用及其实现

1. 领导的概念

所谓领导,是指管理者利用组织赋予的职权和个人具备的能力去指挥、命令、影响、引导并鼓励部下为实现组织目标而努力工作的活动过程。这个定义包括下列三个要素。

(1)领导者必须有部下和追随者。没有部下的领导者谈不上领导。

(2)领导者拥有影响追随者的能力和力量。这些能力包括由组织赋予领导者的职位和权力,也包括领导者个人具备的影响力。

(3)领导的目的是通过影响部下来实现企业的目标。

2. 领导的作用

在带领、引导和鼓励部下为实现组织目标而努力的过程中,领导者要具体发挥指挥、协调、激励三个方面的作用。

(1)指挥作用。指挥作用是指领导者帮助部下认清所处环境和形势,指明活动的目标和达到目标的途径。领导者只有站在员工面前,用自己的行动带领人们去实现组织目标,才能真正起到指挥的作用。

(2)协调作用。在许多人协同工作的集体活动中,因个人的才能、理解力、进取精神、性格、作风、地位等不同,加上外部因素的干扰,人与人之间在思想上会发生各种分歧,行动上会出现与目标发生偏差。领导者就需要来协调他们之间的关系和活动,把大家团结起来,朝着共同的目

---

① 谢国林.善用激励是企业领导的必修课[N].中国冶金报,2015-07-21(004).

标前进。

（3）激励作用。在复杂的社会环境中，人们会在工作、生活、学习中遇到困难和挫折，或因某种物质和精神的需要得不到满足而影响其工作热情。要使每个员工都始终保持旺盛的工作热情并最大限度地发挥其工作积极性，就需要领导者为每个人排忧解难，激发和鼓舞他们的斗志，发掘、充实和加强他们积极进取的动力。

3. 领导层次

虽然一般来说领导所起的作用是一致的，但不同层次的领导，其工作重点和要求是不同的，主要精力和时间分配也是不同的。

企业管理可以分为基层管理、中层管理和高层管理，与此相对应，领导也可分为基层领导、中层领导和高层领导。

一般来说，基层领导的主要职能是直接实行作业的计划、组织、指挥、控制和协调；高层领导的主要职能是决定企业的经营战略，协调各部门的工作，处理企业和外部的关系，组织好一支职工队伍；中层领导的主要职能是将高层领导的决定加以具体化、明确化，并组织基层领导贯彻执行。三个层次的领导在处理生产技术问题、人群关系问题和经营决策问题上所耗费的时间也是不相等的。

一般来说，企业高层领导的时间和精力应放在经营决策问题上；基层领导的主要精力和时间应放在生产技术问题上；而中层领导既要花费一定的时间和精力进行经营决策与当参谋，并贯彻经营决策，又要花费一定的时间和精力去研究生产技术问题。与此相对应，三个层次的领导在能力方面的要求也不相同，高层领导要求较高的经营决策能力，中层领导次之，基层领导更次之；技术能力方面，基层领导要求最高，中层领导次之，高层领导更次之；而在调动方面，三个层次的领导要求基本相同。

4. 领导的权力及其运用

领导作用的实现程度，取决于领导运用自身的素质和能力对组织所赋予的权力的正确运用。[①] 美国学者弗兰奇和雷可认为领导的权力分为强制权、奖励权、法定权、专长权和个人影响权五种类型。强制权、奖励权、法定权由个人在组织机构中的职能所决定，专长权和影响权则取决于个人

---

① 谢仲文.论领导和领导权力的运用[J].现代经济信息，2013(10)：63-64.

的知识和品德。

有效的领导不仅要依靠行政的权力,还必须具有专长权和影响个人权,这样才会使被领导者心悦诚服。领导者必须正确运用组织赋予的权力,才能进行有效的领导。领导者运用权力时必须做到慎重用权、公正用权和灵活用权。

(二)领导者的素质条件

作为一名成功的领导者,他必须在思想素质、业务素质和身体素质上符合下列条件。

1. 思想素质

领导者应有强烈的事业心、责任感和创业精神;有良好的思想作风和工作作风,能一心为公、不谋私利、谦虚谨慎、戒骄戒躁、不文过饰非,且严于解剖自己,要深入基层、善于调查研究;工作扎实细致、有布置有检查,实事求是,不图虚名;艰苦朴素,与群众同甘共苦,不搞特殊化,品行端正,模范遵守规章制度和道德规范;有较高的情操,有影响他人的感召力,平等待人,和蔼可亲,不计较私人恩怨,密切联系群众,关心群众疾苦,多为群众办好事。

2. 业务素质

领导者应具有管理现代化企业的知识和技能。

(1)业务知识。领导者应该掌握的业务知识包括:①市场经济的基本原理;②管理的基本原理、方法和各项专业管理的基本知识,包括管理学、会计学、统计学、经济法、财政、金融、外贸等方面的基本知识,以及国内外管理科学的发展方向;③生产技术和有关自然科学、技术科学的基本知识,包括本行业的科研和技术发展方向,本企业产品的结构原理,加工制造过程,产品的性能和用途;④思想政治工作理论与方法,包括心理学、人才学、行为学、社会学等方面的知识;⑤应用计算机、信息管理系统和网络的技能与处理有关信息的能力。

(2)业务技能。领导者不仅应具有一定的业务知识,还要有较高的业务技能。这些技能包括:较强的分析、判断、概括和决策能力;组织、指挥和控制能力;沟通、协调企业内外各种关系的能力;不断探索创新的能力和知人善任的能力；等等。

3. 身体素质

领导者负责指挥、协调组织活动的运行，是一项不仅需要足够心智力的工作，还必须有强健的身体、充沛的精力。

（三）领导方式

仅有良好的领导素质和高超的领导艺术还不足以提高领导者的工作效率，还要充分利用这些素质，进行有效的领导。领导者还必须选择恰当的领导方式，领导方式是指领导者在运用权力实施影响的过程中采取的行为方式。常见的领导方式主要有如下几种。

1. 领导方式的三分法理论

根据领导者控制或影响被领导者方式的不同，可以把领导方式划分为集权型、民主型和放任型三种。

集权型领导是指领导者个人决定一切而要下属执行。他要求下属绝对服从并认为决策是自己一个人的事情，下属不能染指。

民主型领导是指领导者发动下属讨论，共同商量、集思广益，然后决策。他要求上下融洽、合作一致地工作。

放任型领导者全面放开，下属愿意怎样做就怎样做，完全自由。他的职责仅仅是为下属提供信息并与企业外部环境进行联系，以有利于下属的工作。

这三种领导方式各具特色，也各适用于不同的环境。领导者要根据所处的管理层次，所担负的工作性质以及下属的特点，在不同时空、处理不同问题、针对不同下属时选择合适的领导方式。

2. 连续统一体理论

美国管理学者坦南鲍姆和施米特认为，从集权型到放任型领导方式之间存在着若干过渡型领导方式。有代表性的主要有如下六种。

（1）经理宣布决策。在这种方式中，上级确认一个问题考虑各种可供选择的解决方法，从中选择一个，然后向下层宣布，以便执行。

（2）经理"销售"决策。在这种方式中，经理同样承担着解决问题和做出决策的责任，并期望下属接受这个决策，但他不是简单地宣布这个决策，而要说服下属接受他的决策。

（3）经理提出计划并允许提出问题。在这种方式中，经理做出了决策，并期望下属接受这个决策，但他向下属提供了一个有关他的想法和意图的详细说明，并允许提出问题。

（4）经理提出可以修改的暂定计划。在这种方式中，允许下属对决策发挥一些影响作用，但确认和决定问题的主动权仍操纵在经理手中。

（5）经理提出问题，征求建议，做出决策。在这种方式中，虽然确认问题和进一步决策仍由经理来做，但下属有建议权。下属可以在经理提出问题后，提出各种解决问题的方案，经理从他自己和下属提出的可行方案中选择一个最满意的方案。

（6）经理允许下属在规定的界限内行使职权。在这种方式中，团体有很大的自由，唯一的界限是上级所做的规定。如果上级参与决策过程，往往以普通一员的身份出现，并执行团体所做的决定。

（四）领导艺术

领导者的工作效率和效果在很大程度上取决于他们的领导艺术。领导艺术是一门博大精深的学问，其内容极为丰富。所谓领导艺术是领导者巧妙地运用领导条件、领导原则、领导方法和驾驭领导工作的一种技能。[①] 它是在领导活动中才能体现出来的方法、品格、作风，是建立在领导人的知识、智慧和经验基础上非规范性的、有创造性的一种才能。

1. 领导艺术的核心

领导艺术虽然是一个综合性的能力概念，但是领导艺术也具备其构成核心，这些核心因素能够让领导艺术有构成的基本骨架，并能够结合实际切入管理实践过程之中。

（1）用人艺术是领导艺术的核心要素。人力资源是当前企业最为宝贵的资源，也只有用好人、用对人才能够激发出企业员工的潜能，知人善任素来是领导者的一项重要技能。在企业的管理过程中，选用和提拔关键的人才，需要领导者注重一定的方法，关注企业员工个人的成长，帮助企业员工和企业共同成长，让每一个员工都感受到自身的价值，并且让自身

---

① 王立梅，董杰. 领导平衡艺术的内涵及运用之道 [J]. 领导科学，2019(17)：66-68.

价值在企业的发展中得以体现，这也是领导艺术的重点和难点。

（2）授权艺术是领导艺术的核心模式。领导者拥有企业的各项具体职权，但是领导者不可能事无巨细、事必躬亲地处理各项事务，这就需要领导者在科学用人的基础上，做到科学、合理的授权。授权是领导者允许下属部门或是员工代表企业处理具体事务的模式，因此在权力的授予、跟进等方面需要一定的领导艺术进行调节。

（3）协调艺术在领导艺术中是重点的平衡机制。由于领导者在企业内有绝对的权力优势，但是权力并不能够在企业内形成倾轧的形势，无论企业领导是属于强势的，还是为人和善的，都需要注重企业内部的平衡，包括权力、信息以及尊严等元素的平衡。领导者需要采取各种人际交往的方式，对管理者进行沟通和协调，从感情以及语言等角度，为下属创造一个更加良好的工作环境。

（4）决策艺术是领导艺术的呈现模式之一。领导者在分析和考虑问题的时候，需要在权限范围内对相关问题做出决策，即按照特定的程序以及模式进行决策，保障企业能够按照既定的战略范围，为企业的全面发展赢得发展的空间。

（5）激励艺术是领导艺术的核心延伸模式。领导者在知人善任的过程中，要善于鼓励员工，在赫茨伯格的双因素理论中，激励因素相对于保健因素更为重要，不仅能够保障企业的员工不会大量流失，还能够激发员工本身的积极性，从而有更加强烈的工作动机和热情，在工作过程中表现出主动性和创造性。

（6）在领导艺术的核心因素里，示范艺术是对领导者提出的一项重点要求。领导者应该模范地遵守企业的规章制度，并且能够表现出以身作则的特点。

从上述分析中可以看出，领导艺术的本质就是人性化的管理与柔性化管理相结合的理念，企业需要运用人本管理和管理效益相结合的模式，提高企业管理者的领导艺术水平。

2.领导艺术的基本特征

领导艺术作为一门应用性相对较强的管理模式，在运作的过程中，需要注重其个性化的特点，尤其是要根据管理者与企业的实际状况，进行进一步调整。由此可见,领导艺术不仅具备非规范性的特征,其在运作的过程中还需要体现一定的科学性。在运用领导艺术的过程中,领导艺术会随着管理者的经验不断成熟,而随之不断地发展,在科学的领导艺术范畴中,管理者需要规划企业的发展情况,并且与管理科学以及基本的管理原理相结合,从而提升管理者的领导艺术水平。

从上述分析中可以看出,领导艺术的边界虽然相对模糊,但领导艺术与管理科学之间存在着辩证统一的联系。尤其是领导艺术,其作为领导者综合素质的体现,受到领导者管理知识以及经验等方面的影响,因此,只有管理者的科学管理理论的水平更高,其领导艺术的内涵才会随之更为丰富,对于企业的积极影响也会随之扩大。

如果管理者并没有比较系统的管理知识,或者管理经验不足,即便其个人魅力再强大,也无法发挥出更高的领导艺术水平。因为对组织或者企业的管理,并不是凭借着个人意愿,或者碎片化的管理经验便可实现,而是需要系统性和规范性的管理模式。而在实践的过程中,领导艺术所包含的基本特征,主要包括以下几个方面。

(1)领导艺术具备模糊化的特点,在一些研究当中被称为动态性。由于领导艺术所面对的问题具备动态特征,所面对的企业环境以及各种具体场景,也会随着客观条件与主观条件的变化而产生出特殊性,所以在领导者运用领导艺术解决问题时,其大多数解决模式并不一定具备完整的程序性,或者遵循某种具体的规章制度。与传统的管理领导模式不同,领导艺术更侧重于体现领导者随机应变的能力,这是在宏观的思维下所产生出来的管理领导艺术。

(2)领导艺术具备一定的创造性。因为领导艺术随着领导者个人的性格特点或者人生阅历的不同,其产生出来的特质也有所差异。所以,领导者在发挥其领导艺术的过程中,往往需要调动自身的主观能动性,其领导艺术的风格和其选择的领导模式也有着明显的不同,这也是领导者个性化特点的一种体现。

(3)领导艺术具备尺度性。领导者在实施管理的过程中,往往需要考虑自身领导艺术的发挥,既要在一定的尺度之内运作,又需要根据具体的场景,把握领导艺术的分寸,同时在适度授权以及权力的平衡上,体现出领导管理模式的人性化。领导者在运用领导艺术进行管理时，更多要考虑到全局性的问题，尺度对于领导艺术而言是其主要的特征之一。

（4）领导艺术需要具备一定的感情性，即领导艺术在发挥的过程中，需要以一定的情感，或者被称之为人文情怀的方式进行协调。

传统的领导管理模式，往往强调规章制度以及契约精神，而在领导艺术的发挥过程中，往往需要为员工创造一定的愿景。在管理和领导手段实施的过程中，更需要带有一定的情感，所以在发挥自身的情感色彩时，需要让领导艺术在一定程度上摆脱传统权威的威严性、规章制度的强制性，只有这样，才能真正贴近企业员工的实际，实现人性化的管理。

3. 领导艺术在现代企业经济管理中的提升技巧

领导艺术在运用的过程中，需要考虑到企业的实际状况，以及领导者的个人特点，只有综合实际情况产生的领导艺术，才能与企业的发展相契合。

对于领导艺术的运用以及领导艺术的影响途径与模式，需要审慎地进行选择。企业的管理者需要根据企业的战略环境变化，对领导艺术进行调整，提高管理的灵活性与高效性，同时也需要让企业的员工适应这种领导艺术，从而让领导艺术不再是简单的规章制度，而是一种有感情、有温度的人文主义管理模式。

结合当前企业经济管理的实际，领导艺术在当代企业的管理过程中，主要的提升技巧包括以下几个方面。

（1）发挥用人的领导艺术。作为管理者，在发挥领导艺术时，需要做到知人善任，发挥好用人的艺术。

在选拔观念上要进一步革新，企业在选择用人的时候，需要发现人才和选拔人才，企业的管理者要发挥招贤纳士的能力，进一步地保障企业的人才供应。在选拔人才的时候，应将注重德才兼备和实践性的原则，作为识别人才的基本原则，企业的管理者需要审慎地分析企业所面临的环境，为企业选择更为合适的人才。企业的管理者还应该不拘一格地选拔人才，摒弃唯文凭论，进一步选择一些具备实干性以及具备特殊才能的人才。

在用人的观念当中，还应将合理运用人才作为现代企业用人艺术的核心。要因事用人，根据企业的实际状况，确定岗位的需求，进而选拔一批适合企业发展的优秀人才。

（2）发挥授权的领导艺术。权力作为企业领导的核心，是企业实现管理目标的保障。因此，管理者在进行授权时，应该权责明确，更加科学地运用授权艺术，革新权力观念。[①] 领导者在运用权力的时候，需要遵守企业规定权限，并且切实协调好企业的权力关系，避免在运用权力的过程中独断专行。企业的管理者需要明确各个机构的职能，做到以理服人，采取合理的方式协调统一，进而实现合理的授权。

管理者要授予下级人员自主处理事务的权力，让其能够有足够的权力和责任去完成工作任务。因此，管理者通过有效授权，能够减轻自身的负担，从而让自己有精力解决全局性的问题。如此一来，管理效率定能起到事半功倍的效果。

作为领导者，既然实现了授权，就应该真正意义上地将权力下放，避免虚假授权而挫伤了员工的积极性。

（3）发挥协调的领导艺术。协调的领导艺术，是指在企业的管理过程中，科学地协调错综复杂的人际关系，消除企业内部员工的分歧，提高企业的向心力。在企业的管理过程中，协调方式应该被适当地运用，其中包括口头或者书面协调，以及会议协调等方式。口头协调，其本质是能够更加方便快捷地协调员工矛盾，而书面或者会议协调，则相对比较严肃认真，在管理的过程中，领导应该发挥好协调的艺术，根据不同的人与事及不同的时机，选择合适的协调方式。

总而言之，协调的技巧应该侧重于人性化，注重尊重员工的意志。

（4）发挥决策的领导艺术。对于管理者而言，要合理地运用决策的领导艺术，就要对企业的全局性以及各种管理活动进行分析，以此得出企业经济管理的核心与关键。决策的领导艺术包括谋与断两个层面，管理者对于一些好的方案，要做到当机立断，果断推行。管理者应该善于召集责任人进行研究，掌握更多的信息与资料，运用不同的决策方法来制订方案，进而快速推行，以此体现管理者的洞察力与判断力。

（5）发挥激励的领导艺术。尽管在绩效考核的过程中，很多企业已经普遍地运用激励制度，但是在应用的过程中往往过于片面，导致无法真

---

① 孙颖玲. 浅谈现代企业管理中的领导艺术[J]. 企业改革与管理，2016(2)：6+125.

正激励员工。

对于管理者而言，要发挥好激励的领导艺术，就应该将薪酬与其他激励手段相结合。

薪酬作为激励机制中最重要的形式，管理者应该关注薪酬标准的制定，尤其是在制定过程中应体现公平化与人性化，以动态的方式对员工进行考核。重视员工的业绩评估，能够进一步地实现薪酬激励的效果最大化。[1]

此外，对于管理者而言，还不应该片面地看重员工的个体业绩，而应该看重员工个体业绩与团体业绩之间的关系，对员工进行发展性的评估。企业的管理者应该站在战略性的高度，整合关键性的目标，以平衡统计的方式，对员工以及企业进行总体考核。此外，作为管理者，还应该关注企业员工的个性，尊重企业员工的个性差异，从领导艺术与员工积极性的平衡度入手，将员工的工作与物质、精神等各方面的内容考虑在内，让员工的发展能够获得与企业的平衡，进而利用一些股权分配或者教育培训等激励，实现人性化激励的持久性，激发企业员工的责任感与创造力。

综合上述分析，在现代企业经济管理活动中，现代企业管理者需要将领导艺术结合到企业的运行中，运用好各种管理职能，特别是授权与协调等技巧，为企业的发展提供良好的领导模式。企业管理者应该善于运用领导艺术，将领导艺术融入企业经济管理运作的每一个细节中，以此帮助企业经济管理水平逐步提升，从而为企业的发展拓展空间。

二、激励

（一）激励的概念

所谓激励，是指激发人的动机，使人有一股内在的动力，朝着所期望的目标前进的心理活动过程。激励还可以说是管理者激励下属的某种动机和需要，并使他们的行为达到一定的目标服务的过程。[2]

（二）激励的过程

行为科学认为，人的行为是由动机决定的，而动机是由需要引起的，

---

[1] 赵慕华. 高管薪酬对企业绩效的影响 [J]. 企业科技与发展，2019(10)：291-293.
[2] 王赫，杨迪. 激励理论在企业管理中的运用研究 [J]. 科技经济导刊，2019，27(34)：6-7+54.

当人们有了某种需要且未得到满足之前，就会处在一种不安和紧张之中，从而成为某件事内在的驱动力，心理学上把这种驱动力叫作动机。

动机是人类的一种精神状态，它对人的行为起激发、推动和加强的作用。人类有目的的行为都是出于对某种需要的追求，没有满足的需要是产生激励的起点，进而导致某种行为。行为结果可能是需要得到满足之后，再产生对新需要的追求，行为的结果也可能是遭受挫折，追求的需要未得到满足，由此而产生消极的或积极的行为。

未满足的需要对人的激励作用的大小，取决于某一行为的效价和期望值。所谓效价是指个人对达到某种预期成果的偏好程度，或某种预期成果给行为者个人带来的满足程度。期望值是某一具体行为可带来某种预期成果的概率，即行为者采取某种行动，获得某种成果，从而带来某种心理上或生理上满足的可能性。

显然，能够满足某一需要的行动对特定个人的激励力是该行动可能带来结果的效价与该结果实现可能性的综合作用的结果。激励力、效价及期望值之间的相互关系可用公式表示如下：

$$激励力 = 行为结果的效价 \times 期望值$$

（三）激励的方法

所有激励理论都是一般而言的，而每个员工都有自己的特性，他们的需求、个性、期望等各不相同。因而领导者处理激励事务时，必须针对不同下属的不同特点采用不同的方法。常用的方法主要有工作激励、成果激励、批评激励以及培训教育激励四种。

工作激励是指通过分配适当的工作来激发员工的工作热情。它主要包括两个方面的内容：一是工作分配要尽量考虑到员工的特长和爱好，使人尽其才，人尽其用；二是工作的要求要富有挑战性，并能为员工所接受。

成果激励是指在正确评估工作成果的基础上给予员工合理的奖惩，即给予员工合理的报酬以保证员工行为的良性循环。工作报酬有两种：一种是物质上的，另一种是精神上的。物质上的报酬主要指工资和奖金；精神上的报酬主要指通过各种形式的表扬，给予一定荣誉，或对工作结果不好的员工提出批评。成果激励关键是要正确使用奖和惩这两种工具，要做到

"赏罚分明,赏要合理,罚要合情"。

批评激励是指通过与被批评者的语言和感情上的交流,帮助违规者认识错误,树立信心,改正错误,从深层次上起到激励作用,变消极因素为积极因素,领导者要正确地使用批评这个武器,使批评收到良好的效果。一是要明确批评的目的;二是要了解错误的事实;三是要注意批评方法;四是要注意批评效果。

培训教育激励是指通过思想、文化教育和技术知识培训提高员工的素质,增强其进取精神,激发其工作热情。在进行思想政治教育时,要注意遵循下述原则:要坚持以经济建设为中心,使思想政治工作为经济建设服务;要理论联系实际,防止空头理论,空洞说教;要平等对待员工,坚持民主原则,防止以教育者或"教训者"身份自居;要注意批评与表扬相结合,但以表扬为主;要在注重提高员工思想认识的同时,切实解决员工在工作和生活中遇到的实际困难;要注重不仅要教育别人,更应严格要求自己,要以身作则,用行动去影响员工;在业务技术知识和能力培训时,必须根据工作和员工的特点,去组织培训工作。

(四)激励理论的内涵

激励理论就是通过多种激励方式,来调动人们的工作热情,让人们的心理、社会和发展等需求得到满足,属于心理学范畴。激励理论的内涵是指通过特定的方法与管理体系,激发企业员工对工作的热情,从而发挥每位员工的最大潜能,为企业创造出最大的经济效益。激励理论为企业的发展带来了新契机,通过不同激励措施的有效实施,增强了企业员工之间联系的紧密性,使企业的团队力量更强大。激励的目的就是让每个人在企业中都发挥出自己最大的潜力,服务于企业发展。

(五)激励理论的类型

1. 内容型激励理论

不同时期,人面对的环境是不同的,所以人的需求是不断变化的。内容型激励理论主要是找到激发动机的诱因,根据不同需求而制定的满足员工心理需求、社会需求或者自我实现的需求等措施。企业采取的激励措施要根据员工的不同需求来设置，例如对于有实际物质需求的员工可以采用物质奖励的方式，调动员工的工作积极性，激发其工作热情。对于有自身发展需求的员工可以采用职位奖励的方式，满足其自身发展的需要。[①]另外，奖励理论在企业管理中，激励的对象不但是个人同时也是团队，对于优秀团队的激励可以采用物质与精神双重奖励的方式。企业激励措施的制定要根据员工的实际需求，在提升员工工作激情的同时提升企业的经济效益。

2. 过程型激励理论

对于激励理论来说，过程型不同于内容型，其研究的重点是人的动机，探寻动机与行动之间的关系，从而发现影响人行为的决定性因素。想要找到人行为与决定性因素之间的联系，首先要从预测人的行为着手，这是企业顺利开展激励措施的前提。[②]过程型激励理论的应用，一是工作环境的要求要一致；二是员工的需求要相同。只有这样，制定出的激励措施才能影响企业员工的行为。此外，激励理论——过程型的制定，也可以从员工的期望目标着手，判断其目标。在工作中，积极指导员工实现目标，也是激励员工的一种有效手段。

3. 行为改造型激励理论

行为改造型是第三种类型，其研究的对象是员工的心理和员工的行为，通过改变心理与行为的方式，让员工摆脱消极的思想，从而获得积极的心理暗示，改变其消极的行为方式，使其更好地投身到工作中。行为改造型激励具有两面性，通过物质奖励、精神奖励表扬工作积极性高的员工，属于正面行为改造；而对于工作消极怠慢、行为不规范的员工，可以利用一定的惩罚方式，让员工发现自己的行为对企业发展的阻滞作用，这属于负面行为改造。

（六）企业管理中应用激励理论的积极意义

1. 激励员工，挖掘潜能

企业的竞争就是人才的竞争，人才是企业发展的关键，是企业持续生存下去的基础，是企业不断发展壮大的有力保障。企业的发展要集聚人才

---

① 李志宇. 试论激励理论在企业管理中的运用 [J]. 石化技术, 2019, 26(8): 147-148.
② 陶雪, 郑志发. 激励理论在现代企业管理中存在的问题及对策研究 [J]. 广西质量监督导报, 2019(8): 38-39.

的力量,将企业的发展目标转变为员工的需求,通过建立激励制度,满足员工的物质需求,同时对于表现特别突出、积极进取的员工,可以给予精神与物质的双重奖励,从而在企业树立一个标杆,发挥优秀员工的带头作用,带动整个企业员工不断奋发,从而在满足员工需求的同时创造更高的经济效益。另外,激励理论还可以充分挖掘每位员工的潜力,形成一种高投入、高回报的激励模式,让员工看到努力工作带来的物质与精神收获,从而更好地投入工作。

2.制度先行,管理到位

任何企业能实现可持续发展都离不开企业制度的保障,制度是一种规范员工行为的有效方式。企业管理中激励理论的有效应用,可以满足员工的最大心理、社会、个人发展等需求。激励理论的有效落实,不仅可以激励员工不断提升自我的能力,同时也可以提升企业的管理水平,让企业具备更高的市场竞争力,同时,也满足了企业可持续发展的需求。

3.整体实力,迅速攀升

企业从来都不是一个人的事,对于一个大型企业来说,数以万计的员工是企业的主体,是推动企业发展的关键性因素。如何实现企业整体实力的迅速攀升,只有关注到企业的自身特点,全方位地理解员工的诉求,在保证员工个性化发展的前提下,制定有效的激励措施,才能提升员工的个人实力。只有每位员工的个人实力得到全面的提升,企业的整体实力才能实现攀升,才能实现长远发展。

(七)经济管理中应用激励理论的有效策略

1.科学的激励设计,满足各层次员工需求

激励的积极作用来源于科学的设计,激励的程度适中才能发挥积极的推动作用。激励不是一种形式,而是一种有效的激励员工的方式,激励理论运用的好坏直接关系着企业的未来发展。激励理论的运用需要注意的最重要的一点,就是任何激励都是建立在需求的基础上的。所以,经济管理的激励措施要充分考虑员工的需求,而且需求不是单一的,不同员工会有不同的需求,包括物质需求、精神需求等。企业内部实施激励政策时,首先,要了解员工的需求,在明确员工需求的基础上,再选择多样化的激励形式，从多角度、多层面满足员工的需求，只有这样，才能够发挥激励的最大效应。其次，企业员工分为很多层次，根据不同层次员工采取不同激励措施，尤其是要重视高端技术人才、管理者，他们是企业发展的决定性力量，要维护好、领导好、利用好这批员工，让其更好地发挥模范带头作用。激励不是一次两次就可以完成的，而是贯穿在整个经济管理中，长期有效的激励，可以充分调动所有员工的工作热情。例如，以"华为"企业的激励措施为例，华为员工的收入分为很多部分，包括职能工资、奖金、安全退休金以及股权带来的红利，这种薪资计算是采取了与能力、贡献相吻合的职能工资制，效果显著。这样营销能人、研发专家也能拿到高薪。

2. 肯定工作成绩，激励有依有据

经济管理应用激励手段要有真正的标准，这个标准就是工作业绩，通过对工作业绩进行考核，从而肯定员工的工作成绩，采取相应的激励方式。首先，确定自己的激励机制，根据企业的实际情况，明确企业的发展目标，让每位员工充分了解，并明确实现目标后，企业会给予什么样的奖励或者回报。这样才能从思想上引起员工的重视，高效地调动员工的参与激情，从而促进企业的高效发展。其次，员工的需要是进行有效激励的重要方面，所以，企业在制定激励策略时，要将员工的需要作为优先考虑点，再结合企业发展情况，开展有效激励。企业的激励手段要摒弃盲目性，科学的激励手段是塑造企业文化的根本，是留住人才的有效方式。同时，企业也要杜绝过度激励，因为激励要适时、适宜，过大的压力会将人才逼走，适中的压力不仅可以诱发员工的工作激情，同时还能拉动企业的经济效益。

3. 奖励及时沟通，透明化管理

企业激励措施不能存在盲目性，激励政策首先要看到员工为企业带来的经济价值，肯定员工的成绩，因为任何人都期望被认可、被赏识。研究发现，企业员工会抱怨得不到领导的重视，只有当有人犯错时，才会看到领导出来指责。从这一问题可以看出，管理者忽视了正面反馈的作用，所以，企业的激励手段要充分利用好正面反馈，让管理者与员工保持紧密联系，及时倾听员工的诉求，从而掌握员工的思想，以此制定最优的激励措施。另外，对员工的工作进行积极肯定，可以拉近与员工的距离，物质奖励只是一种激励呈现形式,企业对员工成绩的肯定才是对员工的最大激励。企业的发展与每位员工息息相关,要让员工了解企业的发展理念、目标及要取得的成绩,让企业的发展与员工的追求相统一,从而推动企业与员工的双面发展。透明化的管理可以营造一个公平竞争的平台,让员工看到积极进取的奉献会换来企业管理者的肯定,并通过积极的努力获得相应的物质奖励、精神奖励以及自我价值的实现。

4. 奖励与惩罚并存

经济管理植入激励理念,是为了让每位员工找到归属感,愿意为企业付出所有的努力,在工作中,不仅能实现自身的价值,同时也能推动企业的向前发展。但只有激励没有惩罚也不是企业发展的有效策略,因此,企业的发展要制定严格的规范,对于违反企业规范的要及时进行惩处。例如,华为企业的薪酬激励理论,一是多种分配与保障形式并存(包括基本工资、奖金、津贴、股权、红利、退休基金、医疗保障、社会保险、机会、职权等);二是报酬的计算,都是以贡献、责任、能力与工作态度为基础,坚持报酬的合理性与竞争性,确保最大限度地吸引优秀人才。这样做,企业奖金的分配,完全与部门的关键绩效目标、个人绩效挂钩,这样的计算方式,可以将企业员工的医疗保险按级别和贡献拉开差距,从而营造一个竞争的环境,激发员工积极进取、努力工作,为企业创造价值。

5. 完善经济管理制度,多种激励措施灵活运用

企业的长足发展需要完善的经济管理制度作为保障,经济管理的是人,所以激励理论的有效运用可以激发员工的斗志,如果每位员工在不同岗位上都积极地投身到企业发展中,那么企业就实现了可持续发展的目标。激励措施有很多,包括薪酬、绩效、员工培训和职业生涯规划等,不同的激励措施会收获不同的效果。

综上所述,激励理论是为了找到员工的需求和动机,从而激发员工潜力,调动其积极性、创造性,形成员工智力效应,推动企业的可持续发展。这就要求企业首先要转变观念,重视企业人才的吸收和引进,再充分挖掘每位员工的潜力,灵活运用激励理论,做到激励与约束并存,从而推动企业获得长久发展。

第四节 非营利组织管理

社会组织按其是否以营利为目的可分为两大类，即营利性组织——企业和非营利组织。非营利组织是不以营利为主要目的的社会组织，包括教育科研、文化艺术、医疗卫生、宗教、慈善福利以及公交、水电、铁路、邮电等社会公共服务机构。

任何组织都需要有效的管理。与营利性组织一样，非营利组织当然也是重要的管理对象。尽管非营利组织与营利性组织在管理上有很多相同的地方，许多管理的技术和方法同时适合两类组织。但是由于主要运营目的上的差别，造成了非营利组织在管理上的一些特殊问题，需要对其做专门的研究。[①]

一、非营利组织的分类

非营利组织的具体形式多种多样，各类组织的内外结构差异很大，运行过程也不尽相同，因此，管理的复杂性和难度更大。这也许是至今尚未形成统一的非营利组织管理理论的重要原因。为了能够从理论上对非营利组织的管理问题加以研究，有必要对具有多种表现形式的非营利组织进行分类。[②] 由于非营利组织的服务对象、存在的原因等与组织的管理特点密切相关，所以我们可以对非营利组织做如下分类。

（一）按照服务对象划分

非营利组织的服务对象要么是整个社会，要么是某一社会集团。从这个角度，我们可以将非营利组织分为社会性组织和集团性组织两类。

社会性组织如卫生事业、教育事业、科研机构、宗教团体、文化组织、慈善事业等社会服务组织；集团性组织如各种政治党派、基金会、工会、商会、学会、企业联合会等。

这一分类方法，有利于从非营利组织与其服务对象的相互依存关系及

---

① 克里斯托夫·热多纳特.非营利组织管理者所面临的困境[J].中国社会组织，2019（23）：58-59.
② 卡地力亚·吐尔孙江.浅谈非营利组织效率评价问题[J].广西质量监督导报，2019（11）：188-190.

其组织内部的管理特点、外部管理效应等方面对其进行研究。

（二）按照成员加入动机划分

除了上述两种分类方法之外，我们还可以从非营利组织个体成员加入动机方面对其做出另一种分类。①生存或就业的需要。加入此类组织的成员大多是为了满足经济收益方面的需要，即物质收益型组织；②自我实现的需要。加入此类组织的成员大多是为了满足精神及名誉方面的需要，即精神收益型组织。

搞清楚这一点很重要。非营利组织的运营目标与其成员希望从组织中获取的利益难免会发生冲突。这是非营利组织无法从管理控制上完全解决的一个重要问题。

二、非营利组织的特点

非营利组织与营利组织相比，具有以下特点。

1. 组织目标强调社会或集团效益

非营利组织，不以营利为目的，不追求利润最大化。

2. 主要提供公共商品或服务

大多数非营利组织是社会服务性组织，一般不提供私人商品或服务。

3. 公平和效率表现出更强的冲突

既要求组织的运行有效率，又要求公平地对待各个方面；既要注重团体和社会效益，又不能忽视经济效益。

4. 在目标和发展策略上有更多的约束

与营利组织相比，由于非营利组织的类型和运行目标的多样性，因此，在发展策略上有更多的约束。

5. 收入具有非价格来源

非营利组织的资金虽然有一部分来自服务性收入，但是主要收入通常来自政府拨款、各种捐赠和资助等款项，因此，在财务上对客户的依赖性较小。

6. 成本和收入缺乏联系

非营利组织在进行某一项业务时，往往重视完成任务，不太计较成本，使得产出价值同运营成本相分离,导致成本过高。然而,这种成本的增加常常不仅不会减少其收入,反而会成为增加它的非价格收入(增加预算)的理由。这种情况与企业正好相反,是非营利组织低效率的根本原因。

7. 政府在税收和法规上有特殊的设计

非营利组织常常可获得减免税收并享受某些特殊政策的优惠。

8. 有管理控制不当的传统

长期以来,由于非营利组织运营目标多样、活动范围较广、目标冲突明显、控制手段缺乏等诸多方面的原因,使得其管理控制难以做到扎实有效。

9. 组织成员的行为难以考察

个人业绩考核标准多样化,难以客观、准确地度量。

10. 专业技术人员占主导地位,领导有一定的业务权威

由于非营利组织的专业性强,外行领导往往难以胜任。

11. 各类组织的内部结构差别较大

与企业相比,由于非营利组织的专业性强、组织结构及其运行过程千差万别,所以管理的复杂性和难度更大。

12. 有逐步民营化和企业化的趋势

为了克服非营利组织普遍存在的低效率问题,各国普遍出现了民营化、企业化或企业化管理的趋势。

三、非营利组织的管理策略

(一)对外管理策略——"寻租"

在这里,我们借用了经济学中寻租理论的概念,用以阐述非营利组织为争取自身生存而普遍采取的对外管理策略。但是我们这里所指的"寻租"与经济学中的概念在内涵上有所不同。

经济学中的租金是一种利润。正如布坎南所言,租金是指支付给要素所有者的报酬中超过要素在任何可替代用途上所能得到的报酬的那一部分。寻租则是为了获得政府特许而垄断性地使用某种市场紧缺物资,或者获得任何其他方面的政府庇护。

寻租行为所追求的是改变政府现有的干预政策，以保证寻租者能按自己的意愿进行生产，或者防止他人对这类自利活动的侵犯。政府现有干预政策的改变通常可以给寻租者带来高于或者远远高于改变之前所能得到的利润额。

与经济学中所讲的租金不同，非营利组织所寻求的"租金"则是为了获得政府或特定利益集团的支持和获取组织赖以生存的财政资助。经济学中所讲的寻租者将大量资金和时间用于对政府工作人员的游说甚至贿赂上，并且要为政府的干预而付出代价，所以寻租活动是对社会资源的极大浪费。而非营利组织由于其非营利性，其所寻求的"租金"又有所不同，它的寻租行为一般不会给社会带来很大危害。

（二）内部管理策略——权威与"公共选择"

大部分非营利组织的生存与发展、成员受益的多少，皆有赖于组织中的权威对外活动的能力和影响力，如学术团体、协会、工会和慈善组织等。即使是像卫生、教育等这类自身运作能力较强（有能力通过进行类似商业性的经营获取生存资金）的非营利组织，也需要组织中的权威在社会上为组织争取更大的资金援助或发展机会，从而使组织中的成员增加收益。权威在非营利组织中常起着举足轻重的作用。一般来讲，他们都拥有很大的独立决策权。

非营利组织中权威的这一身份特点，和公共选择理论中政府官员的身份特点类似，我们将公共选择理论的一些观点应用于非营利组织的内部管理。与公共选择理论中所指出的一样，如果约束力量发挥正常，政府官员的行为就更可能体现民众的意志，并且他们对自身利益的追求也会尽可能服从国家的利益。

假如这种约束力量遭到破坏，政府官员就有可能把自身利益置于国家利益之上，独裁者倾向于限制新闻媒介、不允许其他政治利益集团存在、把其他形式的约束力量作为自己的附庸。在非营利组织中，由于权威的独特作用以及组织内部又通常缺乏对权威的有效约束手段，所以，权威对个人利益的极力追求难以得到有效的控制。

非营利组织一般成员在组织决策中的地位类似于公共选择理论中作为

投票者的经济人。他们的选择目标有两个：一个是个体的目标，仍然追求的是自身利益的最大化；另一个是实现其所在组织的利益最大化。当这两个目标不一致时，组织成员会优先满足个人的利益。

非营利组织一般成员从组织中获取利益的大小，有赖于权威的外部影响。但是一般成员总是希望尽可能多地共享权威从外部获取的利益，而权威要尽可能多地占有自己从外部获取的利益，同时又不得不考虑到组织其他成员的获利水平和来自组织内部的约束，这就形成了一种矛盾。在非营利组织内部的决策选择上，尽管集体选择理论中的一致同意和多数票制皆可采用，但是给权威加权的加权多数制似乎更容易被接受和采纳。

第六章 经济管理的基础理论探究

第一节 消费者的效用理论

一、消费与效用

消费者行为的核心是消费，消费的目的是满足欲望或需要。人们购买商品或劳务来满足欲望或需要的程度，在经济学中称为效用，即人们消费某种商品或劳务所感受到的满足程度称为该商品或劳务的效用。从经济学上讲，任何行为都是要讲究效率的，人们的消费行为也不例外。任何消费行为或消费方式都要追求最大的效用。这里所谓的效用，不仅在于商品或劳务本身具有满足人们某种欲望或需要的客观属性，即使用价值，如衣服能御寒、米饭能充饥、钢笔能写字等，还在于消费者的一种主观感受和评判。一种商品或劳务对某个消费者来说有无效用及效用的大小都依赖于该消费者的主观感受，如同样的一块面包，对于饥肠辘辘的消费者来说，其效用很大；而对于已经吃得很饱的消费者来说，它就没有效用了。所以，效用离不开商品或劳务的使用价值，但效用的大小，取决于消费者满足欲望或需要的程度，即取决于消费者的主观心理感受。效用本身既没有客观标准，也没有伦理学含义。某种商品或劳务对不同的人或同一个人在不同时空所带来的效用是完全不同的，因而效用具有消费者为了满足欲望或需要而产生的社会属性。

效用离不开商品或劳务的使用价值，但效用与使用价值是不同的。使用价值是商品或劳务本身所具有的自然属性，是客观存在的，无论对谁都是一样的，并不取决于人的主观感受或评判，但效用却是主观的心理感受，因此，同一商品对不同的消费者而言，其效用因人而异，缺乏可比性。例如，酒具有使用价值，这是由酒的化学特性所决定的，无论对喝酒的人还是不喝酒的人来说，它都具有同样的使用价值，但酒的效用却要取决于人的主观感受。对于嗜好喝酒的人来说，酒的效用可能相当大，但对于不喝酒的人来说，酒就没有效用，甚至是负效用。同样，辣椒具有使用价值，对偏爱吃辣椒的人来说，其效用大，对不爱吃辣椒的人来说，则效用较小，甚至成为一种负担（辣椒导致该消费者的不舒适）。此外，由于效用是消费者的心理感受，同种商品在不同的时空，对同一消费者来说其效用也不一样。同样是喝酒，一个人在心情愉快时与心情不佳时，其效用是不一样的。又如，制冷空调在夏季效用极大，但到了冬天则会失去其效用。

综上所述，效用来自所消费的商品，但效用的大小取决于消费者的主观心理感受，它具有以下特点：①效用是消费者的主观评价，因而具有社会属性；②效用的大小取决于消费者的偏好，因而效用因人、因时、因地而异；③效用尽管是消费者的心理感受，但并不含有伦理学的含义，也没有客观标准。

二、基数效用与序数效用

既然效用是用来表示消费者在消费商品时所感受到的欲望或需要的满足程度，那么，就产生了对这种"满足程度"效用的度量问题。为此，经济学家先后提出了基数效用和序数效用两个概念，并在此基础上形成了消费者选择的两种方法，即基数效用论者的边际效用分析方法和序数效用论者的无差异曲线分析方法。

所谓基数效用是指满足欲望或需要的程度用效用单位来表示的效用。这里的效用单位，就是效用大小的计量单位，它以基数为尺度，效用的大小可以用基数1、2、3……来表示，正如长度单位可以用米、重量单位可以用千克表示一样。因为效用可用基数来表示，所以效用可以求和，即消费者消费某一商品所得到的欲望满足程度可以用效用单位来进行衡量。具体的效用量之间的比较是有意义的。例如，某消费者喝100克白酒所得到的满足程度是 5 效用单位，看一场高水平的足球比赛得到的满足程度是 10 效用单位。消费者对这两种消费所得到的总满足程度是 15 效用单位，对这个消费者来说，他看一场高水平的足球比赛所获得的效用是喝 100 克白酒所获得的效用的 2 倍。

所谓序数效用是指满足欲望或需要的程度用顺序或等级来表示的效用。序数效用论认为，效用是消费者个人偏好，是一种心理活动，不能用基数 1、2、3……来衡量效用的大小，具体的效用之间的比较只能根据偏好程度用第一、第二、第三……序数加以排列。就某消费者喝 100 克白酒和看一场高水平的足球比赛来说，消费者要回答的是偏好哪一种消费，即哪一种消费的效用是第一，哪一种消费的效用是第二。或者说，消费者要回答的是宁愿喝 100 克白酒，还是宁愿看一场高水平的足球比赛。要分析消费者的消费行为，只要知道消费者是比较或选择不同商品所带来的满意程度，只要知道消费者为了得到一个单位的甲商品宁愿牺牲多少单位的乙商品，就可以建立消费者选择的理论模型。序数效用论还认为，就分析消费者行为来说，以序数度量效用的假定比以基数度量效用的假定所受到的限制要少一些，可以减少一些被值得怀疑的心理假设。

第二节　市场需求

一、市场需求的含义

从经济学意义上讲，市场需求（简称需求）是指在一定时期内，市场上某种商品各种可能的价格与消费者在这些价格下愿意而且能够购买该商品的数量之间的关系。换句话说，市场上某种商品在不同价格水平上消费者要购买的数量清单（或表），并不是简单的一个数量。首先，根据定义应当注意：市场需求是购买欲望与购买能力的统一，两者缺一不可。光有购买欲望，没有购买能力，不是经济学上讲的市场需求。例如，在现代社会，一般来说，人人都希望拥有别墅和私家汽车，但这并不是人人都有能力购买的，只有少数人或部分人才能形成对别墅和私家汽车的有效需求，对大部分人来说，虽有"需求"欲望，但不可能形成有效需求，因为受到购买能力的制约。相反，虽有购买能力，但没有购买欲望，也不是经济学上讲的市场需求。例如，有的人不喜欢吃羊肉，他的收入再高也不会去购买羊肉。

其次，根据定义还应注意：在经济学中，市场需求与市场需求量（简称需求量）是两个相互联系、相互区别的概念。需求量是一定时期某种商品在特定价格下购买的数量，而需求是某种商品的需求量与该商品价格之间的一种关系，它反映了在不同价格水平下该商品的需求量。

二、影响市场需求的主要因素

对某种商品的市场需求数量是由许多因素决定的，有经济因素，也有非经济因素。其中主要的因素有该商品的价格、消费者的收入水平、相关商品的价格、消费偏好和消费者对未来的预期、政府的经济政策和消费导向等。它们对商品的市场需求数量影响分别如下。

（一）商品本身的价格

一般来说，某种商品的价格越高，该商品的需求量就会越少；相反，价格越低，需求量就会越多，这就是需求法则或需求定理，其实也是众所周知的常识。但在现实生活中，有些商品需求数量并不因价格的变化而变化，如生活必需品；有些商品则随着价格的上升，反而增加其需求数量，而价格下跌反而减少其需求数量，如炫耀性商品、投资性商品等。

（二）收入水平和分配均衡程度

在一般情况下，当消费者的收入水平提高，且收入分配趋向平等时，就会增加对许多商品尤其是生活奢侈品、高档消费品的需求数量；反之则需求数量下降。换句话说，需求量的变化方向与收入状况及收入分配平均状况的变化方向是一致的。当然，由于各种商品的性质不同，其市场需求量对收入变化及收入分配平均状况的反映程度也是不同的，如对生活必需品需求量的变化则不大明显。

（三）相关商品的价格和需求数量

当某种商品本身的价格保持不变，而与它相关的其他商品的价格发生变化时，这种商品本身的需求量也会发生变化。相关商品，一般是指商品之间存在互补或替代关系的商品。互补关系就是通常所说的配套商品，即这些商品共同满足一种欲望或需要，如照相机与胶卷、录放机与磁带等就存在互补关系；替代关系就是这些商品可以互相代替来满足同一种或类似的欲望，如大米和面粉、猪排和牛排等存在替代关系。一般来说，一种商品的价格不变，其需求量与其互补商品的价格呈现反方向变化，而与替代商品的价格呈现同方向变化。如大米的价格不变，其需求量会因面粉的价格上升而增加、下降而减少；同样，面粉价格不变，其需求量会因大米的价格上升而增加、下降而减少。又如，胶卷的价格不变，其需求量会因照相机的价格上升而减少、下降而增加；同理，照相机的价格不变，其需求量会因胶卷价格的上升而下降、下降而增加。由此可见，一种商品的需求量与其互补商品的价格和替代商品的需求量呈现反方向变化，而与其替代商品的价格和互补商品的需求量呈现同方向变化。

（四）消费偏好

当消费者对某种商品的偏好程度增强时，该商品的需求量就会增加；相反，偏好程度减弱，需求量就会减少。消费者的偏好除个人因素外，还受很多因素的影响，如广告效应、社会消费风尚等，有的厂商不惜代价对某种商品大做广告，尤其让名人做广告就是设法让消费者偏好该商品，增加需求量。

（五）消费者对未来的预期

消费者对未来的预期包括的内容很多，如某种商品价格预期、个人收入增长预期、社会保障、教育、住房等制度的改革预期、政府的消费政策等，都将影响某种商品的需求量。例如，如果预期未来收入水平上升，商品价格也会上升，消费者就会增加当前的需求和消费，反之则减少。如果消费者预期今后将会增加医疗、教育、住房支出，就会减少当前的需求与消费，反之则增加。如果政府鼓励消费信贷，则会增加当前的需求和消费，但会影响今后的需求与消费。

（六）政府的经济政策和消费导向

例如，政府实行扩张的财政政策和货币政策、实行消费信贷制度等会刺激商品的需求和消费；相反，政府实行紧缩的财政政策和货币政策、不允许商品赊销赊购，则会抑制需求和消费。

应当指出，对不同的消费者来说，由于个人的收入水平、消费偏好等方面的差别，就会有不同的个别需求函数，因而每个人的个别需求曲线不会完全一样。市场需求曲线是所有可能价格下市场上所有消费者愿意并有能力购买的某一商品的总量，它是在每一价格下把所有消费者的需求曲线加总得到的。像单个消费者的需求曲线一样，假设其他因素不变，市场需求量与价格呈反方向变化，即市场需求曲线通常也是向右下方倾斜的。至于市场需求曲线为什么一般是向右下方倾斜，在下一章的效用理论中将做进一步的分析和说明。

三、需求价格弹性

弹性是经济学尤其是西方经济学中得到广泛应用的一个重要概念。经济学中，弹性是指当经济变量之间存在函数关系时，作为因变量的经济变量的相对变化相对于作为自变量的经济变量的变化的反应程度。用弹性理论说明价格变动与需求量或供给量变动之间的这种量的关系，就称为需求价格弹性或供给价格弹性。这里先介绍需求价格弹性，供给价格弹性将在本章下一节讨论。需求价格弹性是需求弹性的重要内容。通常讲的需求弹性就是需求价格弹性，但需求弹性除了需求价格弹性外，还有需求收入弹性、需求交叉弹性等。这里仅介绍需求价格弹性。

根据需求法则或定理，一般来说，价格下跌，需求量会增加，价格上升，需求量会减少。但是，价格上升或下跌，其需求量减少或增加的幅度是不一样的。例如：某商品价格下跌10%，需求量可能增加20%，也可能增加5%；同样，价格上升10%，需求量可能减少5%，也可能减少15%。经济学用不同商品的不同需求价格弹性来表示这种区别。

所谓需求价格弹性是指一定时期内，需求量对市场价格的变动所做出的反应程度，它是需求量变化的百分比（变动率）与价格变化的百分比（变动率）之比，用公式表示为：

需求价格弹性系数 = 需求量变动率 / 价格变动率

根据需求定理，需求是随价格的上升而减少的，此时，需求的价格弹性小于零，是负值，但人们习惯把它的绝对值当作弹性。在讲到需求价格弹性的大小时，总是指其绝对值的大小。根据需求弹性系数绝对值的大小，可分为以下五种类型。

一是富有弹性，或者说是有弹性，即需求价格弹性系数的绝对值大于1，但小于无穷大。在这种情况下，需求量变动的比率大于价格变动的比率，即价格的变动会引起需求量更大的变动。

二是缺乏弹性，即需求价格弹性系数的绝对值小于1，但大于零。在这种情况下，需求量变动的比率小于价格变动的比率。换句话说，价格尽管有较大的变动，但需求量的变动幅度不大。

三是单位弹性，即需求价格弹性系数的绝对值等于1。在这种情况下，需求量的变动比率与价格的变动比率相等。

四是无弹性，即需求价格弹性系数的绝对值等于零。在这种情况下，无论价格如何变动，需求量都不会变动。

五是无穷弹性，即需求价格弹性系数为无穷大。在这种情况下，只要价格稍有变动，需求量就会趋向无穷大，或者零。换句话说，当需求具有无穷弹性时，对于无穷小的价格变动率，需求量的变动是无穷大的。

在一定的价格范围内，一种商品的需求价格弹性究竟有多大，是由各种因素综合作用的结果。一般来说，影响需求价格弹性大小的因素主要有以下几个方面。

1. 商品的替代性

即指一种商品是否存在替代品，替代程度的大小和替代品的数量多少。如果某种商品有许多替代品，且替代程度较好，那么，该商品的需求价格弹性就大，反之则小。例如：当快客汽车的票价上升时，旅客就会减少对快客汽车的需求量，增加对替代品如一般汽车、火车或飞机的需求量，这样，快客汽车的需求价格弹性就比较大。又如：在现实生活中食盐几乎没有很好的替代品，所以食盐价格的变动对其需求量的变动影响很小，因而，食盐的需求价格弹性就极小。

2. 商品用途的广泛性

如果一种商品的用途越广泛，那么，它的需求价格弹性就越大；相反，如果一种商品的用途越单一，那么，它的需求价格弹性就越小。很显然，用途广泛的商品，当价格上升时，人们只购买较少的数量用于自己认为最重要的用途；相反，当价格下降时，人们的购买量就会增加，将商品用于次要的用途上。如当卫生纸价格便宜时，人们会将卫生纸当清洁抹布使用；多功能刀具就比单一的刀具用途广泛，因而多功能刀具的需求价格弹性就较大。

3. 商品的耐用性

即商品使用时间的长短性。一般来说，一种商品的使用时间越长，即比较耐用，该种商品的需求价格弹性就越大；相反，一种商品的使用时间越短，或一次性使用的商品，该种商品的需求价格弹性就越小。比如，手提电脑、冰箱、电视机等耐用商品的需求价格弹性就比报纸、杂志等非耐用商品的需求价格弹性大。

4. 消费者对某种商品的偏好

即消费者对某种商品的依赖性程度或需求程度。一般来说，消费者对生活必需品的需求程度大而稳定，因而生活必需品的需求价格弹性就小，且越是生活必需品，其需求价格弹性就越小，诸如柴、米、油、盐、酱、醋等生活必需品的需求价格弹性一般很小，属于缺乏需求价格弹性的商品。相反，奢侈品的需求价格弹性就大，属于富有需求价格弹性的商品。如化妆品、旅行等需求，价格下降时，其需求量就会大一些，而当其价格上升时，其需求量就会小得多。

5. 某种商品在消费总支出中的比重

消费者在某种商品上的消费支出在预算总支出中所占的比重越大，该商品的需求弹性可能越大；反之，则可能越小。例如，日常小用品，如火柴、指甲钳、牙签、棉签等小商品的需求价格弹性就比较小，因为消费者在这些商品上支出的比重很小，所以，消费者一般不大重视这些商品价格的变化。

此外，某种商品的需求价格弹性还与时期、地区和消费者收入水平有关。同时，应当指出，一种商品的需求价格弹性究竟有多大，是由各种因素综合作用的结果，不能只考虑其中某一个因素，而要根据具体情况进行全面分析。

需求价格弹性对生产者进行价格决策具有重要的意义，生产者可以通过价格的升降来分析销售收入的变化情况。如果需求价格富有弹性，当降价1%时，销售增长将超过1%，这时企业的销售收入会增加；相反，当提高价格1%时，销售减少将超过1%，这时的销售收入会减少。如果需求价格缺乏弹性，降价时销售收入将减少；相反，提价时，销售收入将会增加。如果需求价格属于单位弹性时，无论降价还是提价，销售收入都大体上保持不变。

第三节　市场供给

一、市场供给的含义

从经济学意义上讲，市场供给（简称供给）是与市场需求相对应的概念。它是指一定时期内，市场上各种价格与生产者在这些可能的价格下愿意而且能够提供出售商品数量之间的关系。换句话说，就是市场上某种商品在不同价格水平上生产者愿意而且有能力出售的商品数量清单（或表），并不是简单的一个数量。根据定义，如果生产者对某种商品只有提供出售的愿望，而没有提供出售的能力，则不能形成有效供给。同时，必须注意：市场供给不是某一个价格水平或特定价格水平的供应量，而是价格与其供给量之间的组合关系。

在经济学中，市场需求与市场需求量（简称需求量）是两个相互联系、相互区别的概念。同样，市场供给与市场供给量也是两个相互联系、相互区别的概念，而且这种联系与区别是完全相类似的。即在经济学中，市场供给量是一定时期生产者在某特定价格水平下愿意而且有能力向市场出售某种商品或劳务的数量；而市场供给则是某种商品在各种不同水平下生产者愿意而且有能力提供该商品的数量之间的一种关系，即反映了在不同价格水平下该商品的供给量。

二、影响市场供给的主要因素

影响市场供给的因素有很多，其中主要的因素有商品本身的价格、生产成本、生产的技术水平、相关商品的价格、生产者对未来的预期和生产者的经营目标等。

（一）商品本身的价格

一般来说，一种商品的价格越高，生产者提供的数量就越多；相反，商品的价格越低，生产者提供的数量就越少。商品本身价格的变化引起供给量同方向变动，这就是通常所说的"供给法则"或"供给定理"，但它的前提条件是其他条件不变。供给定理只解释一般市场供给规则，对一些特殊商品，供给定理则无法解释，比如劳动力商品、土地、古董、古画、证券等。

（二）生产成本

生产成本即生产要素的价格。在商品本身价格不变的条件下，生产要素价格的提高会使生产成本相应上升，利润则会减少，从而使得生产者的供给量减少；相反，生产要素的价格下降，其相应的生产成本也会随之下降，利润就会增加，从而使得生产者的供给量增加。

（三）生产的技术水平

在生产资源既定的条件下，生产技术水平的提高会促进资源的充分利用。降低生产成本，增加利润，从而促使生产者增加商品的供给量。

（四）相关商品的价格

当一种商品的价格不变，而其他相关商品的价格发生变化时，该商品的供给量会发生变化。在生产设备、生产技术和工艺大体相近或可以变通的条件下，或者说，生产资本容易转移的行业，也或者说，商品的替代性很强，在这种条件下，如果相关商品的价格上升了，那么，生产者很可能被吸引到这些相关商品的生产中去，在一定的价格下，会减少原商品的产量。例如，对某个生产小麦和玉米的农户来说，在玉米价格不变和小麦价格上升时，该农户就可能增加小麦的耕种面积而减少玉米的生产和供给。对某服装厂来说，某一时期，由于西装热，领带的价格上升了，该服装厂就会增加对领带的产量，相应地减少原服装的生产量。

（五）生产者对未来的预期

如果生产者预期商品的价格会上涨，他就会增加商品的供给量；如果生产者预期商品的价格会下降，他就会减少商品的供给量。

（六）生产者的经营目标

在经济学尤其是微观经济学中，一般情况下是假定生产者的经营目标实现利润最大化，即生产者供给多少商品数量，取决于他们提供的商品能否给自己带来最大的利润。如果生产者除了经济目标外，还有其他目标，如政治或社会道义等目标，那么，市场供给就会有所不同。如在我国计划经济时期，国有企业除了经济目标外，还承担了相当多的社会职能，并且，商品的价格都是国家制定的，并不完全反映市场供给情况。在这种情况下，供给定理是无法解释价格和供给量的关系的。

三、市场供给的表达方式

同市场需求的表达方式一样，市场供给也有类似的表达方式。上面分析了影响市场供给的主要因素，但根据市场供给的定义，它是假定在其他因素不变的前提下，市场的不同价格与生产者在相应的不同价格水平下愿意并且能够提供的商品数量之间的关系，这是一种文字表达方式。如果用列表的方式表示生产者在某商品各种不同的价格下与之对应的供给量，此时的市场供给就表达为市场供给表。

四、供给价格弹性

供给价格弹性是供给弹性的重要内容，通常讲的供给弹性就是供给价格弹性，但供给弹性除了供给价格弹性外，还有供给交叉弹性、供给预期价格弹性等。这里仅介绍供给价格弹性。

根据供给定理，一般来说，价格上升，供给量会增加；价格下降，供给量会减少。但是，价格上升或下跌，其供给量增加或减少的幅度是不一样的。如，某商品价格提高10%，供给量可能增加20%，也可能增加5%；同样，价格下跌10%，需求量可能减少5%，也可能减少15%。经济学用不同商品不同的供给价格弹性来表示这种区别。

所谓供给价格弹性是指在一定时期内,一种商品的供给量对市场价格的变动所做出的反应程度,它是供给量变化的百分比(变动率)与价格变化的百分比(变动率)之比,用公式表示为:

供给价格弹性系数 = 供给量变动率 / 价格变动率

根据供给定理,商品价格变动与供给量的变动是同方向的,或者说,供给曲线的斜率一般为正,所以,供给价格弹性系数应为正数。与需求价格弹性一样,根据供给价格弹性系数的大小,相应地也可分为供给富有弹性、供给缺乏弹性、供给单位弹性、供给无弹性和供给无穷弹性五种。从理论上说,这些分类与需求价格弹性的分类是相同的,限于篇幅,不再赘述。这里简单地分析一下影响供给价格弹性的因素。在一定的价格范围内,一种商品的供给价格弹性究竟有多大,是由各种因素综合作用的结果。一般来说,影响供给价格弹性大小的因素主要有以下几个方面。

(一)时间的长短和生产的周期

这是影响供给价格弹性大小的最主要因素。当商品价格发生变动时,生产者对产量的调整需要一定的时间,包括调整的决策时间和生产时间。在很短的时期内,生产者如果要在商品涨价或降价的情况下及时地增加产量或减少产量,都存在着程度不同的困难,其供给量限于库存的调节,无法随价格的变化而变化。在很短的时期内,商品的供给价格弹性是比较小的,几乎为零。但如果在一个较长的时期内,生产者如果要增加产量或减少产量,或者是转产,都是可以实现的。在这样的条件下,商品的供给量可以对价格的变动做出比较充分的反应,因此,此时的供给价格弹性也就比较大。至于生产周期的长短,其供给量对价格变动的反应则比较好理解。生产周期短的商品,其供给量对其价格的变化做出调整的时间比较快,因而,其供给价格弹性比较大;反之,生产周期比较长的商品,短期内,其供给量无法随价格的变化而及时调整,因而,短期内供给价格弹性几乎是零,但从长期看,也会做出充分的反应。

(二)生产或转产的难易程度

一般来说,工艺简单、生产步骤较少、能快速增加或减少的商品,对价格的反应较快,其供给弹性就大;反之,工艺复杂,生产线不易迅速扩大或减少的商品，对价格的反应就慢，其供给弹性就小。同时，如果某一行业进入和退出的壁垒很少，生产者可以根据价格和需求情况进入或退出该行业，则该产品的供给价格弹性较大，反之则较小。

（三）生产的技术类型

商品生产的技术类型会影响商品的供给价格弹性。一般来说，资本密集型或技术密集型企业，其生产规模一旦确定，就难以变动，因此，供给价格弹性就小。如重工业产品一般是资本密集型行业，生产较为困难，且生产周期相对较长，因而，供给价格弹性都比较小。劳动密集型企业，由于劳动力增加或辞退相对比较容易，其生产规模变动相对比较容易，因而供给价格弹性就比较大。如轻工业产品尤其是食品、服装等产品，一般属于劳动密集型行业，生产相对较为容易，且周期较短，因而供给价格弹性较大。应当指出的是，农副产品的生产尽管也大多采用劳动密集型技术，但由于生产周期较长，其供给价格弹性往往较小。

（四）生产要素的供给价格弹性

生产产量在一定程度上取决于生产要素的供给，生产要素的供给价格弹性大，其生产的商品的供给价格弹性就大；反之，生产要素的供给价格弹性小，其生产的商品供给价格弹性就小。

（五）成本的高低和生产规模的大小

如某种产品的成本较高，增加产量往往会受到资金的制约，因而增加产量不大容易，其供给价格弹性就较小；反之，其弹性较大。同时，一般来说，某种产品生产规模较大，相应地，供给弹性就较大；反之，其弹性就较小。正确理解和掌握市场各种商品的供给价格弹性，对调节生产有很重要的意义。

第四节　均衡价格的决定

需求表和需求曲线只说明消费者对某种商品在每一价格下的需求量是多少；同样，供给表和供给曲线也只说明生产者对某种商品在每一价格下的供给量是多少，它们都没有说明这种商品本身的价格究竟是如何形成的。微观经济学中的商品价格是指商品的均衡价格，它是在商品的市场需求和市场供给这两种力量的相互作用下形成的。

一、均衡的含义

均衡本来是物理学中的一个名词，指的是当一个物体同时受到方向相反的两个外力的作用，且这两种力量恰好相等时，该物体由于受力相等而处于相对静止状态。例如拔河比赛，双方队员用力相等时，绳上系的小坠就处于相对静止状态，此时就称为均衡状态。在经济学中借用均衡两字，是指经济事物中有关的变量在一定条件的相互作用下所达到的一种相对静止的状态。经济事物之所以能够处于这样一种相对静止状态，是由于在这样的状态中有关该经济事物各方面的力量能够相互制约和相互抵消，也由于在这样的状态中有关该经济事物各方面的愿望都能得到满足。正因为如此，经济学的研究往往注意寻找在一定条件下经济事物的变化最终趋于相对静止支点的均衡状态。

在微观经济分析中，市场均衡可以分为局部均衡和一般均衡。局部均衡是假定其他条件不变的情况下，一种商品的均衡价格和均衡产量的决定和实现。一般均衡是指在各种商品生产和生产要素的供给、需求、价格相互影响下，所有商品或整个商品体系同时达到的价格和产量的均衡。在这里，讨论、分析的市场供给与市场需求的均衡状态仅限于局部均衡。

二、均衡价格的决定

一种商品的均衡价格是指该种商品的市场需求量和市场供给量相等时的价格。

在均衡价格水平下相等的供、求数量被称为均衡产量。从几何意义上说，一种商品市场的均衡出现在该商品的市场需求曲线和市场供给曲线相交的交点上，该交点被称为均衡点。均衡点上的价格和相等的供、求量就是均衡价格和均衡产量。

商品的均衡价格是商品市场上需求和供给这两种力量共同作用的结果，它是在市场供求力量的自发调节下形成的。当市场价格偏离均衡价格时,市场上会出现需求量和供给量不相等的非均衡状态。一般来说,在市场机制的作用下,这种供求不相等的非均衡状态会逐步消失,偏离的市场价格会自动地回复到均衡价格水平。

三、均衡价格理论的应用——管制价格

（一）政府干预市场供求均衡的必要性

在市场经济条件下,一般来说,既然市场自身能够通过价格机制,自动达到供求均衡,政府则无须对市场供求关系进行直接干预。但是,当市场供求关系变化引起的价格波动不利于生产的稳定时,当市场供求关系变化严重失衡而引起社会的不稳定时,或因自然灾害等特殊时期,政府为了调节和稳定某些雨品的供求,就会出现均衡价格。政府直接干预市场供求均衡的理由或者说必要性主要表现在以下几个方面。

1.政府为了保护消费者的利益而限制价格

一般来说,当生活必需品供不应求时,为了社会稳定,政府会出台最高限价。例如,一次大范围的自然灾害导致大幅度减产,使供给曲线左移,即市场均衡的粮价会提高到使许多居民特别是低收入居民生活受到严重影响的程度,此时,政府可能规定低于市场均衡价格的最高粮食价格,以保护广大消费者的利益,避免社会的不稳定。

2.政府为了保护生产者的利益而规定支持价格

一般来说,当一些关系农民生计的成品或服务供过于求时,国家从长远考虑,会出台支持价格,即极低价格。例如,由于农业受自然因素的影响较大,在风调雨顺的大丰收年可能使市场的粮价下跌到使农民的收入比歉收年的收入还少,甚至到了严亏的地步。此时,为了保护农民下年种粮的积极性,避免第二年粮食价格向相反方向大幅度波动,政府就规定高于市场均衡粮价的最低收购价,即支持价格。

3.政府为了一些社会目的

限制或鼓励某些商品的生产和消费,进而干预市场价格。例如,政府为了减少环境污染,对城市汽车的拥有量进行控制,进而对汽车的相关服务价格制定一个高于市场均衡价格的定价,以减少对汽车的需求量。

（二）均衡价格理论的应用：管制价格

管制价格是指政府根据政治、经济形势需要和既定政策，运用行政权力直接规定并强制执行的某些商品的价格。一般有限制价格和支持价格两种形式。

限制价格是指政府对某些商品或劳务价格规定一个低于市场均衡价格的最高价格，以抑制这些商品或劳务价格的上涨。限制价格也称最高价格或冻结物价。例如，在战争时期，需求扩大，供给不足，发生通货膨胀，政府往往规定限制价格；平时，对一些生活必需品如粮食、房租、水电、煤气等也规定限制价格。

支持价格是指政府对某些商品或劳务价格规定一个高于市场均衡价格的最低价格，以抑制这些商品或劳务价格的跌势。例如，政府为了扶持农业，实行农产品支持价格，为保护劳动者的合法权益，规定最低工资水平。

政府的管制价格除了限制价格和支持价格以外，还可以采取双面管制和绝对管制。双面管制就是政府规定某些商品或劳务价格的涨跌幅度，即既规定最高价格，又规定最低价格。如我国证券市场股票价格每日正负10%的涨跌幅度的规定，目的在于防止价格的暴涨暴跌。绝对管制就是政府对某些商品或劳务直接规定一个高于或低于市场均衡价格的既定价格，没有任何伸缩余地。如政府希望增加某种商品或劳务的供给，就可以直接规定一个高于市场均衡价格的确定价格；同时，为了保证人民的一般生活必需品，可以直接规定一个低于市场均衡价格的确定价格。

（三）管制价格的影响

当今社会，虽然管制价格对任何国家来说都是十分必要的，但其在经济上也存在不良影响。因为，在市场经济条件下，商品或劳务的供求和价格，市场自身都会自动调节。政府对商品或劳务的价格实行管制，导致管制价格与市场均衡价格的不一致，因而会破坏市场供求和价格机制。如果政府对市场过多地实行价格管理，则会产生一系列的负面影响。

首先，政府规定商品价格低于均衡价格，即限制价格的直接后果如下。

1. 商品供给持续短缺

改革开放以前，我国基本上实行国家计划定价，市场上的消费品价格确实很低,但同时货架上也是空空的,即使货架上有货,也得凭票才能购买。

2. 优劣商品搭配出售

优质产品由于限制价格大大低于均衡价格,因而单独出售不能补偿成本;而劣质产品无人愿买,为了解决市场上的不均衡,只好采取搭配方式。

3. 投资进一步萎缩

由于限制价格低于均衡价格,企业盈利减少,因而造成企业效益下降,缺乏投资的积极性。

4. 误导市场供求信息

市场短缺时,只有提价才能鼓励生产者生产,使消费者节约,而如果计划部门仍凭借行政力量维持低价,就等于提供错误的市场信息。

5. 导致劣质产品和服务

价格低于均衡价格产生短缺,导致在卖方市场中没有激励因素使生产者改进产品质量,服务态度恶劣。

限制价格制定者的初衷是保护消费者的利益,却损害了生产者的利益,使价格不能补偿大部分生产者的成本,结果供给减少。消费者虽在短期内支付的价格低于均衡价格,但从长期看也是受害者,因为市场上无货可供。

其次,政府规定商品或劳务价格高于市场均衡价格,即支持价格的后果主要表现如下。

(1)价格太高引起需求不足、供给过剩、产品积压。

(2)处置积压产品的负担。产品积压不但造成生产领域的资源浪费,它的处置包括运输、存储或销毁还会进一步形成负担。

(3)生产者在市场上提供消费者并不需要的多余附加服务。

(4)高价格保护了经营不善的企业,并使它们继续得到过多的资源。

(5)提供错误的市场信息导向。

综上所述,管制价格不仅不受市场的影响,反而影响市场。由于价格干预的结果往往事与愿违,因此在实际中应该慎用。在市场经济条件下,政府直接规定一个偏离市场均衡价格的做法只是权宜之计,必须辅以相应的经济措施,才能保证市场供求均衡和国民经济生活的安定。政府对市场价格进行干预,就不可避免地需要解决随之而来的供求失衡问题。如政府规定了限制价格，往往需要向居民定量分配以解决供给不足；相反，政府规定了支持价格，则需用财政的资金收购多余的商品，或者用指令性计划限制生产者的供给。如财政设立粮食调节基金，丰年购进，灾年出售，以稳定粮价。

第五节 成本、边际生产力与利润理论

一、成本的基本概念

（一）机会成本和显性成本

经济分析的目的在于考察稀缺资源的有效分配和使用，所以经济学家必须关心机会成本。如果从整个社会的角度来考察，我们利用社会资源从事某种商品的生产时，就同时失去了利用这些资源去生产另外能够给社会带来效益的其他产品的机会。例如，如果一家便利店拥有自己的营业场所，因而无须支付房租，这是否意味着营业场所的成本为零呢？以会计人员来看，此成本当然为零，但经济学家知道如果将该场地租给其他公司会带来租金，这项放弃了的租金是使用营业场所的机会成本，应该包括在经营活动的成本之中。

当人们做出任何一项决策时，决策者都应该认识到伴随每一种可能的行为而来的机会成本。例如，当考虑是否上大学的成本时，我们会想到诸如学费、书本费、住宿费和伙食费，而常常忽略其最大的成本——时间。当我们把几年的时间用于听课、读书和写文章时，就不能把这段时间用于工作。对大多数学生而言，为上学而放弃的工资是他们受教育最大的一项成本。

机会成本是隐性的，因为它并不是指生产活动中的实际支出。与机会成本相对的一个概念是显性成本，它是指企业的工资成本、材料成本和资本的租金等实际支出。在会计核算上，显性成本涉及与企业有经济往来的企业或个人的直接支付。而经济学家关注显性成本是因为工资和材料成本代表了可以被有效用于其他方面的货币数量。

（二）短期成本

企业投入的要素中总有一部分是固定不变的，即这部分成本不随产量的变化而改变。对企业生产成本的各种衡量均基于此而加以区分。

总成本（TC）由两部分组成：固定成本（FC），它不随产出的变化而改变；可变成本（VC），它根据产出水平的变化而变化。这三种成本之间关系为：TC=FC+VC。具体来看，固定成本可能包括维持厂房的费用、保险费和少量管理人员的工资费用，固定成本只有在企业完全倒闭时才会为零。可变成本则包括工资和原材料费用，这些费用随产出的增加而增加，要想决定应该生产多少，企业经理需知道可变成本是如何随着产量的变化而变化的。

二、边际生产力理论

（一）要素市场

生产要素市场与产品市场是相互依存、相互制约的。生产要素的价格与一般产品一样，由其需求和供给的均衡状态决定。例如资本的价格——利息，是由资本的供给和资本的需求共同决定的；而地租——土地的价格则是由土地的供给和需求共同决定的。它们与面包的价格由面包的供给和需求来决定具有类似之处。但是，生产要素的价格形成与一般产品的价格形成又有所不同，主要表现在以下两点。

1. 产品市场上的需求来自个人和家庭供给来自厂商

在生产要素市场上正好相反：厂商是要素的需求者，而要素的供给来自个人和家庭，即劳动由劳动者供给，资本由资本家供给，土地由地主供给，而企业家职能由经理们供给。

2. 对已经形成的价格

就一般产品而言，是指人们对它一次性购买的价格。如面包的价格为2元，一辆自行车的价格是400元，指的是购买它们时需要支付的价格。而生产要素的价格则是厂商按约定期间使用它们的代价，并不是指一次性购买价格。例如劳动的价格为每小时10元是指获得一定期间（1小时）内劳动力使用权的代价为10元，而不是购买工人全部劳动力的价格。类似地，资本的价格是指资本在一定时期内的使用价格；土地的价格是指一定期间的地租，而不是土地本身的全部价格。

（二）对生产要素的需求

厂商需要生产要素而供给产品，与此相对应，生产要素的所有者供给生产要素而需求产品。厂商在要素市场买进生产要素时支付的价款同时也构成产品的成本。生产要素的所有者出售要素取得的收入将用于购买产品，从而形成厂商的销售价款。从整个社会的生产过程来看，成本、收入和价值这三个经济范畴存在如下恒等关系：

$$产品成本 = 要素收入 = 产品价值$$

消费者（生产要素的所有者）对产品的需求取决于产品的效用和边际效用。那么，厂商对生产要素的需求则取决于生产要素所具有的生产出产品的能力[①]。

因为厂商需要生产要素的目的是组织产品的生产以获得利润，所以厂商依然要考虑其成本和收益，于是愿意支付的需求价格取决于该生产要素能带来的收益。边际生产力理论认为，生产要素的边际生产力决定厂商使用要素的数量和愿意支付的价格，即边际生产力大，厂商愿意支付的价格就高；反之，厂商愿意支付的价格就低。厂商对生产要素的需求反映了或者说源于人们对产品的需求，所以，经济学家把厂商对生产要素的需求称为派生需求（Derived Demand）或引致需求，意指厂商对要素的需求是由于人们对要素所生产出的产品的需求派生出来的。例如，软件公司对电脑编程人员的需求不仅取决于当前编程人员的工资，也取决于该公司预期的软件产品的销售量。

正如同产品的价格（和数量）是由产品的供给和需求共同决定的一样，生产要素的价格（和使用量）是由生产要素的供给和需求共同决定的。产品的供求关系与要素的供求关系在逻辑上是完全对称的，所以在对要素市场的分析中，许多资料都是我们所熟悉的，但是由于厂商对要素的需求取决于人们对产品的需求，而产品的供求与要素的供求存在上述的相

---

① 这种能力称为边际生产力。按照克拉克的说法，边际生产力是指追加的最后一个单位的生产要素所产生的生产率或所带来的收益。这里的讨论以劳动要素为例。事实上适用于劳动要素的一些原则也适用于另外几种生产要素。

互依存和相互制约关系，因此，对要素的需求分析要比对产品的需求分析复杂一些。另外，产品市场有完全竞争和非完全竞争之分，要素市场也一样。为方便起见，本书仅分析讨论最简单的一种情况：完全竞争的要素市场。一个完全竞争的要素市场上有大量的生产要素出售者和购买者，没有单个买者或卖者能够影响要素的价格，每个参与者都是价格的接受者。下面先分析单个厂商对要素的需求，这些需求的汇总形成市场需求。然后，转向市场的供给方面，并讨论市场价格和要素使用量。

三、利润

企业从事生产的目的是获取利润，利润被认为是"企业家职能"这种生产要素的报酬。利润与利息不同，现代企业制度下，企业的所有权与经营权逐步分离，所有权属于作为资本家的股东，而经营权则属于作为企业家的经理阶层。这样，企业家职能已与资本家职能分开，因而利润也和利息分开，即利息是资本的报酬，而利润则是企业家职能的报酬。

企业销售总收入扣除支出的各项费用或成本以后，即为企业利润。费用或成本则包括企业所支付的工资、利息、租金、原材料和燃料成本以及固定资本设备的折旧费。上述意义的企业利润中实际上包括了隐性成本，例如独资或合伙经营企业的所有者直接提供的货币资本应计算的利息，又如小企业的经营中，有一部分是业主的隐性工资，从机会成本角度看，这一金额相当于该业主为其他厂商服务所能得到的报酬。再如企业经营中的一部分也可能是隐性地租，即假如业主把企业使用的土地租给别人使用时所能得到的地租。商业社会所说的企业利润，在经济分析中被称为正常利润（Normal Profit）。正常利润中包括上述的隐性工资和隐性地租等部分。企业利润中扣除各项隐性成本后的剩余部分，则称为纯利润或经济利润（Economic Profit），也就是超额利润。

从上面对利润的定义中可以看出，在经济学的成本概念中，包含了一部分正常利润，它主要是"企业家职能"的报酬。就长期而言，正常利润是必然存在的，如果企业家得不到正常利润，就会退出生产过程，生产也就无法继续下去。

（一）利润的来源

对于利润的来源，西方经济学家有各种不同的观点。下面简要地介绍三种主要观点。

1. 利润是承担风险的报酬

该观点认为利润是企业家在生产过程中因承担各种风险而获得的报酬。由于未来市场状况具有不确定性，人们在从事经济活动时必然承担各种各样的风险。企业家如果能正确预测未来市场情况，便能获得额外收入；如果预测不正确，就要承担亏损。

2. 利润是由垄断产生的报酬

如上一章所述，在完全竞争的市场中，生产者只是价格的接受者。而在垄断市场中，由于整个市场中某一产品的供应者只有一家厂商，所以生产者是价格的决定者，消费者则是价格的接受者。一些经济学家认为，垄断（包括各种不同程度的买方垄断和卖方垄断）可以产生利润。例如，某一煤矿能以较其他煤矿低的工资水平雇用工人，则这家煤矿便能赚取超过正常利润的超额利润。再如，某一家厂商享有某种产品的专利权或信誉卓著的商标，也能赚取垄断利润，这归功于专利权或商标权享有者的市场权利。

3. 利润是企业家职能的创新

如果某一企业家率先改变生产函数或需求函数，就可能获得超过同行业其他厂商正常利润的超额利润。企业家职能的创新涉及两个方面：一是影响产品的生产，例如成功地采用降低成本的新技术或管理方法；二是创新包括所有影响消费者对产品需求的革新，如创造新产品或某种产品的新式样以及广告等。创新的利润只能暂时存在，一旦某种创新为其他生产者所效仿，这种利润便会消失。

（二）利润的作用

在现代经济生活中，利润的作用主要有以下几点。

1. 利润是提高企业效率的重要条件

由于利润是对企业经营者才能的报酬，所以它是提高企业经济效率的重要条件，也是提高企业经济效率的报酬。

2. 利润是刺激生产活动的动力

生产者投资生产活动的动机就是获取最大利润，在生产者获得利润的同时，消费者的利益也将得到满足。如果不能得到利润，生产者将失去组织生产的动力。

3. 利润刺激创新

没有创新所产生的超额利润也就没有了创新的动力，从而也就没有对创新的模仿或创新的推广。正是超额利润刺激着厂商不断进行创新，从而推动社会的进步。

4. 利润使投资者愿意承担一定的风险

如果没有承担风险的报酬——利润，有些行业将不会有人从事，有些产品将不会有人生产。

5. 包括正常利润和超额利润的利润是一切投资基金的来源

收入中的某些组成部分，如劳动者的工资，大部分均被消费掉了，而利润中的大部分被储蓄下来用于投资。一个社会总利润在总收入中所占比例越大，该社会的总投资量越多，投资越多，则资本形成越快，经济增长的速度也越快。

第六节　计 划

一、计划的含义

计划是指为实现一定目标而科学预计和制定的未来行动方案。广义的计划是指管理者制订计划、执行计划和检查计划执行情况的过程；狭义的计划仅指管理者事先对未来应采取的行动所做的谋划和安排。计划的任务就是要根据社会和市场的需要以及经济组织的自身能力确定出组织在一定时期内的奋斗目标，通过计划的编制、执行和检查，协调和合理安排组织中各方面的经营和管理活动，有效地利用组织的人力、物力、财力、时间、信息等资源，取得最佳的经济效益和社会效益。

二、计划的类型

一是按计划的形式可分为宗旨、目标、战略、政策、规则、程序、方案和预算等几种类型的计划。

二是按组织机构的职能可分为组织各职能部门的计划。例如：可以按职能将某个经济组织的经营计划分为销售计划、生产计划、供应计划、新产品开发计划、财务计划、人事计划、后勤保障计划等。

三是按计划的期限一般可分为长期计划和短期计划。根据我国实际可分为长远（5年或10年）计划、年度计划或年度综合计划和作业计划三种。

四是按计划涉及时间及范围大小的综合程度可分为战略性计划和战术性计划。

五是按计划的明确性程度可分为指导性计划和具体性计划。

六是按计划执行强度可分为指令性计划和指导性计划。

七是按经济活动重复程度可将计划分为程序性计划和非程序性计划。

三、计划的指标体系

计划指标体系是指经济组织在计划期内的具体生产技术、经营条件下，预期所要达到的各种具体目标和水平的总和。计划指标体系按性质来分，有数量指标体系和质量指标体系两大类。数量指标体系是指经济组织在计划期内生产经营活动方面在数量上应达到的各种指标。通常用绝对数表示，如商品产量、职工人数、成本（费用）、利润总额等。而质量指标体系则是指计划期内经济组织生产经营活动中对产品或工作质量提出的各种指标。它一般是用相对数表示，如设备利用率、劳动生产率、一等品率、可比产品成本降低率等。计划指标体系按对经济效益的影响情况来划分，可分为正指标体系和反指标体系。正指标体系是同代表经济效益指标（如利润）呈正相关变化的各种经济指标，如产量、产值、销售量、销售额。这些指标越大，经济组织的利润额随之也越多，经济效益就越好。反指标是同代表经济效益指标（利润）呈负相关变化的各种经济指标，如成本、费用等。这些指标越大，经济组织的利润额就随之越小，经济效益也就越差。经济组织计划指标是经济组织在计划期内预计实现目标值的具体体现，要求把先进性与科学性、稳定性与严肃性、综合性与分散性有机结合起来。

四、计划的重要性

计划具有目的性、首位性、普遍性、效率性和创新性的特点。它作为管理的首要职能，其重要性主要表现在以下几个方面。

一是计划使组织能对未来的变化做出积极的反应。做到事先对未来可能发生的各种情况做出积极的安排，做到有备无患，可有效地避免风险，减少损失。

二是计划是管理者指挥的依据，可以保证现代化大生产得以顺利进行。经济组织只有通过各种系统的周密计划，把整个经济组织的职工按照大生产、大流通的要求科学地组织起来，统一指挥，把以满足消费者需求为中心的各项工作有机地结合起来，才能保证经济组织的生产经营活动和各项工作正常有序地进行。

三是计划有利于管理者对组织各项工作的控制。因为组织的各项活动都是围绕着计划方案进行的，在执行中可能会出现偏差，计划则为控制这种偏差提供了标准或依据。

四是计划有利于组织合理配置资源，取得最佳的经济效益。计划使经济组织有明确的经营目标，不仅能够以较少的人力、物力、财力、时间、信息等取得较大的经济效益，而且能降低成本，在满足社会需要中提高经济组织的信誉，求得经济组织的发展。一个经济组织如果没有周密的计划来指挥生产经营活动，而是盲目地生产、混乱地经营，就无"利"可图。

五、计划工作的原理

计划工作是一项综合性的全面管理工作，它是根据国家对经济组织的要求和市场的需要，在科学调查、预测、决策等基础上通过系统分析、精确计算和综合平衡，为经济组织制定生产经营活动的长、短期计划，并细分到各个部门、各生产环节和每个人，用计划来指导经济组织生产经营全部活动，并把它纳入计划轨道，组织与动员全体职工更有效地保证计划的实现，以求得提高经济组织的经济效益。

计划工作过程，实际上是对客观事物科学预见和反映客观规律的过程，为了使计划工作更科学、合理，保证组织各项活动的顺利开展，不断提高效率，计划工作必须遵循以下反映客观规律的原理。

(一)连续性原理

任何事物的存在过程,都能区分过去、现在和未来。现在是过去的延续,未来是现在的延续,一切事物运动,总是按照过去、现在和未来这种规律,不断地延续下去,称为事物存在的连续性过程。在这个连续性过程中,事物的运动,总是遵循着一个共同的规律。换句话说,就是在连续过程的任何一点上,不论是过去、现在或未来,事物的本质和规律都是连续的,这就是连续性原理。

根据连续性原理,只要事物处于连续过程中,就具有相同的本质和相同的规律。也就等于认识了未来的本质和规律,也就使我们能把未来的认识转换为对现实的认识。而现实是可以认识的,未来也是可以认识的,例如,要预测某商业企业下一个五年计划的销售额,根据连续性原理,就先要认识上一个五年计划的销售实绩及其发展规律和有关因素。只要获得这种认识,就可以预测下一个五年计划的销售额,但是,必须注意事物连续性过程的相对性和间断性。因为事物在发展过程中,由于某些内在因素的突变或外在因素的干扰,会造成连续性的间断。例如,某农村供销合作社所制订的三年计划中,由于自然灾害的影响,造成农副产品歉收,不能完成当年采购计划,造成采购计划的间断。在运用连续性原理时,要充分估计到意外因素所造成的间断,否则,预测结果与实际结果的误差将会很大。由于事物发展过程是连续性与间断性的统一,所以,连续性原理应与因果性原理配合使用。

(二)因果性原理

唯物辩证法认为,客观事物之间存在着普遍的因果联系,任何事物的产生和变化,总是由一定的原因所引起的,而这种一定的结果所产生的原因,又总是由另外一种原因所引起的。例如,某商店当年未完成销售计划,是由于市场需求不足,而市场需求不足又是由于金融危机带来的。整个世界都处于这种普遍联系之中,事物之间这种普遍的因果联系,具有前后相继性,未来,作为一种结果,总是由现实原因引起的,只要把握了现实的原因,便可以推知相应的未来结果,这就是因果原理。

通过因果性原理，就可以把对未来结果的认识，转换为对现实原因的认识，大量的未来问题，都可以转换为现实问题，并通过对现实问题的认识来达到对未来问题的认识。而现实原因所引起的未来结果，又会引起未来的结果，这种因果联系是无限连续的。

（三）相似性原理

客观事物总是千差万别、互不相同的，但只要发展过程相似，内外条件相似，则其未来的发展也就相似。不同的两个过程之间，只要具备了上述相似性，就可以根据其中一个已知过程及其相应的变化或结果，推测另一个未知过程及其相应的变化或结果，这就是相似性原理。

相似性原理是类比法和模拟实验法的理论根据，在实际工作中，人们对某一事物在未来的实际运动的过程进行预测时，只要按照该事物实际运动过程所依赖的条件，进行模拟实验，就可以根据模拟实验过程中所发生的变化和结果，推测该事物在未来实际过程中可能发生的变化或结果。例如，新产品经过实验室试制、小批量生产等环节，而后才正式投产；新的工作改革先经过试点，而后再全面推广，都是根据相似性原理进行的。

（四）限定因素原理

所谓限定因素，是指妨碍组织目标实现的因素。也就是说，在其他因素不变的情况下，仅仅改变这些因素，就可以影响组织目标的实现程度。限定因素原理可以表述如下：主管人员越是能够了解对达到目标起主要限制作用的因素，就越能够有针对性地、有效地拟定各种行动方案。限定因素原理有时又被形象地称作"木桶原理"。其含义是木桶能盛多少水，取决于桶壁上最短的那块木板条。一只上方口子参差不齐的木桶，其盛水量（V）取决于构成该木桶的那块最短木板的长度，若要木桶尽可能多盛水，在不增加木板的条件下，就必须从长板上取下多余的部分，来加长那块最短的木板。这种"取长补短"的做法，将会使木桶的水容量增加（$\triangle V$），达到一个新水准（$V+\triangle V$），否则长短悬殊、比例失调，就很难增加盛水量。

限定因素原理表明，主管人员在制订计划时，必须全力找出影响计划目标实现的主要限定因素或战略因素，有针对性地采取得力措施。研究任何过程，如果是存在着两个以上矛盾的复杂过程的话，就要用全力找出它的主要矛盾，抓住了这个主要矛盾，一切问题就都迎刃而解了。

（五）许诺原理

许诺原理可以表述为：任何一项计划都是对完成各项工作所做出的许诺，因而，许诺越大，实现许诺所需要的时间就越长，实现许诺的可能性就越小。这一原理涉及计划期限的问题，经济上的考虑就影响到计划期限的选择。关于合理的计划期限的确定问题体现在"许诺原理"上，即合理计划工作要确定一个未来的时期，这个时期的长短取决于实现决策中所许诺的任务所必需的时间。例如，由于出现了意料之外的原材料大幅度涨价，某企业为了保证实现年度生产经营计划的利润目标，需要补充制订一个增加销售收入的计划，那么，这个计划的期限至少要多长时间呢？这个计划至少要在一年中的什么时间以前制订并实施才能确保实现呢？

根据许诺原理，该计划期限主要取决于从增加订货到最后实现销售收入的最短周期。对于该企业来说，从接收订单、签订合同到完成工程图设计，一般要2个月的时间，进行生产准备、投产，到出产品的生产周期一般也为2个月。商品通过铁路发运，整个发运过程的延续时间均为半个月左右，结算周期一般为1个月以上，而且有逐渐延长的趋势，那么计划期限应定为半年。也就是说，计划工作的开始时间至少要在6月底以前，这也是该企业每年要在6月底以前审查年度计划完成情况的原因，这项工作已成为一项惯例。按照许诺原理，计划必须有期限要求，事实上，对于大多数情况来说，完成期限往往是对计划最严厉的要求。此外，必须合理地确定计划期限，并且不应随意缩短计划期限，每项计划的许诺不能太多，因为许诺（任务）越多，则计划时间越长。如果主管人员实现许诺所需的时间长度比他可能正确预见的未来期限还要长，并且如果他不能获得足够的资源，使计划具有足够的灵活性，那么，他就应当断然地减少许诺，或是将所许诺的期限缩短。

（六）灵活性原理

灵活性原理可以表述为：计划中体现的灵活性越大，未来意外事件引起损失的危险性就越小。计划必须具有灵活性，当出现意外情况时，才有能力改变方向而不必花太大的代价。必须指出，灵活性原理就是制订计划时要留有余地，至于执行计划，则一般不应有灵活性。例如执行一个生产作业计划必须严格准确，否则就会发生组装车间停工待料或在制品大量积压的现象。对主管人员来说，灵活性原理是计划工作中最重要的原理。在承担的任务重，而目标计划期限长的情况下，灵活性便显出它的作用。为了确保计划本身具有灵活性，在制订计划时，应量力而行，不留缺口，但要留有余地。本身具有灵活性的计划又称为"弹性计划"，即能适应变化的计划。

（七）改变航道原理

计划制订出来后，计划工作者就要管理计划，促使计划的实施，而不能被计划"管理"，不能被计划框住，必要时可以根据当时的实际情况做必要的检查和修订。因为未来情况随时都可能发生变化，制订出来的计划不能一成不变。尽管在制订计划时预见了未来可能发生的情况，并制定出相应的应变措施，但正如前面所提到的，一是不可能面面俱到；二是情况在不断变化；三是计划往往赶不上变化，总有一些问题是不可能预见到的，所以要定期检查计划。如果情况已经发生变化，就要调整计划或重新制订计划，就像航海家一样，必须经常核对航线，一旦遇到障碍就可绕道而行。故改变航道原理可以表述为：计划的总目标不变，但实现目标的进程（航道）可以因情况的变化随时改变。

这个原理与灵活性原理不同，灵活性原理是使计划本身具有适应性，而改变航道原理是使计划执行过程具有应变能力。为此，计划工作者就必须经常检查计划，重新调整、修订计划，以此达到预期的目标。

总之，在计划工作过程中，运用上述原理时，必须从实际出发，与时俱进。未来不是凭空产生的，而是现实的延续和发展，认识未来，就是认识现实的展开过程，现实中孕育着未来发展的基本因素和依据。现实存在的基本矛盾及其运动规律，决定了未来的基本趋势和状态，要预测未来，就必须充分掌握现实存在的各种因素，包括各种潜在因素和否定因素。要客观地对待现实，不能以主观代替客观、以想象代替现实，而要掌握现实事物的运动规律，以此作为推断未来的根据，从而推断未来的趋势和未来的发展规律。

六、计划编制的程序和方法

（一）计划工作的程序

计划工作的全过程，就是计划目标的制定和组织实现的过程，这个过程按照"计划—实施—检查—处理"循环，即"PDCA循环"，不停顿地周而复始地运转。

1. "PDCA 循环"的含义

PDCA 是四个英语单词 Plan、Do、Check、Action 的第一个英文字母，Plan 是计划，Do 是实施，Check 是检查，Action 是处理。PDCA 循环就是按照这样的顺序进行计划管理，并且循环往复地进行下去的科学程序。

2. "PDCA 循环"的运转

"PDCA 循环"作为计划管理体系运转的基本方法，必须经历以下四个阶段八个步骤。

（1）计划制定阶段。这个阶段就是确定计划目标、制定目标值、拟定措施、编制经济组织计划阶段，包括四个步骤。

第一个步骤：分析经济组织现状，找出存在的问题。在这一步，要有的放矢地分析经济组织现状，通过数据检查与分析，找出存在的问题。

第二个步骤：分析经济组织产生问题的各种具体原因及其影响因素。影响经济组织生产经营管理的因素很多，有内部因素，也有外部因素。内部因素如人的因素、生产与经营的因素、商品的因素、经济组织物质技术设备方面的因素等；外部因素如政治因素、经济因素、其他同类经济组织的发展状况因素、社会消费需求的因素等。经济组织内部因素属于可控制因素，经济组织外部因素属于不可控制因素，但可以通过调整经济组织内部因素去适应经济组织外部环境。

第三个步骤：从经济组织内部可控制因素中，找出主要的因素。从解决主要矛盾入手，以解决质量问题。

第四个步骤：针对经济组织影响生产经营工作的主要原因制定对策，拟定管理、技术的组织措施，提出执行计划和预计结果。

任何计划的制订，即计划工作步骤或思路都是相似的。具体制订时还可细化上述步骤，一般依次包括以下内容：估量机会（分析环境，预测未来)、制定目标、确定计划工作的前提条件、拟定可供选择的方案、评价各种备选方案、选择最佳方案、拟定辅助计划和编制预算。

(2) 计划实施阶段。第五个步骤：就是按预定计划、目标和措施及其分工，实实在在地去执行，脚踏实地地去做。

(3) 计划检查阶段。第六个步骤：就是把实施的结果和计划的要求进行对比，检查计划的执行情况和实施的效果如何，是否达到预期的目标和效果。哪些是成功的，其经验是什么；哪些做得不对或做得不好，教训是什么，其原因又在哪里。这既要掌握进度、检查效果，又要从中找出问题。

(4) 计划处理阶段。处理阶段，就是总结经验教训，找出存在问题，并修订计划的阶段，包括两个步骤。

第七个步骤：总结经验教训，巩固成绩并对出现的问题加以处理。把成功的经验和失败的教训都规定并纳入相应的标准、制度或规定之中，以巩固已经取得的成绩，防止重复发生已经发生过的问题。

第八个步骤：计划的修订。经济组织计划是经济组织这个系统发展的总体设想，是一种主观对客观的预测。这种主观预测随着客观条件的变化，不可能百分之百地符合客观规律，难免会出现主、客观的偏差，需要修订计划。所谓计划修订就是根据经济组织环境和经济组织内部条件的变化，围绕经济组织目标不断地修订经济组织计划体系，使其重新进行协调与平衡，使经济组织计划随时符合经济组织这个总系统的发展规律。

上述为"PDCA 循环"的四个阶段及八个步骤。"PDCA 循环"不停地运转，原有经济组织管理中存在的问题解决了，又会产生新的问题，问题不断产生而又不断解决，如此循环往复，周而复始，这就是管理循环不断前进的过程，也是计划工作必须坚持的科学方法。

3. "PDCA 循环"的特点

"PDCA 循环"作为计划工作的一种科学方法，一般有以下几个特点。

(1) "PDCA 循环"是大循环套小循环的循环。"PDCA 循环"是大循环套小循环，一环扣一环；小循环保大循环，推动大循环。

"PDCA 循环"作为计划工作的科学方法，可用于经济组织各个环节、各个方面的计划工作。通过"PDCA 循环"，使经济组织各个环节、各个方面的管理有机结合，互相促进，形成一个整体，整个经济组织的计划工作体系构成一个大的"PDCA循环"，而各部门、各单位又都有各自的"PDCA循环"，依次又有更小的"PDCA循环"，从而形成一个大循环套小循环的综合体系。上一级"PDCA循环"是下一级"PDCA循环"的根据，下一级"PDCA循环"又是上一级"PDCA循环"的具体保证。通过大小"PDCA循环"的不停转动，就把经济组织各个环节、各项工作有机地组织成统一的计划工作体系，实现总的计划目标。"PDCA循环"的转动，不是个人的力量，而是组织的力量、集体的力量，是整个经济组织全员推动的结果。

（2）"PDCA循环"每转动一次，就提高一步。"PDCA循环"是螺旋式上升的，每循环一次、转动一圈，就前进一步，上升到一个新的高度，并在新的基础之上，制定新的目标，赋予新的内容，开始新的循环。这样，循环往复，周而复始，存在的问题不断解决，不断适应新的变化形势的需要，管理水平也就不断地提高。

（3）"PDCA循环"是综合性的循环。"PDCA循环"四个阶段是相对的，各阶段之间不是截然分开而是紧密衔接连成一体的，甚至有时是边计划、边执行，边执行、边检查，边检查、边总结，边总结、边改进地交叉进行的。

计划工作就是在这样的循环往复中，在从实践到认识，再从认识到实践的两个飞跃中达到预定的目标。这个过程正是客观实际和主观认识逐步达到统一的发展过程，这是搞好计划工作和目标管理工作的必由之路。

（二）计划的定性预测方法

定性预测方法也称主观预测方法，它是预测者个人或群体凭借自己的直觉、主观经验和综合判断能力，对某种预测对象未来发展趋势进行预测的方法。其特点是简单、便捷、低成本，但片面、不明确。其具体方法主要有专家预测法、类推法、意见推断法等。

1. 专家预测法

专家预测法是基于专家的知识、经验和分析判断能力，在对历史和现实有关资料综合分析的基础上，对未来的变动趋势做出预见和判断的方法。它包括专家会议法、头脑风暴法和专家调查法。

（1）专家会议法。这种方法又称会议调查法，是指预测者邀请专家，针对某一个问题以开调研会的方式，向与会专家获取有关预测对象的信息，经归纳、分析、判断和推算，预测某种市场现象未来发展变化的趋势。

（2）头脑风暴法。这种方法也称畅谈会法，是根据预测目标的要求，组织各类专家相互交流意见，无拘无束地畅谈自己的想法，敞开思想发表自己的意见，在头脑中进行智力碰撞，产生新的思想火花，使预测观点不断集中和深化，从而提炼出符合实际的预测方案。实践经验证明，采用头脑风暴法进行市场预测，可以充分发挥各类专家的创造性思维，在较短时间里得到富有成效和创造性的预测成果，是寻求新观点、新建议、新思路的有效方法。

（3）专家调查法。这种方法也称专家意见证词法或德尔菲专家咨询法（Delphi Method），它是专家会议法的发展，是指专家意见由圆桌会议的面对面交谈，变成背对背的意见征询。具体做法是：在管理者组织下，采用匿名的"背靠背"征询问卷的形式，使介入预测工作的专家独立地提出自己的判断。管理者将这些意见加以综合，并把结果在下一轮征询中反馈给专家们，以便专家进一步做出新的判断。这种征询进行数次，使专家意见大体一致，最终得出结论。

2. 类推法

类推法是根据预测者的直观认识，对未来变化的特点和趋势做出合乎实际和逻辑的推理判断，主要包括相关类推和对比类推两种方法。

（1）相关类推法。从已知的各种相关因素的变化，依据因果性原理，预见和推断未来变动的特点和趋势的预测方法称为相关类推法。其基本方法是：根据理论分析和实际资料，确定影响预测目标变动趋势的主要因素，在此基础上依据变化的内在联系进行逻辑推理、分析和判断。

（2）对比类推法。对比类推法是把预测目标同其他类似事物，根据类推性原理，进行对比分析，从而预测和推断目标市场未来需求发展趋势的一种预测方法。对比某些产品的市场寿命周期，产品的更新换代，新产品有关指标的发展趋向，对相近产品的发展情况进行对比分析、预见和推断某种新产品市场需求的变动趋势，如对比录音机的变化趋势推测高级组合音响的市场需求，对比电视机的变化趋势推测空调器的市场需求，对比电冰箱的变化趋势推测冰柜的市场需求等。

3. 意见推断法

意见推断法是指通过调查研究，收集、处理、分析各方人士意见，运用集体智慧和经验对预测对象的发展趋势进行推断预测的方法。意见推断预测的具体方法很多，其中较实用的方法包括意见交换预测法、营销人员意见估计法、用户意见调查预测法、决策者意见判断预测法、集合意见预测法、商品试销征询意见预测法、意见汇总预测法、购买意向调查预测法、问卷调查估算预测法、访问预测法等。

第七节 组 织

一、组织的一般意义

组织的希腊文原义是指和谐、协调；英文中的组织，源于器官；在我国古汉语中，组织的原始意义是编织，即将丝麻织成布帛。组织的原义引申到社会经济系统中，有一般意义的组织和管理学意义的组织之分；从满足心理需求看，有正式组织与非正式组织之分。

一般意义的组织是指一群人为实现某个共同目标而结合起来协调行动的集合体。根据目标的不同，可以将组织划分为不同的类型，如军事组织、经济组织、教育组织、宗教组织等。管理学意义的组织是指按照一定目的和程序而组成的、反映一些职位和一些个人之间的关系的网络式结构，这可以从不同角度来认识。

（一）从组织的状态上看，有静态和动态的组织之分

静态的组织是具有一定目标，按照一定原则成立有秩序的人、事综合体。即反映人、职位、任务以及他们之间特定关系的网络。这一网络把分工的范围、程度、相互之间的协调配合关系、各自的任务和职责等用部门和层次的方式确定下来，成为组织的框架体系。动态的组织是围绕一定目标实现，维持与变革组织结构，把人、财、物和信息，在一定时间和空间内进行合理有效的配合，以适应环境变化的过程。

(二)从组织的内容上看,有管理组织和生产经营组织之分

管理组织就是根据管理对象、任务和目标的复杂程度,将管理系统按分工协作关系划分人员,并明确规定单位和人员的分工、权力和责任关系以及他们之间信息沟通方式的统称。生产组织是通过组织手段,使职工在生产经营过程中紧密配合。使物力、财力和技术等得到合理利用,使生产经营活动按既定的目标协调发展的结合方式。

正式组织是指体现组织目标所规定的成员之间职责的组织体系。通常讲的组织都是指正式组织。正式组织中,其成员之间保持着形式上的协作关系,以完成组织目标为行动的出发点和归宿点。非正式组织是在共同的工作中自发产生的,具有共同情感的团体。非正式组织形成的原因很多,如工作关系、兴趣爱好、血缘关系等,常出于某些情感或利益的要求而采取共同的行动。

二、组织的特征

管理学上讲的组织,有如下特征。

(一)组织是以人为主体的

任何组织都是一定数量的个人的集合体,包括对人职位的划分、人员的选择、人员优化结合和人员工作能力提高等内容。

(二)组织必须有共同目标

组织目标反映了组织的性质及其存在的价值,它规定、制约着组织的其他要素。

(三)组织结构和每项组织活动都必须是有效的

一方面是组织内的各个子系统必须协调有效;另一方面表现为结构内部各层次、各系统、各单位都能有效地执行其职能,调度和利用资源。同时,组织内每个人的工作、每项组织活动也必须是有效的。

(四)组织必须有分工与协作

组织的本质在于分工协作,它是组织系统的一个重要功能。一方面在组织运转中体现为划定岗位职责,协调组织系统内部成员之间、部门之间、

各个管理层次纵向和横向的关系。协调生产经营活动中人、财、物等诸要素合理组合的关系。另一方面,协调组织系统外部、组织与国家或主管部门之间、与其他组织之间的关系,以便调动组织系统内外各方面的因素,为实现组织目标贡献力量。

(五)组织必须有不同层次的权力与责任制度

组织中每个成员的活动都会对与其相关的成员产生影响,形成复杂的联系,因而组织必须有不同层次的权力与责任制度来规定和统一成员的行动,组织规模越大,权责关系的处理就越重要。规章制度是组织成员间的"黏合剂"、行动的准则,是实现组织既定目标必不可少的因素。

(六)组织是一个开放系统

组织是物的系统、人的系统和社会环境系统相结合的社会技术系统,是一个具有调节、适应发展变化功能的开放系统。

(七)组织是管理的重要职能

组织作为管理的一项职能,是指为了有效实现组织目标,建立组织结构,配备人员,使组织协调运转的一系列活动。具体包括设计并建立组织结构、职权分配与授权、人员配备与人力资源开发、组织协调与变革等。任何部门、任何层次的管理者都要借助于部门按特定次序传递管理信息指令,通过合理的组织设计和有效的组织行为来实现管理目标,管理的其他职能,也都要依赖组织来发挥应有的功能。

三、组织结构的定义

所谓组织结构就是表现组织各类人员、各个部分(部门)排列顺序、空间位置、聚集状态、联系方式及各要素之间相互关系的一种模式,它是执行管理和经营任务的体制。

对组织结构的含义可从以下三个方面理解。

一是组织结构的本质是员工的分工合作关系。分工是与合作相伴产生的,没有协调的合作关系,分工也无法产生效益。组织结构就是以制度的形式明确人们为实现组织目标需要建立的分工合作关系,它能够反映出组织的分工和合作关系。

二是组织结构的核心内容是责、权、利关系的划分。根据组织目标的要求确定职工的岗位、职责、权力与利益。协调职工之间的协作关系，是建立组织结构的关键。

三是实现组织目标。组织结构设计的出发点与依据是组织目标，组织活动的最终目的是实现组织目标。组织机构的设计与运转是实现组织目标的手段之一，与组织目标的变化及组织资源的变化永远保持动态适应。

四、组织设计的定义

所谓组织设计，就是对组织活动和组织结构的设计过程，是把任务、责任、权力和利益进行有效组合和协调的活动。其基本功能是协调组织中人与事、人与人的关系，使组织适应完成任务的需要，最大限度地发挥人的积极性。组织设计是管理职能中的组织工作，是一项重要的活动过程，必须考虑组织目标和计划、管理者适用的权力、组织的环境、人员配备等几项基本因素。

五、组织设计原理

设计和建立合理的组织结构，根据组织外部要素的变化适时地调整组织结构，其目的都是最有效地配置组织自身可以掌握的各类资源，降低管理成本，提高竞争力，更有效地实现组织目标。那么，怎样才能使组织结构及其表现形式更好地促进组织目标的实现呢？长期以来，管理学家及管理工作者们进行过许多有益的探索和研究，总结出组织结构设计和建立应遵循以下基本原理。

（一）劳动分工与统一指挥

1. 劳动分工

组织结构的建立要从组织整体出发，既要考虑组织是个开放系统，又要反映组织内部管理活动的专业化分工的要求。

（1）劳动分工的含义。劳动分工就是按照提高管理专业化程度和工作效率的要求，把组织的目标分成各级、各部门以至各个人的目标和任务，使组织的各个层次、各个部门、每个人都了解自己在实现组织目标中应承担的工作职责和职权。

（2）劳动分工的作用。劳动分工是增加生产效率的有效途径。劳动分工使每一个人不断重复地做同一项工作，熟练的程度会越来越强，并会想方设法改进操作程序，减少体力与脑力的支出。分工越细，用机器来替代人的体力与脑力劳动就越成为可能。总之，专业化分工有利于提高效率，人类生产劳动效率的提高，就是在劳动分工的基础上实现的。劳动分工能使持有不同劳动技能的人各尽所能，充分有效地发挥他们的技能。在一个组织中，经过劳动分工后，要求每级管理层次和岗位要配置具有相应能级的人去担任某种职务，做到"量体裁衣"，既不小材大用，也不大材小用，按需选才，使组织内的成员根据个人的特长承担合适的工作。

（3）劳动分工应注意的问题。分工的深入，会增加组织结构的单位或人员的数量，拓宽管理组织的横向幅度，使管理的协调任务加重且协调难度加大。为此，应注意以下几个问题。①要注意分工的合理性。专业化分工的根本目的是提高效率，而提高效率的前提条件之一就是组织要精干高效。要保证组织高效率运转，就需要有内、外部条件。就内部来说，组织的精干是效率的前提条件，同时，各部门应该有明确的职责范围和权限，并建立良好的信息传递、沟通渠道，选择适宜的协调方式。分工也不应过粗或过细，否则会影响工作效率。②要注意发挥纵向协调和横向协调的作用。在合理分工的基础上，管理组织必须使组织各个部分形成整体，统一行动。只有实现组织协调，才能保证各项专业管理工作顺利展开，并达到组织的整体目标。组织协调包括纵向和横向两个方面：纵向协调就是要在纵向等级链的每一个环节之间搞好协作关系。规定各层次管理人员的职责和权限，形成建立在责任分配基础上的管理决策权限的相对集中或分散；横向协调就是根据不同的标准，将劳动分解成不同岗位和部门的任务，搞好部门设置，处理好组织内部各支系统之间、职能部门与生产单位之间的协作关系。③要加强管理职能之间的相互制约关系。制约也是实现任务目标的需要，它与协作是相辅相成的，只有协作，没有制约，就不能使分工得以实现，管理就没有秩序，组织也就没有效率。例如，质量管理部门和成本管理部门与生产管理部门之间既有协作关系，又有制约关系，唯有如此才能保证产量、质量、成本三者之间合理制衡，做到多产、优产、低成本、高效益。

2.统一指挥

在劳动分工的基础上必须加强组织协调，协调最有效的措施之一就是统一指挥。

统一指挥就是在按照管理层次建立的命令、指挥系统中，组织的各级机构以及个人必须服从且只接受一个上级的命令和指挥。要防止多头领导和多头指挥，上级指示从上到下逐级下达，不越级指挥，下级只接受一个上级的领导，只向一个上级汇报并向他负责，形成上下级之间的"指挥链"。

3.在组织设计或调整时，要特别注意处理好的几种关系

（1）正确处理直线经理与职能经理的关系。直线经理管辖范围内的某项业务，因职能经理承担部分管理责任而必然拥有部分管理权，这时很可能出现双重指挥。为避免多头指挥或无人负责的现象，应实行首脑负责制。即一个企业，一个车间，一个科室，一个班组，必须确定一个总负责人并实行全权指挥。

（2）在同一层次的领导班子中，必须明确主辅关系，副职必须服从正职，正副职之间是上下级关系。

（3）一级管一级。各个管理层次应实行逐级指挥和逐级负责的原则，一般情况下不应越级指挥，否则会影响下级领导人的威信，挫伤他们的积极性。

（4）高层领导，一定要保证行政指挥权的统一。

（5）与例外原则结合使用。规定主管人员在特殊情况下有必要的临时处置、事后汇报之权，在最高一层组织中形成权力制衡机制，设立专门的机构，例如公司中的股东大会、董事会、监事会等。

（二）职权与职责

1.权力

设计一个集权或分权的组织，分析某个组织主要是集权还是分权，需要解决的第一个问题就是界定权力的含义。"权力"通常被描述为组织中人与人之间的一种关系，是指处在某个管理岗位上的人所具有的并施加于整个组织或所辖单位与人员的指挥和行事的一种影响力。定义为影响力的

权力主要包括三种类型：专长权、个人影响权与制度权（或称法定权）。

2. 职权

（1）职权的含义。职权是管理职位固有的发布命令和要求命令得到执行的一种权力，属于权力中的制度权。所有主管人员想要通过自己所率领的隶属人员去完成某项工作，就必须拥有包括指挥、命令等在内的各种职权，换句话说，职权是主管人员行使职责的一种工具。

（2）职权的类型。组织内的职权及相应的职责有三种类型：①直线职权，是某项职务或某部门所拥有的包括作出决策、发布命令的权利，也就是通常所说的直线指挥权。相应的，它就要对一个组织或部门业务成果负主要责任。②参谋职权，是某职位或某部门所拥有的辅助性职权，如咨询、建议权等，相应的职责也就是向主管人员提供咨询和建议。③职能职权，是某职位或某部门所拥有的原属于直线主管的一部分权力。它介于直线职权和参谋职权之间。

（3）职权的特性。职权的特性主要表现如下。①最基本的信息沟通就是通过职权关系来实现的。在组织内，通过职权关系上传下达，使下级按指令行事，上级进行有效的控制，做出合理的决策。②管理系统中某一职位的权力的实质是决策的权力。即不可分割的决定干什么的权力，决定如何干的权力，以及决定何时干的权力。③职权是把组织紧密结合起来的"黏合剂"。职权可以向下授予，并规定他们在限定范围内行使这种权力，每一职位都有相应的权力。由此，职权与组织中的管理职位有关，而与占据这个职位的人无关。一个管理者只有当其在某一职位上时才拥有相应的职权，且只有向直接下属发布命令的权力，不在其位就无该职位的相应职权。④组织的不同部门拥有的权力范围不同，导致部门之间、部门与最高指挥者之间以及部门与下属单位之间的关系不同，从而组织的结构不同。

3. 职责

（1）职责含义。职责就是为完成一个确定的任务所必须履行的义务。一个人得到某种"权力"，也就承担了相应的"责任"，这种同职务活动相联系的责任，被称为职责。

（2）职责的形式。职责有两种形式：执行职责与最终职责。管理者向下授予的是执行职责，有可能这一职责还会进一步往下授，但是最终职责应当保留，管理者应当对他授予执行职责的下属人员的行为最终负责。在授权的过程中，管理者有职有权也有责，应授予所授职权相等的执行责任，但是最终责任永远不能下授，授权人始终保留自己对委任权力的完全控制。

4.职位、职权、职责、绩效与利益相结合

职位、职权、职责、绩效与利益一致。五者之间是不可分割的，必须是协调、平衡和统一的，这一原理适用于组织中的任何一个层次，特别是高层管理层。职位是职权的条件，有了职位以后才有相应的职权；权力是责任的基础，有了权力才可能负起责任；责任是权力的约束，有了责任，权力拥有者在运用权力时就必须考虑可能产生的后果，不至于滥用权力；绩效是一定职位上的人运用职权，履行职责的效果，它是利益的条件；利益的大小直接与职位和绩效挂钩。

第七章 经济管理信息化

第一节 现代企业的经济管理体系

一、现代化经济体系

(一) 现代化和经济现代化

从哲学上说,现代化是指一般事物由落后的旧状态向先进的新状况发展;从社会发展历程来说,现代化指工业革命后人类社会由传统的农业社会向现代的工业社会转化的历史变迁。一般来说,现代化的基本特征主要有以下几点:社会性质从农业社会转向工业社会;生产方式变革,社会生产力和经济质量持续提高;生活消费观念发生深刻变化,新型消费成为主流;文明高度发展,适应知识经济发展需要,国民文化和健康素质大幅提高;社会保障发展更加平衡,国内社会福利与社会公平得到根本改善;国家国际地位提升,许多领域领导世界潮流,国际社会地位显著提高。概括地说,符合以上几个基本特征的社会变迁都可以看作现代化,而经济是现代化的基石,那么,什么才是经济现代化呢?

经济现代化是现代化的最核心内容。经济现代化表现为工业化、市场化、国际化、城市化、信息化。

首先,在经济现代化过程中,工业特别是制造业或第二产业产值在国民生产总值中所占的比例持续上升,第二产业工人数量比重也不断提升。而且这种工业发展与农业现代化和服务业发展是相辅相成的,以市场准入的放宽、市场范围的扩大和产权交易制度的完善等为依托。

其次，经济现代化与市场化密不可分。例如：调整市场和政府的相互关系；实现资源和要素的优化配置；提高效率促进社会进步等。

再次，经济现代化伴随着城市化的进程，农村面积减少，农业人口数量降低，第二产业和第三产业的比重稳步上升，渐渐成为主导产业，包括人口要素的转变、产业结构的升级、土地及地域空间的优化等。

最后，经济现代化离不开信息化，社会由工业社会进入信息社会，即产业结构中新兴的信息产业正在逐步占据统治地位，并导致经济体制和社会结构发生根本变革。信息化也被认为是后工业化，工业化和后工业化是目前经济现代化的核心内容。

(二) 现代化经济体系及其特征

一般来说，经济体系可以理解为一群经济个体之间相互联系，个体间的货品可以相互流通，任一个体的变动都会对总体造成影响，例如欧洲联盟的区域经济联系。而本书所阐述的现代化经济体系，概念偏向于我国制定并实施经济决策的各种机制的总和，是全国国民经济的管理制度及运行方式，是社会主义经济制度下国家组织生产、流通和分配的具体形式或者说就是国家经济制度的具体形式，也可以理解为国家经济运行的一套完整系统。

什么是现代化经济体系？所谓体系，则指若干有关事物或某些制度相互联系的系统而构成的有特定功能的有机整体，并按照一定的秩序和内部联系组合而成的系统。[1] 所以现代化经济体系必然是多重体系的集合，包含产业体系、市场体系、金融体系、分配体系、区域发展体系、绿色生态体系、开放体系、体制机制等内容。它是我国现代化进程的经济载体，具有强烈的问题意识和解决问题的直接导向，更是一种动态发展的概念，指整个国家相互联系、相互影响的经济系统，包含诸多方面的现代化水平和状态。[2]

建设现代化经济体系有以下几个特征：第一，经济发展的效益更高，增速可观，实现持续发展。第二，更高质量的经济增长方式，强调创新和

---

[1] 深圳特区报评论员.着力建设现代化经济体系 [N].深圳特区报，2020-01-06(A01).
[2] 董伟.关于建设现代化经济体系与高质量发展的思考 [J].中国商论，2019(21)：6-7.

绿色的发展理念，注重循环经济、经济增长与环境保护相统一，建设创新型的生态国家。第三，区域协调发展和城乡协调发展格局。国家总体规划、跨地域协调发展与城乡规划衔接有序、配合有效。第四，更完善的市场经济体制，让市场在资源配置中起决定性作用，更好地发挥政府的指导作用。第五，更全面地对外开放，发展成果由人民共享。第六，更完善的现代工业体系和空间布局，补全经济发展的短板。[①]

二、构建现代企业经济管理体系的方法

（一）对企业经济目标进行全面策划

在我国，无论是国有大中型企业还是私营的中小型企业，大多数企业的经济目标是以数字形式出现的，如"企业总资产同比上涨百分之几""达到年利润几亿元"等，很少有企业能够从经济目标达成的方面入手进行企业经济目标的策划，而经济目标的模糊，必然导致后续经济活动的不稳定性。因此，要全面建构企业经济管理体系，第一个步骤就是要对企业的经济目标进行全面的策划。

第一，应对企业的盈利项目或生产的产品进行经济目标实现方面的策划，即确定企业主要项目或产品的经济目标（具体数字）、市场需求量、项目实现（生产经营）的过程、达成此经济目标需要的合同和其他资源等，在确定这些客观的事物之外，还应该对这些内容建立考评标准，以保证经济目标的实现是可观察、可检验、可测量的。

第二，应确定企业的客户对企业经营项目（产品）的要求，并以此作为企业进行经济活动的建议，这其中包括客户的定制型要求。如项目（产品）的测量方式、付款方法、交易中的指定原则及应遵循的法律和法规，亦包括企业为了保证项目进行的效果或产品的质量而附加的一些要求。

第三，企业应在进行经济活动之前预先对客户的要求进行审定，这需要建立一个系统性的审核机构，将第二条中所提的种种要求，对照企业的经营实际进行判断，并与客户进行沟通，使客户的要求最终与企业的实际能力相符合。

第四，企业要与客户就所达成的项目要求（生产目标）进行沟通，订

---

① 全胜跃.浅析践行新发展理念下建设现代化经济体系的途径[J].现代营销（信息版），2019(12): 89.

立合同并保证企业的经济活动与客户的需求是一致的,并保证在履行合同的过程中与客户进行有效的沟通,以应对客户可能提出的更改要求,还要对客户的意见进行反馈(如投诉处理等)。

(二)进行经济管理工具的选择和维护

经济管理活动是全面建构企业经济管理体系的重要组成部分,这个部分的有效性很大程度上决定了经济管理体系的实际效能。然而,企业经济管理活动是一个十分复杂的系统,涉及人力资源管理、生产管理、产品开发管理、销售管理等方面,而这些管理活动各有其专业性,所遵循的原则也不一样。因此,在一个经济管理体系建构的过程中,对这些管理活动进行细节上的统一规范是不切实际的,也是不可行的,但是,我们可以通过慎重选择经济管理工具,并重视维护这些工具,使经济管理活动的进行更加协调。①

企业经济管理工具包括两种:一种是有形的工具,如产品计量器、财务核算应用的电子计算机系统、企业员工打卡的指纹机等;另一种是无形的工具,如企业管理理念、财务审核应用的统计方法、人力资源部门制定的员工绩效考评办法等。而无论是有形的工具还是无形的工具,企业都应对其进行慎重的选择,如选择精度高的产品测量仪器、学习先进的管理理念、购买适合企业的管理软件等,另外,企业还应重视对这些管理工具的维护,以使其在企业经济活动中发挥应有的作用,如,对产品测量工具进行定期检测和维护,保证其精准度;对员工进行工作满意度调查,保证绩效考核方法符合员工的工作实际等。只要企业经济管理工具是合适的,那么企业经济管理活动就能够自动地形成一个整体。

(三)对企业生产环节进行全面控制

企业的生产环节是企业经济活动目标达成的重要环节,生产环节包括原材料的采购、加工和运输等几个方面,如果企业进行的经济活动是某种项目,那么,生产环节就相当于项目的策划、实施和检验。

企业对生产环节进行全面控制,首先,需对采购过程、采购信息和采购产品的验收进行全面、严格的把控,应确保采购活动符合经济管理的要

---

① 郭文斐.经济管理现代化和经济管理发展新趋势[J].中外企业家,2018(12):90-91.

求，对采购方式、采购程序及供方的履约能力要进行评价。制定相应的评价准则，保持评价记录；在采购前要对供方的有关经济信息进行收集，包括供方的信用状况、经济实力、经济管理状况、计量方式、运输手段等；企业应确保采购产品的数量、质量符合合同的约定。其次，企业应对生产过程中的成本运用进行全面的控制，并以此控制企业产品的质量，主要内容包括以下三个方面：第一，对生产和服务提供过程的经济核算，确定其方法、程序、人员、设备及审核活动符合项目（产品）经济策划的要求；第二，对特殊过程的确认，企业在生产和服务过程中，应对那些以前没有经验可循的新产品、方法、工艺流程、设备的经济管理活动进行专题策划，并进行确认和再确认；第三，产品物资防护，企业应对生产的半成品和成品、采购的材料物资提供使之在储存、搬运、使用过程中始终处于良好状态，符合企业经济管理的要求，避免产品因丢失、霉变、挥发带来的损失。对项目活动进行全面的控制，也需要对项目的策划进行检查，以保证项目策划的内容与客户要求相一致，在项目实施的过程中，企业领导或项目总监应适时对项目的进度进行检查，在项目交与客户前对项目完成的情况进行检查也是十分必要的，这要求企业管理者和项目总监能够调动项目组全体员工的积极性，对所实施的项目进行最后的总结和改善。

（四）对企业组织建设进行优化

企业的生存与发展离不开企业组织建设。优化企业内部组织机构，积极创新、科学改革，使企业组织能够顺应时代发展，适应市场变化。建立更加完善的管理体系，能够使组织层次更加清晰、运转更加协调。只有这样，才能够使企业经济管理体系的优势得以有效发挥。

1. 现代企业制度中各个职能部门之间的职责要明确

完善企业结构，对经营决策、企业经济管理、民主监督等要不断强化。管理体系要逐渐向集约式管理体系迈进，进一步加强企业系统高效有序，并对企业内部结构进行优化。与此同时，要建立和完善企业内部的制衡机制，各负其责、互相协调。

2. 更新管理理念、解放思想

在企业经济管理机制上要大胆创新，完善激励机制，自主创新，拓展企业发展空间，破除企业发展局限性。在科学技术方面要不断加大投入，合理利用互联网信息技术，搭建信息平台。通过先进技术的运用对企业资源进行优化配置，提升资源利用率；加强资源共享，提升各部门间互助协作能力，提升企业运作效率。通过管理理念的更新与解放，优化人力物力配置，提升企业信息化建设程度，为企业经济管理体系发展注入强大动力，使企业管理呈现现代化、专业化管理水平。

3. 企业发展模式的创新与完善

企业粗放型发展模式在当前新形势下已经不能满足发展需求，企业在当前要想更快更加稳定地发展，就需要向扁平化、精细化管理迈进。企业结构的合理建设以及宏观布局能够促进企业不断提升。

目前，扁平化管理成为当前发展阶段较为有效的管理模式，再加上精干高效的生产队伍，使企业能够形成科学高效、程序化、统一化的管理机制。企业发展的创新模式，也使企业信息沟通效率、沟通质量有了很大的提升，从而助力企业高效发展。

三、全面构建现代企业经济管理体系的原则

（一）从实际出发的原则

从实际出发的原则，是指在建构经济管理体系的过程中，对经济管理体系的运行和实践进行测评和监督，用以保证建构的经济管理体系对实际设定的企业经济目标能够起到支撑和指导的作用。另外，从实际出发的原则还代表着在经济管理体系的运行过程中，一旦监督者和管理者发现企业经济运行过程中有与经济管理体系建构不相符的情况，则一定要从实际情况入手进行经济管理体系建构的调整，并进行相应的预案建立，以保证经济管理体系建构能够与企业经济发展事实相一致。从实际出发构建企业经济管理体系的原则，实际上就是为了保证企业经济管理体系与企业经济活动之间的互动，进而体现体制建设与工作实际的互相作用。①

（二）依法实施的原则

我国现行的经济体制为市场经济。自由竞争是市场经济的最主要特征，但这并不意味着，在市场经济体制中运行的企业可以在经济管理体系建构

---

① 雷晓宇. 浅谈我国企业经济管理体系及创新策略[J]. 中小企业管理与科技（中旬刊），2019（3）：9-10.

的过程中实施一些无序"自由竞争"的计划和内容。也就是说，企业全面建构经济管理体系必须以国家相关法律和法规为根本的依据，如《中华人民共和国会计法》《中华人民共和国税法》《企业内部控制基本规范》等都为企业建构经济管理体系提供了相关的规定和依据，企业在进行自身经济活动计划的同时，也必须在这些法律的许可范围内进行。遵循依法建构经济管理体系的原则，是保证企业的经济管理行为符合国家法律法规、保证企业经济活动在可行的范围内执行的必要措施。

（三）与时俱进的原则

企业经济管理体系的建构应遵循与时俱进的原则，这就说明，企业在进行经济管理体系建构时，应注意所建构的是一个在一定条件下可变更的系统，是随着企业的发展而不断变化的系统，而不是一个一劳永逸的经济管理系统。企业所建构的经济管理体系应该符合企业不断发展的需要，也应该符合市场经济大环境的变化。这就要求管理者对行业发展和市场变化要有足够的敏感性，也需要企业员工的多方面支持。实际上，在企业经济管理体系建构过程中，坚持与时俱进的原则，就是坚持企业管理理念的先进性，这也是企业发展的根本动力。

综上所述，在我国的市场经济体制下，无论是国有大中型企业，还是私营的中小型企业，都存在或多或少的经济管理问题，这些经济管理问题产生的原因基本都与经济管理体系的不完善有关。全面的经济管理体系包含计划、执行、审评三个方面，这三个方面任何一个环节的缺失都可能造成管理不当。因此，要全面建构经济管理体系，就需要企业的管理者对企业发展有全面的、宏观的、合理的认识和计划，同时也离不开企业员工的积极参与。建构全面的经济管理体系还应该遵循从实际出发、依照法律、与时俱进这三个基本原则，相信通过对经济管理体系的全面建构，我国企业经济管理改革和经济管理效能一定能够得到全面发展。

第二节 经济管理的信息化

互联网给人们的生活和学习带来了极大的便利。与此同时，以互联网为依托的社会经济形态也发生了深刻的变化,这给企业的经济管理工作带来了新的挑战。企业应积极改革经济管理模式,并整合现有的资源,强化企业经济管理成效,从而有效促进企业的可持续发展。[①]

一、经济管理中信息技术的优势

传统经济管理中的统计分析工作的完成主要依赖于手工方式,各类报表和核算需要到月末才能汇总出来,因此,月中各类费用出入中存在的问题并不容易被及时发觉。

在经济管理中应用信息技术的优势体现在以下几个方面。

(一)减少误差,提高准确性

通常情况下,信息准备和发出需要经过一段时间,而通过运用信息技术可以实现信息随时输入。

将信息处理到同一系统中,能够有效避免出现人工统计计算误差的情况。

除此之外,采用信息技术还可以实现对信息数据的随时核对,及时更正错误的信息数据。

由此可见,在经济管理中采用信息技术能够减少误差,提高信息数据的准确性。

(二)有利于科学决策

在传统经济管理模式下,企事业单位工作人员往往将经济管理的核心放在利润和成本的统计计算方面,而忽视了对材料和人工等项目的评估,进而增加了经济管理决策的风险性。

通过在经济管理中运用信息技术,可以将经济管理涉及的所有因素和条件统一到一个平台上,为经济管理决策提供更加全面、详细的数据信息依据,从而使经济管理的整体决策更加科学合理。

(三)提高经济管理效率

通常,经济管理工作的完成需要各部门间的相互配合,借助信息技术,

---

① 任强. 区域经济管理的现代化建设探讨 [J]. 全国流通经济,2019(28):100-101.

各部门间的信息交流可以在网络平台上进行，这极大地简化了信息交流的渠道，缩短了信息交流的时间，加快了业务处理的速度，最终使经济管理效率得到有效的提高。此外，经济管理部门还可以借助外网与客户进行沟通交流，以此提高工作效率。

（四）提高服务质量

传统经济管理模式让暗箱操作很难避免，尤其是服务性行业中经常出现内部人员滥用私权谋取私利的现象。然而，信息管理系统严格界定了每个用户的权限，使每位员工登录系统进入数据库都需要账号和密码，并且不同用户的密码也不同，这样使数据的安全性得到了有效的保障，大大减少了徇私舞弊的现象。[①]

二、经济管理信息化的重要性

（一）减少收费管理环节漏洞

近年来，随着我国经济水平的不断提高和科学技术的不断创新发展，云时代背景下的信息技术逐渐被广泛地应用到各个领域的经营管理工作中，医院经济管理的信息化建设也相继取得了不错的成绩。云时代背景下医院经济管理信息化的建设，可以有效减少医院收费管理中的漏洞问题。云计算技术在医院经济管理中的应用，可以借助大数据技术将不同部门之间的经济活动项目与管理工作进行紧密相连，在促进医院经济管理信息共享的基础上，提升信息数据传输的准确度。[②]此外，与其他行业相比，医院的经济管理具有一定程度的特殊性，收费环节作为医院经济管理中的关键环节，会直接影响到医院整体经济管理的水平与效率。在收费环节中灵活地引入先进的信息技术，可以进一步提高医院收费的自动化水平，从而有效避免人工操作管理过程中可能出现的问题。

（二）有利于成本核算

从医院经济管理的实际情况来看，随着医疗行业的不断发展，大量私

---

① 王妮娜，郑明伟. 互联网下经济管理信息化途径探究 [J]. 纳税，2019，13 (17): 181+183.

② 王妮娜，郑明伟. 互联网下经济管理信息化途径探究 [J]. 纳税，2019，13 (17): 181+183.

立医院逐渐涌现出来，使得医疗市场的竞争日益加剧，想要进一步提升医院的经济收益，势必需要对现有的经济管理模式和管理体制进行优化和完善。在经济管理过程中，提高对医院经济管理信息化建设重要性的认识，对经济活动实施信息化管理手段，可以有效避免人工进行成本核算的繁杂。利用信息化技术手段来代替人工进行成本核算，除了可以更为真实具体地反映医院每个科室的医疗成本之外，还可以有效降低人力资源的投入，缩减人力、物力等方面的资金成本，进而达到节省开支和提高工作效率的目的，在制定有针对性的成本控制方案方面发挥着积极的作用。

三、经济管理信息化的建设条件

（一）提高对经济管理信息化建设的重视

提高对经济管理信息化建设的重视程度，是云时代背景下经济管理信息化建设的基础性条件之一。医院在其自身的发展道路上，想要充分发挥出经济管理信息化建设的实际作用，保证相关建设工作的顺利进行，就需要转变现有的经济管理理念，通过提升对经济管理信息化建设的力度，配合先进的软件技术与硬件设备，从而有效保证医院经济管理信息化建设的工作效率。比如，在医院内部的经营管理活动中，可以通过营造良好工作氛围的方式，鼓励全体员工投入经济管理信息化建设工作，切实提升对经济管理信息化建设的认识，以此来为医院经济管理信息化建设工作的开展和有序进行创造便利的条件。除此之外，在进行经济管理的信息化建设工程中，先进的管理思想与理念可以发挥一定的指引与先导作用，因此创新经济管理理念对于加快医院经济管理的信心化建设具有重要意义，有利于让经济管理信息化建设从各个层面进行充分展现。

（二）完善各个部门的信息化模块

云时代背景下医院经济管理的信息化建设，需要从完善各个科室与部门之间的信息化模块这一方面着手，这也是优化经济管理信息化建设的必要条件之一。在目前的云时代背景下，为了实现医疗事业的持续发展，医院内部各个科室在经济管理活动中纷纷采取了相应的改革措施，逐步优化经济管理成为医院经济管理信息化建设的第二个条件。在具体的建设过程中，可以从以下几个角度进行。

第一，结合医院经济管理与发展的实际特征，建立健全医院经济管理中的信息化管理模块，在不断优化各个科室信息化模块的基础上，促进不同模块之间的串联与融合。

第二，建立统一标准的信息化管理平台，保证医院经济管理信息资源的共享，对于促进经济管理效率的提升具有重要作用。

第三，加强不同部门、不同科室以及医院之间的信息交流，推动医疗事业信息化建设的协同发展。比如，加强不同医院之间的信息交流，可以在病人需要转院的情况下，利用信息交流平台将病人的基础信息进行快速分享，从而为病人赢取更多的治疗时间。

（三）加大对专业人才的培养力度

人才作为支撑信息技术发展的根本，在医院经济管理信息化建设中起到不可忽视的重要作用。医院经济管理的信息化建设，主要是在传统的经济管理基础上，将先进的互联网技术与经济管理技术进行相互融合，从而逐步形成适合医院发展的经济管理模式。在具体的经济管理信息化建设工作中，需要加大对专业人才的培养力度，在信息化管理理念逐渐普及的背景下，加大对财务信息管理的建设，给予专业人才培养工作高度重视，不仅可以有效提升专业管理人员的综合素质与专业水平，还可以进一步提高工作人员对经济管理信息化建设与应用的了解，从而促进医院内部经济管理人员整体水平的提升。

综上所述，云时代背景下经济管理的信息化建设，对保证医院经济管理质量和提升管理效率起到至关重要的作用。为了充分发挥出医院经济管理信息化的实际效果，可以从提高对经济管理信息化建设的重视、完善各个部门的信息化模块以及加大对专业人才的培养力度几个方面进行综合考虑。只有真正认识到经济管理信息化的重要性，才能更好地促进相关企业的持续稳定发展。

四、经济管理信息化途径

（一）构建信息化的经济管理框架

互联网既改变了人类的生产活动，也给国民经济发展带来了非常重要的影响。对此，企业应当正视这种变革，深入了解互联网对企业经济发展的影响，并结合经济管理内涵，搭建信息化的经济管理框架，从而提升企业的经济管理水平。

首先，以信息系统建设为基础，重构经济管理体系。从实际情况来看，传统经济管理框架不仅存在着重心缺失的问题，而且存在着与企业运营管理脱节的问题。所以，在互联网背景下，企业应重构经济管理体系，实现其内部管理、外部运营的有效结合。对此，可从以下几个方面入手。

第一，管理者应充分发挥自身的职能，制定科学的经济管理方针、经济目标，并负责经济管理变更、政策实施。

第二，在重构经济管理体系时，应依据国家的经济方针、目标及企业编制的经济管理手册。

第三，利用互联网，创新经济管理方式。只有这样，才能构建出齐全的经济管理体系。

第四，应实现业务模式与管理模式的融合，从而通过业务反馈来优化管理框架。比如在人力资源管理方面，企业可落实岗位职责，做好业务分配与管理，进而通过最终的人力资源管理数据，了解企业的人力资源管理工作是否到位。

其次，应结合互联网时代特征，架构管理框架。比如在原有的管理框架上，将物流、资金流、风险等纳入其中，重构更加完整的经济管理框架。另外，还应实现微观管理、宏观管理的有效融合，从而提升经济管理框架的系统性、科学性。其中微观管理是指成本、风险等管理要素。宏观管理则是指发展战略、经济规划等管理要素。

(二) 经济管理手段信息化

在互联网背景下，企业发展的内外环境都发生了变化。所以，企业应当积极创新经济管理手段，以应对新形势。

从经济管理过程来说，经济管理手段包括信息收集、组织实施、信息反馈等。对此，企业可将信息技术与这些手段相结合，实现经济管理手段的信息化。

首先，应搭建信息化的管理平台，为实现企业经济管理的信息化奠定基础。对此，企业可充分借鉴其他优秀企业的先进经验，然后结合自身的实际状况，积极引进有效的信息管理技术，从而搭建出符合自身实际，且科学、合理、全面的信息化管理平台。同时，为了保障信息化管理平台的应用效果，企业还应完善相关管理制度，并构建出科学的管理标准，从而真正实现企业经济管理的信息化。

其次，企业还应积极应用信息技术，构建完整的经济管理数据库。同时，还应结合经济管理手段，加强各部门之间的协调，从而实现经济管理信息技术与管理数据的融合，保证经济管理数据的及时更新。这样，就能够为企业调整经济管理目标、策略提供可靠的信息参考。对此，企业可充分利用网络通信技术、数据库技术、信息传输技术等先进技术，发挥各部门的经济管理价值。

最后，积极应用新技术、新方法。随着互联网的发展，信息技术也在不断创新、发展。所以，在经济管理中，企业还应积极尝试新方法，采用新的经济管理手段。以大数据技术为例，企业可利用大数据技术分析生产、运营等数据，从而有效解决传统经济管理的不足，降低企业的决策风险。同时，企业还可利用大数据技术加强数据信息的控制，促进经济管理方案的不断优化。最重要的是利用大数据技术，可构建不同类别的经济管理数据，从而方便企业合理把握各种经济要素。

（三）充分发挥经济管理中信息技术的优势

1. 更新管理者的观念

随着信息技术和互联网技术的发展，信息技术的优势体现得越来越明显，企事业单位的管理人员要充分认识到信息技术的优势，使信息技术在经济管理中发挥重要的作用，增强经济管理水平。

同时，企事业单位的管理人员还要把握住信息发展的趋势，将信息技术与传统管理有机地结合在一起，创新经济管理模式，实现经济管理水平的提高。

2. 构建完善的信息技术系统

完善的信息技术系统要具备以下四个方面的要求。

（1）统一信息准备与提供，保证经济管理活动中信息准备与提供的一致性，这样才能够提高数据分析的有效性，确保数据信息的准确性和真实性，进而更好地服务于经济管理活动。

（2）注重数据分析，当前企业所面临的市场竞争压力比较大，通过利用信息技术对数据进行有效的分析，全面、精确的数据可以为企事业单位管理者的决策提供参考依据，对企业适应经济市场要求、长远稳定的发展具有非常重要的意义。

（3）及时对经济管理决策阶段的数据进行分析，这样，可以随时掌握决策中存在的问题，为企业的发展保驾护航。

（4）合理估算成本和利润。效益是企业决策参考的首要条件，通过对成本和利润进行估算可以有效降低决策的风险，提高企业的经济效益。

3. 提高信息技术人员的素质

首先，信息技术人员要不断加强自身学习，提高自身信息技术专业知识水平和综合素质，同时还要学习经济学和管理学方面的知识，从而更好地服务于企业的经济管理活动。

其次，企事业单位要增加对信息技术人员培训方面的资金投入，定期举办一些培训活动，比如可以聘请一些专业的、高素质的、经验丰富的信息技术人员开展讲座，从而提高信息技术人员的综合能力，为经济管理的发展提供人力保障。

总而言之，经济管理中应用信息技术有助于减少误差、提高准确性，提高决策的科学合理性，提高经济管理效率以及提高服务质量。

在经济管理中运用信息技术已成为企业发展的必然趋势，因此，企业要不断更新管理者的观念、构建完善的信息技术系统、提高信息技术人员的素质，充分发挥信息技术在经济管理中的优势，促进企业的健康稳定发展。

（四）完善组织，加强人才培养

在互联网背景下，企业若要真正实现经济管理信息化，就应加大信息化人才的培养，并完善相关组织机构，从而保证经济管理工作的有效落实。

首先，企业应健全组织机构，为企业经济管理提供基本的组织保障。企业应指定经济管理层人员及各基层管理人员，并明确个人责任制，使每个参与经济管理的人员都能够充分发挥自身的优势。

其次，加大信息化人才的培养力度。现如今，企业之间的竞争已转变为人才之间的竞争。所以，在落实经济管理工作时，企业应当加大专业人才的培养，从而培养出一批高素质的专业人才，并建设一支专业技术过硬的管理团队。比如，企业可开展专业技术培训活动，提升在职人员的信息化水平。同时，企业还可积极引进高素质的专业人才，充实企业经济管理团队。

最后，企业还应当注意定期进行人才培训。毕竟，在互联网背景下，信息技术也在不断发展，只有这样，才能真正提升经济管理人才的信息化水平。

（五）完善经济管理制度

无规矩不成方圆。企业只有制定完善的经济管理制度，才能约束管理人员行为，保障企业的经济活动能够围绕着该管理制度展开。但是需要注意的是企业应结合自身的实际情况，制定有效的、完善的经济管理制度。

首先，在经济管理制度中，企业应完善其财务预算制度、支出制度，并明确以下规定：第一，企业若要进行发展项目的投资，则应邀请专业的人士，进行项目调研，确定项目的可靠性、发展前景及效益，从而有效避免资金浪费，保证企业资金的合理分配；第二，要求财务人员能够针对各项经济活动支出，制定详细的支出表格，从而尽量使财务支出制度更加完善；第三，对于企业各种事务的报销、管理，财务人员应简化报销、管理流程，实现财务资源的优化管理，进一步提升财务支出、预算的合理性。

其次，在经济管理制度中，应明确后勤、管理、人力等费用管理标准，合理控制企业资金流。比如在后勤设备的采购中，企业应选择性价比较高的设备，从而保证后期设备采购经济活动的合理性。

再次，在经济制度中，企业还应当具体明确经济管理信息化的实施标准、方法。比如要求财务部门积极应用ERP管理系统，并要求各部门人员积极配合财务人员，做好经济活动的管理。另外，还应规定财务支出、预算的信息化，将相关支出、预算工作归入信息化管理系统，从而全面实现企业经济管理工作的信息化。

最后，在管理制度中，还应明确构建信息化的安全机制。毕竟，经济管理的信息化也会受到互联网安全威胁的影响，影响到企业经济管理信息的安全性、可靠性。所以，企业应及早在经济管理制度中，明晰安全管理手段，并在实际管理中加大资金、技术投入，切实落实安全管理措施。总之，通过制定有效的经济管理制度，才能保障经济管理信息化的有效落实，但企业一定要注意结合实际情况，制定全面、详细、科学的经济管理制度。

综上所述，实现经济管理的信息化不仅能提升企业的经济管理水平，而且能提升企业的核心竞争力。在互联网背景下，行业环境发生了极大的变化，企业若想提高自身的竞争力，就应积极应用信息技术加强经济管理。所以，企业应构建信息化的经济管理框架，并加强专业人才的培养，完善经济管理制度，从而为经济管理信息化的实施奠定坚实的基础。同时，企业还应积极采用信息化的经济管理手段，真正实现企业经济管理的信息化。

第八章 绿色经济管理及其体系

第一节 绿色经济管理的内涵

一、绿色经济管理的基本概念

以伦敦环境经济学研究中心主任、伦敦大学学院（University College London）教授大卫·皮尔斯为首的一个经济学专家小组，在1989年出版的《绿色经济的蓝图》中提出了绿色经济的概念。[①]2001年，刘思华教授于《绿色经济论——经济发展理论变革与中国经济再造》一书中系统地阐述了与绿色经济相关的重大理论问题与实践问题。他指出绿色经济是可持续经济的实现形态和形象概括，其本质是以生态经济协调发展为核心的可持续发展经济。[②]2008年之前，绿色经济一直没有引起全世界范围政府与企业的普遍关注。

2008年10月，联合国环境规划署发起了"绿色经济倡议"，该倡议旨在推动各国和世界经济转向新的发展道路，从自然、人力和经济资本投资中获得更好的回报；同时减少温室气体排放，减少对自然资源的提取和使用，减少废物的产生，并缩小社会差距。2009年，该倡议的范围得到了扩大，开始向有意发展绿色经济、形成诸如《绿色经济报告》这样的研究结果、吸引合作伙伴有效推动并实施绿色经济战略的国家提供咨询服务。

[①] 大卫·皮尔斯，阿尼尔·马肯亚，爱德华·巴比尔. 绿色经济的蓝图 [M]. 北京：北京师范大学出版社，1996：32.

[②] 刘思华. 绿色经济论——经济发展理论变革与中国经济再造 [M]. 北京：中国财政经济出版社，2001：41.

在全球一级，联合国环境规划署发表了《全球绿色新政报告》，之后还发表了《政策简报》，号召各国政府把握实施一揽子财政刺激计划所带来的机遇，并通过向"绿色"部门投资，为过渡到绿色经济做好铺垫。

世界各国领导人听取了这一建议，在联合国世界金融和经济危机及其对发展的影响会议上重申，将致力于促进"绿色且具有包容性和可持续性的恢复"，并支持发展中国家实现可持续发展的努力。同时，二十国集团在2009年的伦敦首脑会议上承诺将"加快向绿色经济过渡的步伐"。在区域一级，在2009年5月举行的东亚气候首脑会议上，一些东亚国家通过了"促进东亚低碳绿色增长"的《首尔倡议》。同时，来自非洲、亚太区域、欧洲和亚洲的十几个国家的政府请求从联合国获得支持，以便在其国内发起绿色经济举措。

联合国环境规划署的研究人员认为绿色经济是人类走出20世纪30年代的大萧条之后，公共政策和私营投资又一次的革命性变革。在2010年11月的二十国集团首脑会议闭幕宣言中，各国领导人一致支持绿色增长，确认了对实施"强劲、可持续和平衡增长框架"的承诺。绿色经济在联合国的倡导下，已经成为世界主要国家推崇的经济发展模式。

《联合国环境规划署2010年度报告》概括了绿色经济的组成部分，包括：利用有机农业提高生产力和利润；将补贴用于缓解贫穷和增进发展；利用洁净能源促进发展；管理森林，创造就业；改善渔业管理，提高收入稳定性。

联合国环境规划署对"绿色经济"的定义是：可促成提高人类福祉和社会公平，同时显著降低环境风险与生态稀缺的经济。直白地说，绿色经济可被视为一种低碳、资源高效型和社会包容型经济。在绿色经济中，收入和就业的增长来源于那些能降低碳排放及污染，增强能源和资源效率，并防止生物多样性和生态系统服务丧失的公共及私人投资。需要通过有针对性的公共支出、政策改革和法规变革来促进和支持这些投资；发展路径应能保持、增强并在必要时重建作为重要经济资产及公共利益来源的自然资本。这对于生计和安全都依赖自然的贫困人群而言尤为重要。①

---

① 杨朝飞，里杰兰德.中国绿色经济发展机制和政策创新研究[M].北京：中国环境科学出版社，2012：94.

二、绿色经济管理的本质

对于绿色经济管理的理解，从不同角度出发有不同的看法。从环境学的意义来讲，绿色经济管理是指企业的生产经营活动应无害于环境，即无污染或最小污染的生产经营活动。从资源学的意义来讲，绿色经济管理是指企业的生产经营活动应做到自然资源的适度利用和综合利用。从生态学的意义来讲，绿色经济管理是指企业的生产经营活动应符合生态系统的物质、能量流通规律，不能因企业的生产经营活动而破坏生态系统的平衡。从经济学的意义讲，是指企业的生产经营活动应实现一定的效益，绿色经济管理要实现经济效益与生态效益和社会效益的有机统一。从管理学的角度讲，绿色经济管理是指企业在生产经营活动中，应对人、财、物等资源进行合理的安排和组织，促进各职能部门协调统一，以实现企业的协调发展。

笔者认为企业的绿色经济管理是联系自然界与人类社会的一座桥梁，绿色经济管理具有自然属性和社会属性。自然属性是指绿色经济管理与社会化大生产及生产力相联系，即企业的绿色经济管理要运用先进的技术、工艺设备，实现生产效率的提高，生产满足人们需求的物质产品。绿色经济管理与先进的生产力相联系，形成了绿色生产力。社会属性是指绿色经济管理与生产关系、社会制度相联系，即在企业内部形成人与人的关系，在外部，企业作为社会集体的一分子，与社会有着各种各样的联系，社会制度、法律法规对企业行为进行约束和规范，以实现企业与社会的协调发展。

第二节　企业绿色经济管理体系探究

一、绿色管理体系与传统管理体系的区别

传统管理体系不再适应当今世界发展的总体趋势，因此，绿色管理体系应运而生。绿色管理体系与传统管理体系的区别如下。

(一)绿色管理体系与传统管理体系在经营管理理念上存在不同

相对于以产品生产为企业主要目的的传统管理体系,绿色管理体系存在很大的不同。

绿色管理理念主要以人类社会和生态环境的可持续发展为根本目的。绿色管理理念指出企业在其生产的各种活动中都要遵循可持续发展的原则,重视保护生态自然环境,实现企业经济利益、社会效益以及生态系统利益的全面协同发展。绿色管理理念更加重视整个社会的利益,主张企业要坚持把社会利益放在其发展的核心位置,重点考虑整个社会的长久利益,企业不仅要思考满足社会成员的需要,而且要使其发展能够满足社会成员以及整个社会利益最大化的需要,转变"以人为中心"为"以社会为中心"。除此之外,企业也要研发对社会和人民群众的身心健康有帮助的项目,将那些污染高、资源消耗高的项目更改或关闭,以更好地促进社会的健康发展,为后代创造一个美好的生活环境。同时,绿色管理理念也重视企业坚守社会道德、承担社会责任,倡导企业在发展的过程中坚持把人民群众的利益、企业经济利益、社会效益以及生态环境利益有机结合起来,最大限度地承担企业在社会中的责任。[①]

(二)绿色管理体系与传统管理体系在管理目标上存在不同

传统管理体系不论采用什么样的手段和方法,企业的终极目标都是获取利益的最大化,传统管理体系过于注重企业的经济利益而使其对社会、环境长久利益的考虑欠缺。传统管理体系主要通过不断调节企业、企业竞争者与消费者之间的关系使企业获得利益,但是并不重视资源的真正价值,将生态环境置之度外,经常会以生态环境的破坏为代价促进企业经济效益的提高。绿色管理体系的目的就是促进企业经济发展与生态、社会发展相融合,实现总体的可持续发展。企业实施绿色管理就是在生产的所有过程中注重其对生态环境的影响,真正做到资源的节约利用、资源的高效利用、产品的安全无害,最终促进社会整体利益的提高。

---

① 李时慧,王东亮. 试论新形势下国有企业经济管理体系的重构与创新 [J]. 生产力研究,2016(12):146-149.

（三）绿色管理体系与传统管理体系在看待绿色问题的立场上存在不同

传统管理体系在企业的生产过程中并没有将生态资源与环境因素考虑在内，而绿色管理体系却十分重视生态资源与环境因素。注重市场的绿色需求展开充分的调研，在产品生产、使用以及产品废弃后回收处理的过程中尽力减少对环境的影响，研发符合环境需求的绿色产品。

（四）绿色管理体系与传统管理体系在与政府、社会的关系方面存在不同

在过去，采用传统管理体系的企业在经营管理的过程中会受到人口数量、经济能力、自然资源、技术水平、文化传统等方面的影响，而绿色管理体系的实施使得企业除了受到这些方面的影响之外，还受到国家规定的有关环境的相关法律法规、环境资源保护政策等方面的制约。

二、绿色管理体系构建的必要趋势

（一）构建绿色管理体系能够实现企业经济的健康持续发展

建立绿色管理体系，从管理上促使企业实行绿色行动，让公司最大限度地合理使用自然资源，降低公司活动对生态环境的影响，从而改善人们生活的环境，提高人们的生活质量。实行绿色管理体系，能够对企业的活动、产品以及提供的服务进行监督和指导，从资源的选取、产品设计、产品加工制作、产品交易与运输到最后产品废弃后回收处理的整个生产过程中，从原来粗放的经济增长模式转变成集约的经济增长模式，使企业经济效益不断提高。

（二）构建绿色管理体系能够提高企业绿色意识和管理水平

企业建立绿色管理体系能让整个公司的成员认识到生态环境保护的重要性，提高成员的社会使命感。绿色管理是一个新型而且有效的管理方法，它使公司管理变得更加系统、有层次。

（三）构建绿色管理体系使企业节约能源

减少资源消耗、降低环境污染以及增加企业效益。绿色管理体系的构

建，使企业在生产过程中采取洁净生产的工艺，有效地促进洁净生产技术的使用以及环境污染的防治。企业在生产过程中确立目标、标准、实施计划以及经营控制，能够充分运用原始资源和回收处理废弃产品，从而减少环境治理成本，提高企业经济利润。

（四）构建绿色管理体系的作用

构建绿色管理体系能够提高公司的知名度与市场竞争实力，从而扩大其规模。随着我国经济的不断发展以及人们生活质量的提升，人们已经不再满足于产品的质量，而是开始密切关注企业的绿色行动。人们是否购买某个企业的产品，主要取决于该企业日常的行为是否满足人们对绿色的要求。与企业有利益联系的很多行业对公司的绿色行为也寄予厚望，它们在与公司进行业务上的往来时，会对公司的绿色行为以及客户信息进行一个全面系统的调查评估，从而决定合作与否。企业建立绿色管理体系能够满足人们以及合作伙伴对公司绿色行为的期盼与愿望。企业通过建立绿色管理体系管理环境是其存在社会责任感的主要表现，也会让人们和其合作伙伴对其产生信心，提高公司在市场上的知名度，扩大该公司在市场上占有的份额，为企业扩大规模奠定基础。①

（五）构建绿色管理体系能够让企业员工树立绿色观念

企业建立绿色管理体系时需要对公司员工进行绿色管理培训，让员工树立绿色观念，对环境保护、环境污染的防治、环境保护相关法律法规有一个大体的认知，自觉制约自己在公司生产过程中的行为，减少对生态环境的破坏。只有这样才能促使社会的所有成员参与到环境问题的解决中去。

（六）构建绿色管理体系能够让其在环境管理上拥有主动权

我国的环境保护事业一直以来都是政府在主导，构建绿色管理体系后，公司的环境保护观念不断得到加强，企业对环境保护不再像以前需要政府的强制和监督，而是能够主动地管理生态环境，这样不仅使企业的绿色行为得到了强化，而且也提高了该公司在市场上的整体形象。

---

① 邱尔卫.企业绿色管理体系研究[D].哈尔滨：哈尔滨工程大学，2006：12.

(七) 构建绿色管理体系会扩大企业在绿色市场上的份额

随着人们对绿色需求的持续增加，企业必须根据市场需求改变经营管理模式，建立绿色管理体系，采取绿色管理的手段，以获取更多的绿色市场份额，使企业获得更大的发展空间。

三、绿色管理体系的目标

绿色管理的主要目标就是协调自然、社会、公司与人口之间的矛盾，促进四者健康可持续发展，最终实现企业经济利益、生态环境利益、社会利益的共同发展。因此，绿色管理体系的执行要达到两个平衡：人与自然之间的平衡、生产与需求之间的平衡。

从公司的生产经营角度而言，构建绿色管理主要是实现三个目标：一是自然资源得到最大化的、有效的使用。目前我国已经采取集约型的经济增长方式，这就要求企业在资源选取和使用时，充分发挥资源的优势，使资源的产出最好、最多。二是减少向自然排放污染物的数量。绿色管理通过在企业生产之前预防生态环境污染与生产全过程对生态环境污染的操控，使公司在生产中减少污染物的排放，从而保护生态环境。三是生产的绿色产品应适应市场的要求。企业要时刻关注市场需求的动向，开发出对生态环境无污染、对人们身体健康无危害的高品质产品。这三个目的之间相互影响、相互约束，公司对资源的有效利用率越高，自然的负担就越轻，公司生产绿色产品就会促进其资源利用率和生态环境保护意识的提高。这三个目标的实现也会协调公司、社会与生态环境的发展目标共同进步，使公司、社会、环境都能得到健康的发展。

四、绿色管理体系的原则

西方一些学者认为绿色管理体系主要有五个原则。①研究。公司在做决策时首先要考虑对生态环境的保护并制定关于环境的相关政策。②减排。公司要注重研发新科技来降低生产过程中污染物的排放。③循环。公司通过一定的技术对回收的产品进行处理，重复使用。④重新开发。公司将原有的普通产品通过绿色技术转变为绿色产品，实现产品的再次开发。⑤保持。公司通过积极参加政府组织的环境保护活动，提高和保持自己绿色管理的知名度。笔者在参考国内外研究的前提下，将构建绿色管理体系的原则归纳为以下几点。

（一）利益长远原则

日前，在世界范围内都掀起了绿色革命，如"绿色商品""绿色奥运""绿色科技"等带有"绿色"的名词如泉水般不断涌现。绿色是当今世界发展的必然趋势，不可阻挡。企业绿色管理是顺应世界需求而产生的，绿色革命为我国企业的发展带来了新的商机，这就需要我国企业接纳绿色管理，将生态环境带给企业的压力变为企业发展的动力，增强企业所特有的绿色竞争实力，而绿色管理给企业带来的也将是长期可持续的发展以及长远的经济利益。

（二）绿色方针与手段相结合原则

企业实施绿色管理，表明企业在发展的方针政策上有很大的改变。企业开始绿色管理是外在环境的必然结果，是企业方针适应外在环境的表现。因此，绿色管理体系的构建是企业的一种必然选择，但是这种方针的选取需要深入了解企业的实际情况，只有与科学合理的手段相结合，才能让企业绿色管理体系的构建不是空中楼阁。

（三）自我束缚、重视实质原则

历史上的生态环境管理大多依靠政府等外在因素的干预，绿色管理则重视企业内部自主进行生态环境管理，对生态环境保护做出一定的承诺来束缚自己的绿色行为。除此之外，绿色管理更注重实质内容而不是表面形式，它要求企业内部的所有活动都是真的"绿色"，而不是金玉其外败絮其中。事实上，绿色管理与伪绿色管理是不一样的，绿色管理并不是表面功夫，而是真的在做对环境保护有益的事。企业的形象不是突然形成的，而是经过一朝一夕的努力逐渐形成的，企业如果不真的实施绿色管理，那么总有一天，其虚假会公之于众，企业的形象将无法挽回。

（四）全员参与、共同决策原则

企业绿色管理的相关政策需要社会各界人士的共同参与，尤其是环境保护部门的人员，这样可以使绿色管理政策更加科学合理，也能够得到社会各界的支持与鼓励。同样，企业绿色管理不是单一的某一人或某一方面的管理，而是全体成员、所有部门、所有流程的绿色管理。也就是说，首先，从一个公司的最高层到公司底层的每一个成员都需要参与绿色管理的实践；其次，绿色管理要渗透到企业生产或经营的每一个环节，对环境的影响要全面考虑产品的整个寿命周期；最后，企业绿色管理是企业内部上下各级、各个部门、多角度的绿色。

（五）预判与先行原则

绿色管理体系是一种经济利益比较长远的管理活动，所以，在管理政策的制定时要对未来有一个大致的预判。绿色经营管理的理念要能预判将来市场的发展趋势以及企业对环境造成的影响。企业要自觉主动地学习绿色管理的手段与方法而不是被迫地去学习其他企业，要做绿色管理的"领头羊"。企业也要不断创新绿色科学技术，制定的环境保护政策要先于政府的相关法律规定。在绿色管理上先行，可以让企业最早进入绿色市场，生产绿色产品，使企业在绿色管理的经营中获得主动权。

（六）循序渐进原则

绿色管理的进程就是企业逐渐绿化的过程，但是绿色并不是绝对的，今天的绿色企业明天也许就变成了伪绿色企业。科学是没有封顶的，绿色管理也一样，因此绿色管理要不断更新理念，循序渐进地发展，以适应发展的潮流。

（七）共促原则

政府要将生态环境的保护与社会的可持续发展等理念真正贯彻到社会管理的实际工作中去，一方面要培养人民群众树立绿色消费的观念，严格控制人民群众的不良消费习惯；另一方面要支持企业构建绿色管理模式，生产与销售绿色产品，严令禁止企业的伪绿色行为，对违反环境保护法律法规的企业要给予必要的惩罚。人民群众则要积极配合政府的工作，树立绿色意识，坚持绿色消费，在产品使用过后要积极对物品进行分类回收等环境保护活动。除此之外，要对政府和企业的相关工作进行监督，企业要努力构建绿色管理体系，研发绿色产品，创新绿色科技。企业通过销售绿色产品来满足人民群众的要求，引导人民群众进行绿色消费。

五、绿色管理体系的基本结构

绿色管理体系的基本结构可以从绿色管理的目的、驱动力、政府的促进因素以及主要内容这四个方面进行探讨。实施绿色管理的主要目的就是统筹经济、社会与环境三者之间的效益；绿色管理的驱动力来自绿色市场的需求、政府的要求以及企业内部利益；绿色管理的政府促进因素主要有政府的环境保护法律以及相关政策。绿色管理体系的主要内容有绿色管理模式、绿色经营与销售策略、绿色生产过程、绿色理财、绿色人力资源管理。

企业绿色管理从其对待绿色管理态度上有两个层次的理解。

一是企业在绿色管理过程中享有主动权，决定企业内部绿色管理的相关决策。

二是企业在绿色管理的过程中是被动者，受到政府环境保护等机构的管理。国家对绿色管理的宏观调控与企业内部绿色管理的微观运行是需要相互配合的。只有企业有效地进行绿色管理，才能在整体上实现国家对环境保护的总体目标；只有国家建立一个完善的绿色管理推进体制，才能不断推动企业的绿色管理进程并保障其工作。

第九章 金融理论探究

第一节 金融基础

一、货币

(一) 货币的定义及职能

人们的日常生活都离不开货币，一切经济活动都与货币有着密切的关系。老百姓习惯把它称为"钱"，钱是货币的俗称。马克思将货币定义为：货币是从商品中分离出来的，固定充当一般等价物的特殊商品。货币具有价值尺度、流通手段、贮藏手段、支付手段和世界货币五种职能。

在现代货币理论中，人们将货币分为狭义货币和广义货币。所谓狭义货币，是指可以直接被用于媒介商品交易的货币。这种意义的货币是现实的购买力或支付能力的代表，主要包括现金与支票。所谓广义货币，是对货币外延的扩大。在广义货币的定义中，除了包括狭义货币的内容外，还包括一些可以转变为狭义货币（变现）的金融资产和可以代替现金或支票作用的替代物。

虽然将货币含义理解为通货过于狭隘而不适用于经济研究，但另一种对货币含义的理解又失之于过宽。即把货币等同于财富，认为货币不仅包括现金和存款，还有债券、股票、珠宝、字画、房子等。如果将货币的这个特殊用法引入经济学，那么在经济分析中就无法界定货币独有的特性。

本书认为货币的含义既不狭义到仅指通货，也不广义到包括一切财富，而是借助于货币的职能对其加以阐释，以得到较为合理的解释，也就是任何能执行交换媒介、价值标准、延期支付标准或流动性特别强的财富贮藏职能的物品，都可被看作货币[①]。

(二) 货币的形式

货币作为一种人们能够共同接受的支付工具，在其漫长的发展过程中，货币形式的发展演进经历了实物货币（如贝壳、布帛等）、金属货币（如银币、金币）、信用货币（如美元、人民币等）阶段。在货币的形式中，本书主要介绍信用货币。

信用货币是以信用作为保证，通过信用程序发行和创造的货币。信用货币是以国家信用或银行信用为基础发行的，不仅包括银行券，也包括流通中的法定货币等形式。

银行券是一种典型的信用货币，主要功能是代替金属货币充当支付手段和流通手段。在银行业发展早期，银行券由商业银行分散发行，以后逐渐由各国中央银行统一发行。1929—1933年经济危机爆发后，世界各国政府纷纷停止银行券兑现，银行券逐渐演变为不兑现的纸币。

纸币是国家发行的法定货币。纸币本身没有价值，只是代表一定价值的符号。在当代社会经济生活中，各国的纸币已经通过银行信贷程序发行并流通，是一种信用货币。

人民币是我国的法定货币，也是一种信用货币。人民币由中国人民银行发行，发行的信用保证是国家商品物资，对外支付是以国家黄金、外汇储备作为国际支付的储备金。我国人民币货币发行是通过发行库和业务库共同组织进行的。发行库是中国人民银行为国家保管发行人民币而建立的基金库；业务库是各商业银行的基层行为了办理日常现金收付而设置的现金库存。发行库根据调拨命令和出库限额，将发行基金调入业务库，再通过业务库的现金支付，把现金投入市场，增加市场的货币流通量，这就是货币发行；现金从市场流回银行业务库，业务库的现金超过限额，缴回发行库，就是货币回笼。

[①] 钟阳. 货币国际化影响因素的实证研究 [D]. 长春：吉林大学，2013：18.

（三）货币制度

1. 货币制度的构成要素

货币制度是一个国家在历史上形成的并由国家以法律形式规定的货币流通的结构、体系与组织形式。它由确定货币金属和货币单位，确定本位币及辅币铸造及发行、流通程序，确立国家的准备金制度等要素构成。

（1）确定货币金属和货币单位。一个国家确定用何种材料制造货币，这是确定一个国家货币制度的基础，确定不同的材料制造本位币构成不同的货币制度。一个国家并不能任意选择哪一种金属作为货币材料，其选择要受到生产力发展水平的限制。在确定制造货币材料的同时，要由法律规定货币的单位名称和货币单位所包含的货币金属量。如中国在1934年颁布的《国币条例》中规定货币单位的名称为"圆"，并规定每圆银币含纯银为0.464 8两。

（2）确定本位币及辅币的铸造及发行、流通程序。本位币是按照国家法律规定的货币单位所铸造的货币，也称主币，它构成了一个国家的通货。如旧中国采用的银本位制，银圆就是本位币，银圆构成旧中国货币的基础。本位币具有"无限法偿"能力，即法律规定本位币具有流通的权力。无论支付金额多少，任何主体都不得拒绝接收本位币。在金属货币制度下，主币有法定的重量、成色和公差。辅币是本币单位以下的小额通币，为日常零星交易支付所用。辅币只能由国家铸造，只具有"有限法偿"能力，即在一次支付行为中，只能用一定金额的辅币支付，当辅币支付超过一定的金额时，权利人有权拒绝接收。在金属货币制度下，流通中的货币除了铸币形式的主币及辅币外，还出现了各种信用货币。在金属货币和信用货币混合流通的情况下，国家通过法律形式来规范各种通货之间的关系。

（3）确立国家的准备金制度。为了稳定货币，各国都建立了准备金制度。准备金一般集中在中央银行或国库；准备金具有作为国际支付、调节国内货币流通以及作为支付存款和兑换银行券的信用保证作用。

2. 货币制度的类型

资本主义国家的货币制度，从其存在和发展形势看，可以分为金属货币制度和不兑现的信用货币制度两大类型。金属货币制度是以金属材料作为货币本位币的一种货币制度。金属货币制度以币材为标准，历史上曾先后出现了银本位制、金银复本位制和金本位制三大类。银本位制是以白银为本位币的一种货币制度，银币具有无限法偿能力，银币可以自由铸造、自由兑换。金银复本位制是金币和银币同时作为本位币，同时具有无限法偿能力的金属货币制度。金本位制的特点是以黄金为本位币，金币可以自由铸造、自由兑换，同时具有无限法偿能力。

不兑现的信用货币制度是一种没有金属本位货币的货币制度，它是货币制度的较高发展形势。在不兑现的信用货币制度下，银行券和纸币成为无限法偿通货。随着国家对货币流通的调节作用日益加强，目前所有国家都实行了不兑现的信用货币制度。

二、信用

（一）信用和信用种类

信用是一种借贷行为，它是以偿还和付息为条件的价值的单方面转移。商品或货币的所有者暂时出让其对商品或货币的使用权给债务人，债务人以还本付息为条件得到商品或货币的使用权。信用具有偿还和付息两大特点。

信用作为一种借贷行为，要通过一定的形式表现出来。按照提供信用主体为标准，将信用划分为商业信用、银行信用、国家信用和消费信用等形式。

1. 商业信用

商业信用有商品赊销、预付货款、补偿贸易等方式。商业信用的提供有利于商品的销售，加速资金周转速度。商业信用不仅在规模上受到企业所拥有的资本量的限制，而且在授信方向上也存在一定的局限性。

2. 银行信用

银行信用是银行和其他金融机构以货币形式提供的信用，如银行的存款业务就属于银行信用。银行信用是一种间接信用，通过吸收社会闲散资金贷给资金短缺的单位，以期获得存贷利率差额收益。

银行信用是我国信用的基本形式，克服了商业信用的局限性，扩大了信用的范围、数量。由于银行机构普遍，能迅速集中巨额资金，因此，具有提供信用规模大、期限长，能够满足各方面需要的特点。

3. 国家信用

国家信用是以国家为债务人，从社会筹措资金解决财政需要的一种信用形式。国家信用的主要形式是政府发行公债或国库券。

4. 消费信用

消费信用是企业或银行向消费者个人提供的直接用于生活消费的信用，方式主要有赊销、分期付款和消费贷款。消费信用能加速商品流通，引导居民消费。

（二）信用工具

信用工具是出票人为了获取资金而发行的、证明债权债务关系的书面凭证。信用工具又称为金融工具，具有偿还性、流动性、安全性和收益性的特点。

信用工具多种多样，传统的信用工具主要有商业汇票、银行汇票、支票等。

1. 商业汇票

商业汇票是出票人签发，委托付款人在指定日期无条件支付确定的金额给收款人或持票人的商业票据。商业汇票按承兑人不同可分为商业承兑汇票和银行承兑汇票。

2. 银行汇票

银行汇票是出票银行签发，在约定日期由银行无条件支付一定金额给收款人或持票人的票据。银行汇票是在银行信用的基础上产生的。

3. 支票

支票是出票人签发，委托银行或其他金融机构在见票时无条件支付一定金额给收款人或持票人的票据。支票的形式主要有三种：现金支票、普通支票和转账支票。

此外，信用工具还有股票、债券、金融期货、金融期权、互换协议等。

三、利率

（一）利率和利率种类

利息率简称利率，是指在一定时期内利息与本金的比例。按照计算利息时间的长短，可以将利率分为年利率、月利率和日利率，亦称为年息、月息和日息。习惯上，我国不论年息、月息、日息都用"厘"作单位，但实际表示的数量单位是不同的。

年利率是以年为时间单位计算利率，表示为百分之几；月利率是以月为时间单位计算利率，表示为千分之几；日利率是以日为时间单位计算利率，表示为万分之几。年利率、月利率、日利率之间的换算公式为：年利率＝月利率×12；年利率＝日利率×360；月利率＝日利率×30。

1. 单利和复利

按照利息的计算方法可以将利率分为单利和复利两种。所谓单利是指按本金存入的时间长短计算利息，而不将本金所生的利息计入本金重复计算。复利是在计算利息时，将一定时间内产生的利息加入本金计算利息，逐年滚算。

2. 固定利率和浮动利率

按照利率能否变动，分为固定利率和浮动利率。固定利率是利率在整个借款期限内不做调整的利率，适用于短期借贷。浮动利率是利率在借贷期限内不固定，而是随市场利率的变化而定期调整的利率，一般是每3个月或6个月调整一次，适用于长期借款。

3. 名义利率和实际利率

按照是否扣除通货膨胀率，可将利率分为名义利率和实际利率。名义利率是没有剔除通货膨胀率的利率，即名义货币表示的利率。实际利率是名义利率减去通货膨胀率以后的利率。

4. 法定利率和市场利率

按照利率形成的原因，可以分成法定利率和市场利率。法定利率是指金融管理当局或中央银行确定的利率。市场利率是由金融市场上借贷资金的供求关系所决定的利率。我国的银行利率属于法定利率。

(二) 影响利率变动的因素

马克思在分析资本主义平均利润率形成时认为，决定利率变动主要取决于两个因素，即平均利润率和资金供求状况。平均利润率提高，利息率也提高，平均利润率降低，利息率也降低。利率一般在零至平均利润率之间波动。在平均利润率已定的情况下，利率高低取决于借贷市场资本供求状况。当借贷资本供大于求，利率则会下降；反之，利率会上升。此外，利率的变动还受到国家宏观调控的政策、银行成本、物价水平、国际金融市场的利率水平、人们的心理预期等因素的影响。

第二节　金融体系

国外理论界对金融体系的定义一般都是基于广义金融服务业，包括银行业、证券业、保险业和房地产业，或者也称为金融部门[①]。银行是各国的主要金融机构，在银行之外还有许多其他金融机构，这些非银行金融机构和银行相互联系构成一个统一的金融体系。以中央银行为主导，商业银行为主体，其他银行和非银行金融机构并存，这就是我国的金融体系。

一、中央银行

（一）中央银行

中央银行是从商业银行演变而来的，它代表政府管理金融机构，制定货币政策，在一国金融体系中处于主导地位。中央银行具有为国家宏观调控服务，不以营利为目的，不经营一般商业银行业务等特点。它的基本职能如下。第一，发行货币的银行。中央银行通过掌握货币发行权，调节货币供给数量、管理货币流通，为国家经济发展创造良好的货币环境。第二，银行的银行。中央银行集中商业银行及非银行金融机构的存款保证金，对商业银行进行贷款和再贴现业务。第三，国家的银行。中央银行代理国库收支、黄金外汇储备，代表国家参加国际金融活动，制定货币政策。

（二）中央银行的主要业务

中央银行的主要业务包括负债业务、资产业务和中间业务三大类。

---

① 周悦. 金融体系与实体经济发展适配效应研究[D]. 长春：吉林大学，2020：8.

1. 负债业务

中央银行的负债业务主要包括中央银行的货币发行业务,接受商业银行、非银行金融机构的存款等业务。

2. 资产业务

中央银行的资产业务主要包括中央银行向商业银行和非银行金融机构发放贷款业务、办理再贴现等业务。

3. 中间业务

中间业务是中央银行为商业银行及其他金融机构办理资金清算及其他委托业务,如对商业银行应收应付账款进行清算,对商业银行办理票据交换等业务。

(三)中央银行的金融监管

中央银行除从事金融业务外,还代表政府从事金融监管。中央银行按照分类管理、公平对待和公开监管的原则,通过制定金融法规、货币政策等方法对一国的金融机构和金融市场实施监督管理,维护一国金融的安全、稳定。

根据《中国人民银行法》第四条规定,中国人民银行行使下列职能。

(1)发布与履行与其职责有关的命令和规章。

(2)依法制定和执行货币政策。

(3)发行人民币,管理人民币流通。

(4)监督管理银行间同业拆借市场和银行间债券市场。

(5)实施外汇管理,监督管理银行间外汇市场。

(6)监督管理黄金市场。

(7)持有、管理、经营国家外汇储备、黄金储备。

(8)经理国库。

(9)维护支付、清算系统的正常运行。

(10)指导、部署金融业反洗钱工作,负责反洗钱的资金监测。

(11)负责金融业的统计、调查、分析和预测。

(12)作为国家的中央银行,从事有关的国际金融活动。

(13)国务院规定的其他职责。

二、商业银行

(一) 商业银行的性质

商业银行是以利润最大化为目的,吸收存款、发放贷款、办理结算等业务的金融企业。商业银行从事的是货币收付、借贷以及与货币运动有关的金融业务。

从 1993 年 11 月起,根据我国金融体制改革的要求,原来的国家专业银行即中国工商银行、中国农业银行、中国银行、中国建设银行逐步转变为国有商业银行。随后,中国银行、中国工商银行和中国建设银行分别先后于 2006 年、2007 年完成了股份制改造,公开上市发行股票。

(二) 商业银行的主要业务

商业银行的业务主要有负债业务、资产业务和中间业务三大类。

1. 负债业务

商业银行的负债业务是商业银行的资金来源项目

主要包括银行的自有资金和借入资金。银行自有资金是由银行成立时所募集的股份资本、公积金及银行未分配的利润所组成的。银行的借入资金主要由吸收公众存款、向中央银行借款、银行同业借款等构成。

2. 资产业务

商业银行的资产业务主要由现金资产、贷款业务和证券业务构成。其中,贷款业务是商业银行的主要业务。

3. 中间业务

中间业务是商业银行的传统业务,主要有汇兑业务、结算业务、保管业务、信托和租赁业务等。

根据《中华人民共和国商业银行法》第三条规定,商业银行可以经营下列部分或者全部业务。

(1) 吸收公众存款。

(2) 发放短期、中期和长期贷款。

(3) 办理国内外结算。

(4) 办理票据承兑与贴现。

（5）发行金融债券。

（6）代理发行、代理兑付、承销政府债券。

（7）买卖政府债券、金融债券。

（8）从事同业拆借。

（9）买卖、代理买卖外汇。

（10）从事银行卡业务。

（11）提供信用证服务及担保。

（12）代理收付款项及代理保险业务。

（13）提供保管箱服务。

（14）经国务院银行业监督管理机构批准的其他业务。

三、非银行金融机构

各国在中央银行和商业银行之外，还存在许多金融机构，通常称为非银行金融机构。一般长期从事某项专门业务，如保险、信托、证券业务等。

（一）保险公司

保险公司是经营保险业务的金融企业。主要有中国人民保险公司、中国太平洋保险公司、中国平安保险公司、中国人寿保险公司等。

保险是以契约形式确立双方经济关系，投保人缴纳保险费，保险人对保险合同规定范围内的灾害事故所造成的损失进行经济补偿或给付的一种经济形式。保险是建立在概率论和大数法则基础上的一种分散风险的经济补偿制度。按保险的标的分类，可将保险分为财产保险、人身保险、责任保险和信用保险。

财产保险是以财产及有关的利益作为保险标的的保险。我国目前开办的财产保险主要有国内财产保险、涉外财产保险、农业保险等。

人身保险是以人的生命和身体作为保险标的，并以人的生命死亡、疾病及伤害为保险条件的一种保险。主要险种有人寿保险、人身意外伤害险和疾病保险等。

责任保险又称第三者责任保险，当被保险人依法对第三者负损害赔偿责任时，由保险人承担其补偿责任的一种保险。主要有产品责任保险、公众责任保险、职业责任保险、雇主责任保险等。

信用保险就是将信用保证作为保险标的的保险。包括雇员忠诚保险、履约保证保险、投资保险等。

(二) 信托投资公司

信托投资公司是接受客户委托，收受、经营信托资金、信托财产，以盈利为目的的金融企业。我国的信托公司主要有中国国际信托投资公司、中国农村信托投资公司及地方性信托投资公司等。它们主要办理委托、租赁、见证、担保、咨询和从事证券买卖等金融业务。信托的意思是信用委托，即接受他人委托，代为管理、经营和处理经济事务的行为。信托是财产的所有者通过和信托机构签订合同，将其财产委托给信托机构全权代为经营、管理和处理的行为。

信托最初是由一些个人和保险公司经营，随着经济发展和信托业务范围的扩展，出现了信托公司这类专门的经营机构。以后，商业银行也开始经营此项业务。

(三) 证券公司

证券公司是指从事证券承销、自营或代理买卖等业务的有限责任公司或股份有限公司。证券公司根据业务范围的不同，又分为综合类证券公司和经纪类证券公司。综合类证券公司可以经营证券经纪业务、证券自营业务、证券承销业务以及经国务院证券监督管理机构核定的其他证券业务。经纪类证券公司是接受客户委托，以自己的名义为客户代理买卖证券的公司。此外，非银行金融机构还有信用社、财务公司、投资基金管理公司等。

第三节 金融市场

一、金融市场概述

经济的发展与创新，已经成为我国金融市场经济发展的重点，在我国的市场经济中，金融市场占据着重要的地位。[①]

金融市场是各种金融资产或金融工具交易的场所与行为的总和。金融

---

① 林欣. 中国金融市场发展对我国经济的影响分析 [J]. 现代营销 (经营版), 2021 (9): 38-39.

市场交易的标的是金融商品或金融工具。交易的主体有筹资者、投资者和证券商。交易的方式主要有网上交易和柜台交易。交易过程是金融资产的运动、保值及增值过程。

金融市场的形成必须满足一定的条件。一般来说，金融市场的建立必须有一个较完善的信用制度、健全的金融体系、较丰富的金融工具，中央银行要有较强的宏观调控能力以及完善的金融法规。金融市场是一个包含许多不同层次和内容的复合体，按不同的标准划分为许多不同的种类。

按照资金的融通期限，金融市场可以划分为长期资金市场和短期资金市场。长期资金市场也叫资本市场，是指融资期限在1年以上的金融市场。短期资金市场又叫货币市场，是指融资期限在1年以下的金融市场。

按照交易的程序，金融市场可以分为发行市场和流通市场。发行市场也称一级市场，它是股票、债券等金融工具的初发市场。流通市场也称为二级市场，它是股票、债券等金融工具流通的场所。

二、货币市场与资本市场

（一）货币市场

货币市场的主要功能是调节短期资金融通。交易的目的是解决短期资金周转的需要。交易的信用工具期限都是1年以内，最短的只有1天。由于货币市场交易工具流动性强，近似于货币，因此，将短期资金市场称为货币市场。

货币市场主要由银行同业拆借市场、票据贴现市场、短期票据市场等构成。

1. 银行同业拆借市场

银行同业拆借市场是指银行及其他金融机构之间解决临时性资金短缺而进行资金借贷的市场。同业拆借市场的目的是弥补暂时的资金不足和灵活调度资金。一般拆借的期限是1~2天，最短的只有数小时，日拆借单凭银行间信誉就可进行。同业拆借市场能灵敏地反映短期资金的供求状况。

2. 票据贴现市场

票据贴现市场是对未到期票据进行贴现，扣除贴息后将款项支付给持票人的短期资金市场。它是银行对客户进行短期融资的一种方式。贴现市场包括贴现、再贴现和转贴现。①贴现是持票人将未到期的票据向商业银行或其他金融机构兑取现款，以便获得短期融资的行为。②再贴现是商业银行将未到期的票据向中央银行进行贴现的融资行为。③转贴现是商业银行将未到期的票据向其他商业银行或非银行金融机构进行贴现的融资行为。贴现反映的是企业与商业银行之间的信用关系，再贴现反映的是商业银行和中央银行的信用关系，转贴现反映的是金融机构之间的一种信用关系。

3. 短期票据市场

短期票据市场是进行短期信用票据交易的市场。在短期票据市场主要进行国库券、商业票据、定期存款单等金融商品交易，以满足社会短期资金融通需要。

(二) 资本市场

资本市场的主要功能是引导长期资金投资。资本市场的交易对象主要是政府中长期公债、公司债券、股票等有价证券以及银行中长期贷款。资本市场具有交易期限长、借贷资金量大、流动性差、风险性较大等特点。

资本市场分为银行中长期信贷市场和证券市场。银行中长期信贷市场是指为了满足工商企业固定资本投资的需求和其他筹资者资金需求且借贷期限在1年以上的资本市场。证券市场是以公债、公司债券、股票等有价证券作为交易对象的市场。证券市场分为发行市场和流通市场。

1. 证券发行市场

证券发行市场是将发行的债券、股票等证券从政府、公司、企业等行为主体手中转移到投资者手中的市场。证券发行主要先由证券公司或投资银行承购，然后发行到其他投资者手中。

证券发行的方式有公募和私募。采用公募方式发行，公司必须向证券监管部门提供财务报表及有关资料，经批准后才能和承销机构签订承销协议，销售证券。私募是向特定的投资者销售证券，如本公司职工、保险公司、养老基金等销售。私募的优点在于手续简单、费用低廉。

证券发行的价格主要有平价、溢价和折价三种。按照公司法规定，我国股票不能折价发行。

2. 证券流通市场

证券流通市场是已发行的证券在投资者之间交易的市场。证券交易市场可分为证券交易所市场和场外交易市场。

证券交易所是为证券交易双方提供公开交易的场所。证券交易所分为两大类：一类是进行集中竞价的证券交易所，另一类是非集中竞价的证券交易所。

集中竞价的证券交易所，即通常所说的证券交易所，它分为两种：一种是"会员制"的非营利法人，不具有经营性质；另一种是"公司制"的经营性法人。我国的上海证券交易所和深圳证券交易所是不以营利为目的的，实行自律性管理的会员制事业法人。

非集中竞价的证券交易所，即场外交易。场外交易的主要特点是：①场外交易是分散的市场；②场外交易是以买卖没有在证券交易所登记上市的证券为主的市场；③交易的方式灵活，买卖价格由双方商定，交易可以不通过证券商。

第四节　汇率理论

一、外汇

外汇有狭义和广义之分。广义的外汇是指一国拥有的一切以外币表示的资产，是指货币在各国间的流动以及把一个国家的货币兑换成另一个国家的货币，借以清偿国际间债权、债务关系的一种专门性的经营活动。实际上就是货币行政当局（中央银行、货币管理机构、外汇平准基金及财政部）以银行存款、财政部库券、长短期政府债券等形式所保有的在国际收支逆差时可以使用的债权。狭义的外汇是指以外国货币表示，被各国普遍接受的，可用于国际间债权债务结算的各种支付手段。狭义的外汇必须具备三个特点：可支付性（必须以外国货币表示的资产）、可获得性（必须是在国外能够得到补偿的债权）和可转换性（必须是可以自由兑换为其他支付手段的外币资产）[1]。

---

[1] 刘光亚. 人民币汇率变动的影响因素及实证分析 [J]. 时代金融, 2020(28)：68-70+79.

二、汇率

(一) 汇率的概念及标价的方法

不同国家的居民之间进行商品或劳务交换时，存在将本国货币表示的商品或劳务价格折算成外币表示的他国商品或劳务的价格，或者将外币表示的商品或劳务价格折算成本国货币表示的商品或劳务价格的经济行为。两国货币应如何折算？这种折算是按汇率进行的。汇率是一国货币折算成另一国货币的比例或比价，它反映了一国货币的对外价值水平。

汇率需要采取一定的方式来表示，按照汇率确定使用哪个国家的货币作为标准，可以将汇率的标价方法分为两大类，即直接标价法和间接标价法。

1. 直接标价法

直接标价法是采用1（或100）个单位的外国货币作为标准（标准货币），将它折算成一定数额的本国货币（报价货币）。外币是固定的，变动的是本国货币，即外国货币是标准货币，报价货币是本币。世界上绝大多数国家采用的是直接标价法，我国也是采用直接标价法来表示汇率的。如中国国家外汇管理局公布某日汇率为1美元=6.7215元人民币，标准货币为1美元，报价货币为6.7215元人民币，即为直接标价法。

2. 间接标价法

间接标价法是用1（或100）个单位本国货币作为标准（标准货币），将它折算为一定数额的外国货币（报价货币）。间接标价法正好和直接标价法相反，本国货币作为标准货币固定不变，报价货币是外币，外币数额随两种货币价格变动而变动。美国和英国都是采用间接标价法的国家。如美国纽约银行报出1美元=95.62日元，标准货币是本币美元，报价货币是日元，采用的标价方法就是间接标价法。

(二) 汇率类型的划分

汇率种类繁多，按照不同的角度，可以将汇率划分为不同种类。

1. 按银行业务操作情况分类

按银行业务操作情况可以将汇率划分为买入汇率、卖出汇率、中间汇率和现钞价。

（1）买入汇率也称买入价，是指银行向客户买入外汇时所使用的汇率。

（2）卖出汇率是指银行卖出外汇使用的汇率。银行卖出外汇和买入外汇之间有一定的差价，称作买卖差价，这种卖出汇率和买入汇率之间的买卖差价则构成银行利润。

在外汇市场上，外汇牌价一般均列出买入汇率和卖出汇率。在不同的标价方法中，外汇的买入价和卖出价的表示是相反的。在直接标价中，报价货币中的前一个本币数表示买入价，即银行买进外币时付给客户的本币数，后一个为银行卖出价，即银行卖出外汇向客户收取的本币数。其特点为，报价货币中前一个数字较小，为银行外汇买入价，后一个数字较大为银行外汇卖出价。例如：中国香港渣打银行公布某日汇率为1美元=7.7547～7.7583港币。报价货币中前一个较小数7.7547港币为买入价，即渣打银行买进外币美元而付给客户7.7547港币；报价货币较大数7.7583港币为银行卖出价，即渣打银行卖出1美元而向客户收取的港币。

在间接标价中正好相反，本币后的前一个外币数字为外汇卖出价，即银行收进一定量的本币而付给客户的外汇数；后一个外币数字是外汇买入价，即银行付给一定量的本币而向客户买进的外汇数。其特点为报价货币中，本币折合外币数较多的汇率是外汇买入价；本币折合外币数较少的那个汇率是外汇卖出价，如美国纽约银行报出1美元=1.0440～1.0515加元。报价货币1.0440加元，为本币美元的买入价，外币加元的卖出价；报价货币1.0515加元为美国纽约银行报出的本币美元卖出价，外汇加元的买入价。

（3）中间汇率也称为理论汇率，是指买入汇率加上卖出汇率，除以2，则为中间汇率。中间汇率是为了计算方便和进行预测汇率变动趋势而使用的，各国政府在公布官方汇率时也会使用中间汇率。

（4）现钞价是银行购买外币现钞时所支付的价格。由于外币现钞在本国不能购买商品、不能生息，因而银行购买后必须运往外币现钞的发行国家才能行使货币职能。外币现钞在运输中需支付运输费、保险费，造成银行成本上升。现钞的买入价和现汇买入价相比，价格要低2%～3%，而外币现钞的卖出价和现汇的卖出价相同。

2. 按对外汇的管制松紧程度分类

按对外汇的管制松紧程度分为官方汇率和市场汇率。官方汇率是指金融管理当局所规定的汇率，如中国外汇管理局公布的人民币汇率。市场汇率是指由外汇市场供求关系所决定的汇率，世界上主要资本主义国家都采用市场汇率。

3. 按照汇率计算方法分类

按照汇率计算方法可以划分为基础汇率和套算汇率。基础汇率是本国货币以某一国家货币作为关键货币所确定的兑换比价，它是确定其他各种外币汇率的基础，许多国家将美元作为关键货币。套算汇率是通过两种不同的货币与关键货币的汇率，间接地计算出这两种不同货币的兑换汇率，称为套算汇率。

4. 按照汇率交割的时间分类

按照汇率交割的时间可以将汇率划分为即期汇率和远期汇率。即期汇率是指外汇买卖成交后，在两个营业日内交割时所使用的汇率，也称现汇汇率。远期汇率是买卖双方签订外汇买卖合同时，约定在某个日期进行交割事先约定的汇率。比如3个月或6个月后交割的汇率。即期汇率与远期汇率通常不一致，当远期汇率高于即期汇率时，称为升水；当远期汇率低于即期汇率时，称为贴水；当远期汇率和即期汇率一致时，称为平价。

远期汇率的标价方法有两种：一种是直接标出远期汇率；另一种是标出远期汇率与即期汇率的差价，即标出升水、贴水和平价。下面，介绍标出远期汇率与即期汇率的差价的表示方法。

首先，应判断标价方法。在直接标价情况下，远期汇率=即期汇率+升水数；或远期汇率=即期汇率−贴水数。在间接标价下，正好相反：远期汇率=即期汇率+贴水；或远期汇率=即期汇率−升水数。

其次，判断是升水还是贴水。在直接标价情况下，报价货币中前一栏数字小，后一栏数字大，报价货币按"小／大"排列，为升水；报价货币前一栏数字大，后一栏数字小，即报价货币按"大／小"排列，则为贴水。在间接标价情况下，情况正好相反，报价货币前一栏数字小，后一栏数字大，报价货币按"小／大"排列，则为贴水；报价货币前一栏数字大，后一栏数字小，报价货币按"大／小"排列，则为升水。

（三）汇率决定的基础和影响汇率变化的因素

1.汇率决定的基础

不同货币制度下汇率决定的基础是不同的，金本位制下汇率决定的基础是铸币平价。铸币平价是指一国货币含金量与另一国货币含金量之比。在金本位制下，各国政府都规定金币的法定含金量，不同国家的货币进行兑换是按这两种货币的含金量来折算的。

镑与美元的汇率决定基础，但是，铸币平价所决定的汇率，并不一定为实际的汇率。外汇市场的实际汇率，是以铸币平价为轴心，以黄金输出点和黄金输入点为振幅上下波动的。

在金本位制下，由于黄金可以自由输出输入国境，因此进行国际结算有两种方法可以选择：一种是买卖外汇来偿付国际债务；另一种是买入黄金并输送黄金来实现偿付。当事人选择哪种方法取决于其成本大小，当汇率升到铸币平价+黄金运输费＝黄金保险费时，当事人就会选择购买黄金输出偿债。随着外汇需求量减少，汇率不断下跌，当汇率跌至铸币平价＝黄金运输费－黄金保险费时，债权人就购入黄金输入本国，再将黄金兑成本币。因而在金本位制度下，汇率具有波动小、稳定性高的特点。

在纸币流通条件下，汇率的决定基础是纸币所代表的价值量。按照马克思的观点，货币是固定充当一般等价物的特殊商品。纸币可代替金属货币履行货币职能，是价值尺度，是商品流通的媒介，这些观点无疑是正确的。纸币所代表的价值量或纸币的购买力是决定汇率的基础。一国货币的对内价值，即货币对内购买力是决定其汇率的基础。

2.影响汇率变动的主要因素

汇率变动是诸多因素作用的结果，分析影响汇率的变动趋势，主要有经济因素，如利率、国际收支、通货膨胀等，也有政治因素、心理因素，如国家政策、人们的心理预期等。

（1）利率既是调节资金供求的杠杆，也是调节外汇供求的杠杆。当一国利率上升时，会吸引国外短期资金流入，导致本币升值，外汇汇率下降；反之，利率下降，会使短期资金外流，导致本币下跌，外汇汇率上升。

（2）国际收支是一个国家在一定时期居民或非居民之间经济交易的系统记录。国际收支由经常项目、资本项目及平衡项目三个一级账户及若干个二级账户、三级账户所构成，当国际收入大于国际支出时，为国际收支顺差，本币升值，外汇汇率下跌；当国际收入等于国际支出时，为国际收支平衡，汇率不变；当国际收入小于国际支出时，为国际收支逆差，本币下跌，外汇汇率上升。需要指出的是短期的国际收支失衡一般不会对汇率形成影响，国际收支长期失衡，必然会导致汇率波动。

（3）通货膨胀会导致本币贬值。当一国发生通货膨胀后，其表现形式为国内商品物价上涨，对进口有利，对出口不利。这样，必然导致发生通货膨胀的国家商品出口减少，进口增加，国际收支会产生逆差，从而外汇汇率上升，本币贬值。

（4）国家采取的经济政策取向。当一国采取扩张性的经济政策时（如膨胀性财政政策和扩张性货币政策），必然拉动国内总需求，导致进口需求增加，从而出现国际收支逆差。

反之，采取紧缩性财政政策和缩紧性货币政策，必然压缩国内总支出，从而减少进口，外汇支出减少，从而改善一国国际收支，导致一国汇率发生变化。

（四）汇率制度

1. 固定汇率制度

两国货币兑换的比价基本固定，或者两国货币兑换的比价波动界限规定在一定的范围之内，这种汇率制度就是固定汇率制度。如金本位制度下的汇率制度，布雷顿森林体系下的"双挂钩"汇率制度，都是固定汇率制度。

固定汇率由于汇率波动有限，有利于从事国际经济贸易交易的企业进行成本、利润的核算，有利于企业控制汇率波动风险。但它的缺点是不能发挥汇率自动调节国际收支的杠杆作用。

2. 浮动汇率制

一国货币当局对汇率的变动不加以固定，而是由外汇市场根据外汇的供求状况而决定的汇率。当外汇供给大于需求时，外汇汇率下跌；供不应求时，汇率上升。供求关系成为影响汇率波动的主要因素。

（1）浮动汇率根据不同的角度，可以划分为不同的种类。按照政府是否进行干预，浮动汇率可以划分为自由浮动汇率和管理浮动汇率。

第一，自由浮动汇率是指政府对汇率浮动不进行任何干预，完全听任外汇市场供求决定的汇率。这是一种理论汇率，在外汇市场上各国政府为了本国利益，都会对汇率进行不同程度的干预。

第二，管理浮动汇率是政府按照本国经济发展的需要对外汇市场进行一定程度的干预，使汇率的走向朝有利于本国利益的方向变动。这是浮动汇率最常见的一种方式。

（2）按照汇率浮动的方式不同，可分为单独浮动汇率、钉住浮动汇率、联合浮动汇率。

第一，单独浮动汇率是一国货币不和任何外国货币保持固定比例联系，其汇率是完全由外汇市场的外汇供求状况和政府的干预程度而浮动的汇率。

第二，钉住浮动汇率分为两种情况：一种是钉住某一国货币而进行浮动，如钉住美元，美元升值，其本国货币也按相应比率上升；另一种是钉住系列货币浮动或称为一篮子货币方案，如人民币汇率就是采用一揽子货币方案制定的。

第三，联合浮动汇率是由于经济发展需要而结成的货币联盟，其内部成员国之间往往保持固定比价，对成员国以外的国家汇率变动则采取共同浮动。

浮动汇率能有效地调节一国的国际收支，在汇率杠杆的作用下，国际收支能自动调节达到均衡。但浮动汇率频繁剧烈的波动增加了交易者的风险，增加了国际贸易成本，在一定程度上助长了外汇投机活动。

三、套汇业务

套汇是利用不同市场的汇率差异，在不同的地点、不同的时间、不同的利率情况下调拨外汇头寸，买卖外汇进行套期保值或获取投机收益。套汇分为地点套汇、时间套汇和利息套汇三种。

(一) 地点套汇

地点套汇是套利者利用两个或多个地点汇率差异来套取外汇收益的行

为。地点套汇主要包括两种形式：一种是两地套汇，又叫直接套汇，是套利者利用两地短时出现的不同汇率差而进行套汇；另一种是三角套汇，又叫间接套汇，是利用三地存在不同的汇率差而套取外汇收益。由于现代信息技术的发展，这种套汇方法基本上已消失。

（二）时间套汇

时间套汇也称为掉期交易，往往用来防范汇率风险。掉期交易是指在买进或卖出即期外汇的同时，卖出或买进金额相等、时间相同、币种相同的远期外汇，从而防范外汇汇率上升或下降的风险。

（三）利息套汇

利息套汇也称套利，是套利者利用两国利率差异，将资金由利率低的国家的货币兑换成利率高的国家的货币，以赚取两国利率差异。

四、外汇期货与期权交易

（一）外汇期货交易

期货交易是在交易所买卖一定时期标准化期货合约的交易。期货交易最显著的特点是标准化，期货交易标的的数量、质量、规格等都呈标准化。

外汇期货交易是交易双方在交易所内通过公开竞价的方式，买卖未来的某个时期、特定数量外汇的一种金融期货。外汇期货交易是通过买卖标准化外汇期货合约进行的。外汇期货市场对买卖外汇的成交单位、交割期限、交割地点均有标准化规定，外汇期货交易一般不最后交割，而采取"对冲"方法来履行合约。

由于国际金融市场汇率变动频繁，外汇期货交易方式往往被贸易商或金融机构用来防范风险，下面主要介绍买入套期保值和卖出套期保值两种常见的利用外汇期货套期保值法。

1. 买入套期保值

买入套期保值法。买入套期保值法是贸易商或金融机构预测其要支付的外汇将上涨，未来上涨的货币现在价格较低，于是低价买进，待其上涨后再抛出。采用外汇期货套期保值操作的基本思路是反向操作。

2. 卖出套期保值

卖出套期保值法。外汇期货卖出套期保值方法是指金融机构或贸易商们预测某种将要收回的外汇将要下跌。这种外汇现在价格较高,未来将贬值,故现在卖出该外汇,待其下跌后再买回该货币,进行"对冲"操作。卖出套期保值法和买入法一样,其防范汇率波动风险的方法为:对现货市场上将要收回的外汇,在期货市场上采用卖出与现货市场具有相同的币种、相同的时间和相同或相近的数量的外汇,即期货与现货反向操作,以达到防范汇率波动的风险目的。

(二) 期权交易

期权又称选择权,是指在某一特定时间,按事先确定的价格买进一定数量外国货币的权利。期权可按照不同角度进行分类。

1. 根据期权履约的时间不同

期权分为美国式期权与欧洲式期权。美国式期权是期权的购买者在合约到期前的任何时间内都可以执行的期权。美国式期权购买费用高于欧洲式期权,但美国式期权可以在流通市场上转让。欧洲式期权是购买者只能在合约到期日才能行使购买者权利的期权,由于欧洲式期权条件过于严格,以后又出现了一种"修正式欧式"期权,它允许购买者在一定时间范围进行交易。

2. 外汇期权根据购买者行使权利的不同

外汇期权购买者行使权力的不同主要有两种形式,看涨期权和看跌期权。看涨期权又称买入选择权,当购买者向期权出售者支付一定数额的权利金后,即享有在期权合约规定的时间内,按照协定价格购进一定数量的外汇的权利。由于看涨期权购买者支付了一定的期权费,因此购买者享有到期时是否按协定价格购入一定数额外汇的选择权。

看跌期权又称卖出选择权,是指期权的购买者向期权的出售者支付期权费后,便享有在期权合约有效期内按约定的价格出售给期权出卖者一定数额外汇的选择权。当购买者支付一定的期权费后,便单方面享有是否按协定价格出售给期权出卖者一定数额外汇的权利。

外汇期权交易能否防范汇率波动风险就在于期权购买者在购买了看涨

期权或看跌期权后，就享有在合约期限内按协定汇率买进或出售一定数额的外汇的选择权利。在外汇交易市场汇率不确定的情况下，期权的购买者能有效地将汇率风险转移给期权出卖方。

第十章　人民币汇率变动对我国经济与金融的影响

第一节　人民币汇率形成机制

一、现代汇率形成理论

自 20 世纪 80 年代以来，汇率决定理论的新发展主要体现为对传统理论中所忽视的经济因素重新加以关注。将现代经济学的最新进展应用到汇率理论研究中，从而形成了一大批理论，主要有以下几种。

(一) 汇率决定的理性预期理论

该理论把对市场随时出现的新闻或信息作为切入点，运用计量经济学和统计学方法来研究即期汇率和远期汇率。宏观经济结构模型中的宏观经济变量都可以看作信息或"新闻"，严格来说，理性预期理论是一种方法而不是具体的模型。

(二) 汇率决定的投机泡沫理论

汇率有时在基本经济变量没有很大变化的情况下，出现暴涨或暴跌，汇率超调理论和汇率预期模型无法解释该现象，对这一现象的分析，产生了汇率变动的投机泡沫理论。该理论分为理性投机泡沫和非理性投机泡沫，两者之间的区别在于前者肯定理性预期，后者否定理性预期。理性投机泡沫的代表经济学家有布兰扎德和多恩布什，他们认为当市场参与者继续购买基本经济变量已被高估的货币时，理性泡沫就产生了。投资者希望通过继续购买高估的货币获得预期升值带来的收益，并在汇率最终回到由基本经济变量决定的均衡汇率之前卖出。该理论的经济代理人的预期异质的假设符合外汇市场的实际情况。

(三) 汇率决定的市场微观结构理论

该理论认为汇率波动来自市场微观层面，而不是宏观层面，不同的外汇交易者掌握着不同的信息，或者对信息的理解不同，在特定的交易体系下不同的交易者相互博弈，从而造成汇率的波动。该理论从外汇市场参与者的行为和市场特征等市场微观结构角度来研究和解释汇率，形成了汇率决定的市场微观结构理论，从而打开传统宏观汇率模型所回避的价格形成机制的"黑箱"。该理论认为，如果市场参与者同质、信息公开可得、交易机制无关等传统汇率模型假设是不合理的，则无法解释短期汇率波动。微观结构分析法放弃了这三个不符合现实的假设，认为信息获得是有成本的，参与者有知情交易者和非知情交易者，不同的交易机制对汇率的形成是不同的。

二、人民币汇率形成机制的演变历程

人民币汇率形成机制大致经历了三个阶段。1949年至1993年为第一阶段，是我国计划经济的几十年，爬行钉住物价逐渐转变为官方汇率和市场汇率的双轨制；1994年至2005年是第二阶段，1994年我国正式确立了社会主义市场经济，1994年至1996年，汇率由双轨制变为单一汇价，1997年至2005年"7·21"汇改前，人民币汇率基本上为钉住美元；2005年"7·21"汇改至今是第三阶段，我国开始实行参考一篮子货币的有管理的浮动汇率制度，汇率形成机制逐步市场化。2006年对人民币汇率机制引入做市商制度，2008年至2010年国际金融危机期间，汇改搁浅，人民币汇率近似钉住美元，2010年6月重启汇改，其后2012年、2014年、2015年又进行了汇改，汇率中间价形成机制更加市场化，汇率弹性不断扩大。

(一)1949—1993年：汇率并轨前

1.1949—1952年：爬行钉住制

该阶段人民币汇率实行的是一种爬行钉住制，人民币汇率是根据上海、广州、天津三地的华侨日用品的生活费比价和人民币兑美元的进出口商品比价两者的加权平均数计算得出的。该阶段物价波动频繁，且波动很大，至1952年年底，共经历了52次调整。

2.1953—1979年：钉住汇率制

在该阶段，发生了朝鲜战争和布雷顿森林体系瓦解，人民币汇率制度也经历了两次大的调整。1953年至1972年，朝鲜战争，中美关系恶化，人民币汇率改为钉住英镑。自1955年开始实行新人民币，1956年我国完成了社会主义改造，效仿苏联，采取高度集中的计划经济体制，进出口完全按照计划进行，人民币汇率不再发挥调节进出口的作用。1973年中东战争引发的石油危机和布雷顿森林体系瓦解后，在牙买加国际货币体系下，西方各国开始实行浮动汇率制。为防止国际金融不稳定通过人民币汇率波动影响我国经济发展，人民币汇率从紧钉英镑变为钉住由主要贸易伙伴货币构成的一篮子货币，以确保对外贸易稳定。但由于贸易伙伴货币贬值，致使人民币汇率保持升值趋势，到1979年，人民币兑美元升值了39.02%。

3.1980—1984年：人民币官方汇率和贸易结算价并存的复合汇率制

由于人民币汇率单一汇价无法起到调节进出口的作用，为了实施改革开放战略，促进对外贸易，党的十一届三中全会决定，从1981年我国开始实行复合汇率制，即人民币官方价和内部贸易结算价并存的制度。内部结算价格被定为2.8元人民币/美元，该价格是以全国外贸出口企业平均换汇成本加上一定数量的利润计算而来，而人民币官方汇率被定为1.5元人民币/美元，由一篮子货币加权得出。这种复合汇率制度对当时出口创汇和进出口贸易起到了一定的积极作用，但不同的汇率形成机制使人民币汇率容易被国外投机攻击。

4.1985—1993年：人民币官方汇率和外汇调剂汇率并存的复合汇率制

1980年我国在IMF恢复了合法席位，为了满足IMF对成员国实行单一汇率制的要求,以及处理人民币复合汇率制度造成的混乱,1985年1月1日,我国正式实行以贸易加权价格为核心的单一汇率制度,并在其后多次下调人民币汇率,从1985年的2.8元人民币/美元到1993年达5.8元人民币/美元。但是,1980年10月创立的外汇调剂交易市场形成人民币外汇调剂价格,市场规模越来越大,从而形成事实上的人民币官方汇率和外汇调剂价格并存的现象。外汇调剂市场汇率在一定程度上反映了外汇供求关系,但调剂市场的频繁波动,且不同地区外汇调剂价格往往不同,阻碍了出口和经济发展。而且,复合汇率制的存在被西方国家指责我国制造业贸易不公平,影响我国对外贸易的进一步发展,并阻碍我国加入WTO,因此我国于1994年对汇率制度形成机制进行市场化改革。

(二)1994—2005年:社会主义市场经济建设时期

1992年年初,我国开始全面建设社会主义市场经济体制。为了创造加入世界贸易组织(WTO)的条件,自1994年开始,人民币汇率正式实施单一汇率制度。以1997年亚洲金融危机为界限,可把这一时期分为两个阶段:第一个阶段从1994年1月1日至1997年12月11日,该阶段人民币兑美元汇率呈现升值势头,有学者将此阶段解释为汇率贬值超调后的价值回归;第二阶段从1997年12月14日至2005年7月21日汇改,人民币兑美元汇率稳定在8.27,为"单一钉住美元"。

1.1994—1997年:有管理的浮动汇率制

1994年汇改是中华人民共和国成立以来,人民币汇率最重大的一次变革。该次汇改的主要内容有:①外汇调剂市场汇率和人民币官方汇率并轨,将人民币兑美元汇率由1:5.8的官方汇率和1:8.7的市场调剂汇率合并,实行统一的1:8.7的汇率;②建立银行间的外汇形成市场;③开放人民币经常项目的有条件兑换;④停止发行外汇券,银行执行结售汇功能,禁止外币私人结算,禁止和指定金融机构之外的机构进行买卖外汇;⑤取消了外汇留成和上缴制度,集中了外汇供给,保证了外汇需求。

1994年汇改奠定了我国汇率形成机制市场化方向,实行单一的、有管理的浮动汇率制度形式,为我国加入WTO减少了障碍,并且践行了IMF成员国汇率制度的规定。1994年汇改,汇率的市场化形成机制并不高,对企业实行强制性结汇和有条件售汇制,企业不能根据意愿持汇,大多数企业外汇收入实行结售给外汇指定银行,经常项目的贸易用汇必须持有效凭证到外汇指定银行购汇,非贸易用汇受到严格管制。这个阶段外汇供求信号是扭曲的,同时,外汇银行实行"会员制",会员资格的获取须经央行的批准,银行间汇市较封闭,外汇银行持汇受央行额度管理限制,额度缺乏弹性,外汇的超买超卖都需抛补,所以外汇银行的外汇交易不具有自主性。对于央行,其具有强大的外汇储备和货币供给权,央行外汇交易占总交易额的60%,因此央行对人民币汇率的形成具有较大的管制权,人民币汇率基本上反映了央行的政策偏好,基本上是"单一钉住美元",缺乏有效波动。

2.1997—2005年:钉住美元汇率制

1997年7月2日,泰国宣布放弃固定汇率制,实行浮动汇率,随后泰铢大幅贬值,危机开始扩散,几乎席卷全亚洲,亚洲金融危机爆发。人民币在面临很大的贬值压力下,我国政府宣称人民币不贬值,人民币实际上实行了单一钉住美元的制度。1997年11月19日至2005年7月21日,人民币兑美元的汇率在8.277~8.280元人民币/美元区间。同时,我国实行积极的货币政策和财政政策,拉动内需,降低出口依赖。随着1999年亚洲金融危机的结束,我国经济恢复了高增长,到了2002年,我国经常项目和资本项目实现双顺差,经济的稳定发展为之后人民币汇率形成机制进一步改革打下了良好的基础。

(三)2005年"7·21"汇改至今:汇率市场化阶段

1.2005—2008年:浮动汇率制

2005年"7·21"汇改是出于国内和国际两方面考虑。从国内来看,1994年至2005年,国内经济保持了高速增长,年均GDP增长率高达9.6%;经常项目持续顺差,国际投机资金大量进入我国境内,资本项目顺差、双顺差持续增加,使得国际市场对人民币升值预期强烈,客观上人民币存在升值需求;经过一系列金融制度改革,我国已经拥有了汇率制度改革的制度基础和环境。从国际上来看,加入WTO后,国际要求我国资本项目可兑换。双顺差的存在,使得我国经常贸易常常遭受反倾销诉讼和制裁,西方国家要求人民币升值的呼声越来越高，要求进行人民币汇率制度改革。2003年，日本财务大臣盐川正十郎向七国集团财政部部长提交了"全球反通缩计划"，强烈要求人民币升值，日本认为，我国低廉的劳动力和低廉的出口产品是造成亚洲地区陷入通缩的主要原因。随后，美国也开始向我国施压，要求人民币升值和实行更为灵活的汇率制度。在国际上，其他国家要求人民币升值的呼声也越来越高，欧盟、东南亚国家开始给我国施压，要求人民币升值。在该阶段，美元贬值也使人民币汇率有较大的升值压力。综合国内和国际两个方面的因素，我国对人民币汇率机制再次进行了市场化改革。

2005年7月21日，中国人民银行对人民币汇率形成机制进行重大改革，实行"以市场供求为基础，参考一篮子货币进行调节的有管理的浮动汇率制"。此次汇改强调了人民币汇率形成的市场化作用，减少了央行对汇市的过度干预，实行了有管理的浮动汇率制，但此次汇改未公布货币篮子组成和一篮子货币的权重，这种不完全透明性为我国根据经济发展战略进行政策调整提供了空间。人民币汇率中间价由参考上日收盘价确定，人民币汇率日浮动弹性为0.3%。同时，我国大力发展外汇市场，发展人民币汇率衍生品，开办了人民币外汇掉期业务，并扩大了远期结售汇业务试点范围。2006年，引入做市商制度和询价交易制度，进一步完善了人民币改变中间价市场化定价方式。2007年5月21日，将人民币汇率日浮动区间扩大至正负0.5%。

2005年7月21日，汇改当天，人民币兑美元交易价格升值为8.11，升值幅度为2.1%，这一调整幅度是综合我国贸易顺差程度、国内企业进行结构调整的适应能力和经济结构调整的需要几个方面而确定的。从2005年7月21日至2008年6月16日，人民币兑美元汇率总体为升值趋势，7月21日的8.11元人民币/美元，至该年12月时为8.0702元人民币/美元，升幅约为4.9%。2006年呈现了缓慢升值，全年升幅为3.3%，到年底，人民币兑美元汇率达7.8087，破"8"进入"7"位以下运行状态。2007年，人民币升值速度开始加快，年底时，人民币兑美元汇率达7.3046，全年升幅达到6.9%。2008年，人民币兑美元依然处于持续升值状态，市场形成强烈的人民币升值预期，并于4月14日破"7"进"6"，至6月16日，人民币兑美元汇率升至 6.9028。

2005 年 "7·21" 汇改后，中国人民银行逐步放宽银行间外汇市场人民币兑美元交易价日浮动幅度，坚持循序渐进的原则对人民币汇率幅度进行调控，汇率弹性的增加减轻了央行干预外汇市场的压力，从长期看，推动了人民币双向波动，从而提升了人民币可兑换性和国际认可度。

2006 年推出的做市商制度，目的是让市场供求更多地决定汇率价格水平，实现做市商的价格发现功能。银行间外汇市场做市商每日在开盘前向外汇交易中心报价，外汇交易中心去掉最高和最低报价后，将剩余做市商报价加权平均，权重由做市商在银行间外汇市场的交易量和报价情况等指标综合确定，最后得出当日人民币兑美元汇率中间价。

2. 2008年6月至2010年6月：近似钉住美元

2008 年国际金融危机爆发，我国为稳定宏观经济，人民币汇率实行钉住美元制度，减小了人民币兑美元的波动幅度。从 2008 年 6 月 17 日至 2010 年 6 月 18 日，人民币兑美元汇率基本保持在 6.8127～6.8919 区间波动，平均波动幅度不足 0.5%，人民币成为亚太地区最稳定的货币之一，为抵御美国"次贷危机"引发的金融危机发挥了重要作用，也为亚洲甚至世界的经济复苏发挥了重要作用。中美贸易逆差继续扩大，美国失业率高企，2010 年美国再次以"操纵汇率"之名给我国施压，但人民币仍然平稳运行。2009 年，人民币汇率重新进入升值预期通道，至 2010 年 6 月 18 日，人民币兑美元汇率达 6.8275。

3. 2010年6月至2015年"8·11"汇改前

自人民币汇率钉住美元近两年后，以美国为首的西方资本主义国家和学者纷纷再度要求人民币升值，而经济、金融开放也内在要求更富弹性的人民币汇率形成机制。2010 年 6 月 19 日，央行宣布进一步实行人民币汇率形成机制改革，坚持由市场供求为基础，参考一篮子货币制度。此次汇改强调市场在汇率决定中的基础作用。

"6·19"汇改有以下特点。①增加汇率形成机制的弹性。央行规定人民币汇率日波幅为正负 0.5%。②人民币汇率更加紧密地参考一篮子货币。一篮子货币是根据我国贸易与投资国家的份额而选择的。

2010 年 6 月 18 日，人民币兑美元汇率为 6.8275，至 12 月时达 6.6227，

此次汇改后汇率的涨幅和涨速均高于 1994 年汇改。

2011年前三个季度，我国面临较大资本流入和人民币升值压力，剔除估值影响，外汇储备增加3731亿美元，同比增长30%。2012年8月初，美债降级，同时在欧洲，希腊等边缘国家的主债权危机开始向中心国家蔓延，资本大量流入我国，冲击我国房地产市场和加大我国通胀压力。2012年4月12日，中国外汇交易中心加大银行间外汇市场人民币兑美元日浮动区间，从正负0.5%扩大至1%，限制远期结汇，对银行结售汇头寸实行权责发生制管理。这次资本大量流入和亚洲金融危机期间资本流入表明，人民币只是趋利资产，还不是避险资产，而是随着市场风险偏好流入和流出。

2014 年年初，人民币兑美元又经历了一轮快速升值，人民币汇率一度升至 6.04，甚至有许多人预期人民币汇率将进入 5 时代，3 月 17 日，央行扩大人民币浮动区间至 2%，人民币快速反向下跌，结束了人民币汇率长期升值趋势，拉开了人民币汇率由单边升值转向双向波动的序幕。

4. 2015年"8.11"汇改至今：外汇宏观审慎管理

2015 年 8 月 11 日，中国人民银行发表《关于完善人民币美元汇率中间价报价的声明》，宣布人民币汇率中间价为参考上日收盘价，综合考虑外汇供求和国际主要货币汇率变化形成中间价。"8·11"汇改使人民币汇率市场化程度大幅提高，人民币兑美元汇率中间价形成机制进一步市场化，改革的目的是使人民币汇率更加真实地反映外汇市场的供求关系，促使人民币汇率逐步双向波动，抑制投机，改善供求。

"8·11"汇改之后，人民币汇率经历了两个阶段大幅贬值。第一个阶段是"8·11"汇改至 2017 年 5 月，第二个阶段是 2018 年 6 月至 2019 年年底。噪声交易者投机性交易是引起外汇市场非理性波动的主要因素，投机者并不是根据经济基本面进行汇率预测，而是根据历史数据进行技术分析，这些适应性预期噪声交易者容易产生顺周期性行为，造成外汇市场非理性波动的单边波动。我国外汇市场短期内噪声交易者居多，70% 以上的金融机构关注过去 6 个月汇率走势，仅 25% 左右的金融机构参考经济基本面对汇率做出预测，且投机者自我修正滞后。

由于人民币汇率大幅非理性下跌，在这两个阶段我国央行实行了逆周期的外汇宏观审慎管理，第一阶段主要以外汇储备、资本管制、中间价调整为特征的价格型和数量型混合的外汇宏观审慎管理，第二阶段主要以改善离岸市场收益率和调节中间价为特征的价格型宏观审慎管理。

2015年10月对金融机构征收20%的无息远期购汇风险准备金，随后扩展至期权和期权组合等衍生品业务。2015年12月央行在人民币中间价形成机制中引入50%权重的"一篮子货币汇率"，中国外汇交易中心发布人民币汇率指数（CFETS），人民币汇率指数参考一篮子货币汇率编制而成，并公布人民币汇率指数（EFETS），一篮子货币构成和权重，增加了市场透明度，试图稳定市场预期，使人民币汇率更好地保持对一篮子货币汇率基本稳定。但世界经济下行下的"一篮子货币汇率"也是贬值状态，因此"一篮子货币汇率"的引入未能遏制人民币汇率顺周期下行。2016年2月央行明确了"上日收盘价+一篮子货币汇率变化"人民币兑美元汇率中间价定价机制，并规定做市商的人民币兑美元汇率中间价报价由两个部分组成：一是银行间外汇市场前日16时30分的收盘汇率，主要反映市场供求情况；二是人民币对一篮子货币的汇率，该部分主要反映一篮子货币汇率变化，保持人民币中间价对一篮子货币汇率稳定。自2016年4月起我国实行全口径宏观审慎管理。当金融机构购买远期外汇的成本提高时，必然把提高的成本转嫁给客户，客户购买成本的提高将抑制其需求，但该办法并没有遏制住市场强烈的看空情绪。

2016年6月17日，中国人民银行同意建立外汇市场自律机制，成立了汇率工作组，主要负责规范人民币汇率中间价报价行为，并通过了《外汇市场自律机制工作指引》《银行外汇业务展业公约》《银行外汇业务展业原则》《人民币兑美元汇率中间价报价行中间价报价自律规范》《中国外汇市场准则》《银行间市场（批发市场）交易规范专家组工作章程》《省级外汇市场自律机制外汇业务展业工作指引》《跨境人民币业务自律公约》《外汇市场自律机制秘书处工作指引》等规定，进一步规范外汇市场交易行为。2017年5月人民币汇率中间价形成机制中引入了"逆周期因子"，"收盘价+一篮子货币汇率变化"调整为"收盘价+一篮子货币汇率变化+逆周期因子"，防止顺周期预期自我强化和汇率超调风险，维护外汇市场稳定。逆周期因子是从上一日收盘价较中间价的波幅中剔除一篮子货币变动的影响,再通过逆周期系数调整得到逆周期因子。逆周期系数由各报价行根据经济基本面变化、外汇市场顺周期程度等自行设定。"逆周期因子"的引入使人民币兑美元贬值预期终于逆转,加上国内经济企稳、外部美元走弱,人民币逐渐升值。

在第二阶段,人民币汇率贬值的触发因素是中美贸易战。自2018年4月中旬开始,美元指数止跌反弹,美国经济表现强劲,中美货币政策走向分化,人民币与美元利差大幅收窄甚至倒挂,国内经济再度下行,中美贸易摩擦全面升级,阿根廷、土耳其等新兴市场动荡,全球避险情绪上升,加速了资本回流美国和美元升值,诸多因素增加了国内经济不确定性的心理冲击,刺激了人民币看空情绪。6月15日美方公布第一批中国进口商品加税清单,人民币汇率转为下跌,再次呈现非理性的顺周期单边贬值,2019年8月5日人民币在岸和离岸即期汇率均跌破7。

该阶段央行的宏观审慎管理以价格型为主,减少了外汇储备市场干预和强资本管制,更加重视价格的逆周期管理和汇率形成机制的完善。吸收第一阶段"逆周期因子"和"远期购汇风险准备金"组合成功经验,央行于2018年8月先后重启"远期外汇风险准备金"和"逆周期因子",9月20日,央行与香港金融管理局签署《关于使用债务工具中央结算系统发行中国人民银行票据的合作备忘录》,便利央行在香港人民币离岸市场发行央票。从2018年11月至2019年年底,央行在香港发行了14期1700亿元央票,离岸市场央票常态化发行,完善了离岸人民币的收益率,增加了离岸市场人民币流动性,稳定了市场预期。同时人民币汇率弹性增加,释放了贬值压力,避免了贬值预期的进一步积累;个人和企业没有恐慌性抢购和囤积外汇,反而减少境内外汇存款,企业大都做了风险对冲,反映市场对汇率波动的容忍度和风险管理意识提高了很多。

综上,第一,人民币汇率市场化改革已取得显著成效,"8·11"汇改后,人民币事实货币篮子中美元权重逐步降至0.5,与其在CFETS货币篮子中的事实权重一致,欧元和英镑成为人民币事实货币篮子的重要组成部分;第二,"8·11"汇改后中间价定价市场供求占比有所反复,一篮子汇率因素和逆周期因子是中间价定价机制的重要组成部分,2018年后,中间价对人民币汇率的引导作用回归中性,取消中间价定价机制已经具备事实依据。依据结论得到启示,在人民币汇率市场化改革中,人民币货币篮子已经优化到位,未来应该在渐进可控的基础上推进中间价市场化直至取消中间价[①]。

三、现阶段人民币汇率形成机制现状

(一)现阶段人民币汇率形成机制特征

1. 人民币外汇市场做市商制度

当前从微观角度看,我国银行间外汇市场上,做市商订单驱动和报价驱动同时存在,做市商的报价反映了市场供求、市场预期和国际外汇市场走势,体现以市场供求为基础的浮动汇率机制。外汇做市商制度的推出,使人民币汇率中间价的形成方式发生改变,人民币汇率更能体现以市场供求为基础的浮动汇率机制,尤其是对汇率合理定价与规避风险起到重大的推动作用。做市商集中了国际外汇市场走势、市场供求、市场预期等市场信息,其报价反映了市场行情,对波动更加敏感,市场传导力增强,汇率波动的溢出效应和市场反馈能力更强。

2. 人民币汇率形成机制是有管理的浮动汇率机制

人民币汇率的浮动体现在单个交易日内和不同交易日之间,单日人民币汇率在规定的幅度内自由浮动,不同交易日之间人民币汇率可以浮动。"8·11"汇改后实现了以供求为基础的汇率中间价市场化,强调人民币兑美元汇率中间价报价要参考上日收盘汇率,以反映市场供求变化。

人民币汇率的浮动是有管理的,首先,央行对单个交易日的汇率波动幅度有限制;其次,央行可以在参考一篮子货币汇率的基础上,对人民币汇率中间价进行调节;再次,央行可以规定经常项目结售汇限额,对综合头寸管理,以及做市商资格核准等一系列制度安排上。2017年5月,在中间价报价模型中引入"逆周期因子",缓解了人民币汇率波动对国内经济基本面不足的问题,增强了对汇率调控的自主性,遏制了市场顺周期的行为。

3. 人民币汇率市场化程度逐渐提高

2015年,"8·11"汇改使人民币兑美元汇率中间价形成机制进一步

---

① 张冲,胡昊,丁剑平.从人民币汇率形成机制看中国事实汇率制度[J].国际金融研究,2021(5):3-12.

市场化，更加真实地反映了当期外汇市场的供求关系。人民币汇率预期分化促进了汇率双向波动、抑制投机、改善供求的作用，从而让市场主体更加理性地投资，避免汇率预期脱离经济基本面自我强化和顺周期状态。

但我国汇率形成机制仍然存在许多不足之处。作为人民币汇率中间价形成的银行间外汇市场，其交易主体主要是取得会员资格的银行和非银行金融机构，其中银行占主体，而发达国家的外汇市场交易主体有外汇银行、外汇经纪人、外汇客户、中央银行四类，我国交易主体较单一，导致汇率容易形成单边预期。而我国的交易主体，从交易的客体看，虽然已经开办远期、掉期等外汇业务，但是交易主要集中在即期，尤其是人民币对美元的即期交易，而远期交易相对较少。在规定的波动幅度控制下，中国人民银行不得不经常入市干预，人民币汇率形成机制的市场化程度处于逐步提高阶段。

汇率形成机制与货币自由兑换程度密切相关。目前人民币经常项目完全可兑换，但资本项目还没有实现完全自由兑换，人民币汇率形成机制可以反映我国经常项目下的外汇，体现了经常项目供求的局部均衡汇率，而不能完全反映资本项目下的外汇供求，因此汇率反映的是非一般均衡汇率。

4. 人民币国际化程度加深，促使人民币汇率形成机制的改革

人民币国际化和人民币汇率形成机制是相互影响的关系。人民币国际化内在要求更富弹性和更灵活的人民币汇率。在人民币国际化下，人民币在境外流通规模的增加会降低央行货币政策的效力，增加人民币汇率的不稳定性。而且，非居民对外汇偏好的转移，往往对货币发行国的经济产生直接或间接影响。在固定汇率制下，国际资本的大规模流入或流出影响我国外汇储备，间接影响我国基础货币的供应量，引起通胀或通缩，加大货币当局货币政策控制的难度。在浮动汇率制下，非居民偏好的转移导致汇率大幅度变动，汇率大幅波动通过溢出效应，对我国宏观经济变量、财政政策产生间接影响。

(二) 现阶段人民币汇率形成机制影响金融稳定的因素分析

美国金融危机以来，世界经济增速放缓，全球经济进入结构性调整，我国经济增速放缓，通胀压力转为通缩压力，从2014年第三季度开始，人

民币汇率进入贬值通道，市场贬值预期强烈，市场上对人民币汇率的悲观情绪蔓延，直至2017年5月贬值预期才停止。人民币汇率预期单边贬值引起资本大量流出，引起外汇储备减少，2014年第二季度末，我国外汇储备规模达到3.99万亿美元，逼近4万亿美元大关，占全球外储总量的1/3，遥遥领先于其他国家，到2016年11月，我国外储下降了9400亿美元，接近3万亿美元，国内"保汇率"还是"保外储"的争论甚嚣尘上。2018年6月，在中美贸易战升级和经济"三期叠加"背景下，人民币再次进入单边贬值的预期通道。综合来看，人民币汇率内在的不稳定性主要来自以下几个方面。

1. 人民币汇率形成机制有待完善

首先，人民币汇率中间价弹性不足。我国银行间即期外汇市场的汇率日浮动幅度已于2014年扩大至正负2%，但作为国际货币，人民币是弹性最低的货币。提高汇率弹性是抑制短期资本大规模流动的有效手段之一，弹性的不足增加了人民币货币风险管理的成本。同时，人民币汇率长期低弹性使市场和央行对汇率大幅波动容忍度都不高，难以克服"浮动恐惧症"，汇率波动容易发展成非理性的顺周期性波动，造成资本大规模单方向流动，而且汇率弹性的不足容易造成贬值或升值不断积累，单边预期难以释放。

其次，银行间外汇市场交易主体单一，影响人民币汇率真正市场化。银行间外汇市场是人民币汇率形成的市场，但我国80%以上为银行，具有同质性，非银行金融机构、外资和高净值个人投资者占比不足，而银行交易主要根据结售汇综合头寸在市场上买卖外汇，较少主动开头寸、赌方向，造成人民币汇率易于单边波动，难以形成双向波动，不利于汇率预期的分化，而预期的分化是降低短期资本大规模流动的有效手段之一。

再次，我国实行的是银行间外汇市场和外汇零售市场的双市场机制，银行间外汇市场交易形成人民币汇率中间价，银行间主要基于在外汇零售市场的客户结售汇情况交易，而在零售结售汇市场上客户是被动的价格接受者，这种双市场机制造成汇率形成机制不能完全市场化。

2. 人民币资本账户逐步开放

自2001年加入WTO后，我国在坚持"先经常、后资本，先流入、后流出，先直接、后间接，先机构、后个人"的基本原则下，实行了一系列资本账户开放制度，资本账户开放加速，世界国际货币基金组织（IMF）资本项目下人民币已实现大部分可兑换。人民币资本项目可兑换赋予交易者按照市场人民币汇率兑换另一种货币的自由选择权利，内在要求人民币汇率的自由浮动。资本账户开放制度下，国际资本在境内外市场的自由流动，要求人民币汇率随之波动，僵化的汇率易遭到投机者攻击。在浮动汇率制下，如果货币风险管理不成熟，汇率过度波动或异常波动，将引起资本大规模地流出或流入，可能引发货币危机，严重时会冲击金融市场，因此人民币货币风险管理水平提升是资本账户高质量开放和金融稳定的保障。

3. 外汇宏观审慎管理机制有待完善

首先，外汇宏观审慎工具比较单一，主要为结售汇综合头寸调节、无息准备金调控。无息准备金为托宾税的一种，通过提高银行的交易成本，影响投机者的投资回报率来抑制资本流动，但托宾税在券商、基金、信托等渠道的资本流入有效性较低。随着我国证券、基金、保险等资本市场全方位的开放，我国外汇宏观审慎管理工具亟待丰富。

其次，中央银行时而"防流入"，时而"控流出"。跨境资本流动管理将制约人民币资本项目可兑换、人民币国际化，以及我国金融开放的战略部署。当市场回归理性，央行应继续推进人民币汇率市场化形成机制，在形成机制中增加外汇市场供求因素的权重，并继续放宽汇率波动幅度的限制。汇率弹性是吸收外部冲击的减震器，对比其他国际货币，人民币汇率日波动幅度2%依然偏低。提高汇率弹性不仅可以降低资本大规模单向流动，而且可以降低市场之间的联动性。

外汇宏观审慎工具使用的效率和其他工具的协调有关，我国外汇宏观审慎工具在汇率逆周期管理时的使用效果不是特别显著，只有加强多部门的协调，以及统筹协调微观审慎监管，提高外汇微观审慎的力度，加强外汇交易真实性、合规性审核，对企业虚假贸易、对外投资等对外转移财产等违法违规行为严厉打击，对系统重要性的金融机构和公司加强监管，才能提高外汇宏观审慎工具的效率，保证优质资本的流入。

4. 以美元为中心的国际货币体系影响人民币汇率形成机制

人民币汇率波动的方向、幅度和美元指数有高度相关性。美元对人民币影响较大，一方面是由于"上日收盘价+一篮子货币汇率"的人民币中间价形成机制中货币篮子中美元权重较高，货币篮子参考人民币汇率指数（CFETS）的货币篮子权重，该篮子中美元占较高权重，虽然2016年年底美元权重从26.4%下调至22.4%，但仍然是权重最高的货币；另一方面，美元作为国际中心货币对人民币有强大影响力，同时作为国际中心货币的汇率变动，主导着国际货币体系中他国汇率变动，而布雷顿森林体系的瓦解标志着美元供给量不再受黄金储备量的约束，美元的国际中心货币地位决定了美国不受约束的货币政策对其他货币汇率有较强的溢出效应。依据2019年9月国际清算银行发布的调查报告，全球外汇市场美元交易占所有交易的88.3%，美国环球银行间金融通信协会（SWIFT）管控全球近九成的外汇转账。而至2019年年底，人民币在全球外汇储备中占比仅有1.97%，国际支付份额2.22%，人民币国际化之路漫长而曲折，将在很长时间内面对美元的强大影响[①]。

第二节 人民币汇率变动对我国经济增长的影响

一、人民币汇率变化对经常项目效应

（一）人民币汇率—中国进出口—经济增长效应

随着我国经济对外开放程度的加深，对外贸易已经成为国民经济中的重要一环。根据1981年以后中国宏观经济指标的时序对比分析，可以看出贸易收支的变动趋势与中国经济的增长趋势基本一致。这期间人民币汇率有了五次大幅度变动。这种波动给我国经济带来了阶段性变化的影响。虽然汇率波动对价格影响不完全，但对进出口的相关影响还是明显的。下面来研究人民币汇率变化对经常项目的影响。

根据经济学的原理，汇率调整对外贸进出口的影响主要是通过价格竞争机制实现的。这一作用机制在不同条件下，作用效果也各不相同。就一般而言，在完全竞争条件下，该机制的作用效果最大；在不完全竞争条件

---

① 康文茹.人民币汇率形成机制对金融稳定影响研究[D].南昌：江西财经大学，2020：36.

下，该作用效果相对较弱。一国汇率水平的调低将导致该国以外国货币表示的出口商品价格同比例降低，而一国汇率水平的调高将导致该国以外国货币表示的出口商品价格同比例上升。自1981年以来，中国对人民币汇率先后进行过五次较大幅度的汇率下调，几次汇率调整效应都比较明显地产生了刺激出口和抑制进口的政策效应。人民币汇率的这几次下调，对改善贸易收支状况也产生了明显的效果。

在研究进出口贸易对经济增长影响的时候，一定要注意贸易对经济的影响有一个时滞问题。通常情况下，在货币贬值后，贸易逆差的现象仍然要持续一段时间才能扭转，这就是汇率下跌的"时滞效应"。这种先降后升的效果用图示颇像字母J，故常被称为"J曲线效应"。J曲线是对汇率贬值后贸易收支变化路径的一种描述。如果贸易收支对汇率的反映描述出J曲线，汇率贬值在短期内将恶化贸易收支（这与实施汇率贬值当局的意图正好相反），只有在长期内才能改善贸易收支。人民币汇率变动对进出口的影响效应随着年份的推进而有一段时滞，其中对进口影响的时滞较长，为一年左右，对出口影响的时滞较短，为半年左右。这种结果表明人民币汇率变动的滞后效应在12个月以内，具体来说这种滞后效应在6~12个月之间，这个结论与我国许多研究者对人民币汇率变动滞后效应时间的估计是一致的，同时也符合中国的实际情况。人民币汇率贬值后，其对贸易收支的改善效果在一年内基本上全部发挥出来，不存在贬值后短期内使贸易收支恶化的现象。根据参考论文，亚洲国家汇率变动滞后2个季度，人民币汇率变动滞后3个季度，弹性系数达到0.58，就是说，人民币汇率贬值1%，中国的出口将增长0.58%。但是人民币汇率变动对外贸发展长期利好效果并非汇率变动本身造成的，而是以汇率变动为契机，通过比较竞争优势的转换形成的。

要使汇率变动具备对出口贸易长期发展的促进作用，就必须做到以下几点。第一，我国的出口产业应具有规模经济特点。因为汇率变动产生的价格竞争优势只是短暂的，要使这种优势转换成长远优势，必须保证出口产业在汇率变动的短期作用效果下迅速形成不仅依赖于价格因素的产业竞争优势，而且这种优势的转换必须以规模经济为基础。我国应具有较为完善的产业体系。完善的产业体系不仅是汇率变动之短期效果赖以发挥的重要基础，同时也是支撑出口产业实现比较竞争优势转换的重要前提条件。第三，外国对我国出口产品具有较大且相对稳定的进口需求弹性。外国进口需求弹性既是决定汇率变动效果大小的重要因素之一，也是影响规模经济效应发挥的重要因素之一。第四，我国要加大人力技术资本的积累和供给，因为这是影响我国长期汇率变动效果的最根本因素。汇率变动的长期贸易效果是通过动态比较优势实现的，那么要促进产业结构的改善，高水平的人力技术资本的投入则是不可缺少的重要因素。

（二）人民币汇率与利用外资情况

改革开放以来，国际投资已成了中国的热点。国际资本的交流也日益增多，实际利用外资额每年增加。国际资本大量流入，解决了我国经济发展进程中的资本短缺，促进了外向型经济增长，从而使国民经济走上了工业化、市场化、国际化的道路。而且，由于国际资本流入，尤其是外国直接投资通过"外溢效应"（Spillover effect）与"学习效应"（Learning by doing），使我国经济的技术水平、组织效率不断提高，从而提高了国民经济的综合要素生产率。

中国的外商直接投资，不仅决定了将近一半的进出口贸易总额，而且直接决定了储备资产的增减和国际收支的平衡，对国民经济快速稳定增长发挥着越来越重要的作用。

中国国际资本流入的发展经历可以分为三个阶段：第一阶段是1979—1985年，为起步阶段。这个时期，中国开始实行对外开放政策，实际流入的外国资本尚未形成较大规模，每年将流入在20亿~50亿美元之间，年均增长仅7%，以对外借款为主。第二阶段是1986—1991年，为稳步发展阶段。随着对外开放的不断深入，这一时期外国资本的流入明显快于起步阶段，多数年份达到100亿美元以上，年均增长速度为9.7%。对外借款仍是国际资本流入的主要方式。第三阶段是1992年以后的高速增长阶段。这一时期进入中国的外国资本，年均规模扩大到373.4亿美元，平均增长速度高达35.8%，比前两个阶段大幅度提高。直接投资的流入规模大大超过对外借款部分，一举成为利用国际资本的主要方式与实质性转变。从以政府信用为基础开始转向以企业信用为基础，从间接融资向直接融资，特别是 B 股、H 股和 N 股的建立，更表明我国开始直接参与国际资本市场的操作，并向更广泛范围的直接资本市场融资。从证券投资平衡来看始终处于净流入状态，原因在于外商在华证券投资相对较多，而我国在海外的证券投资一直较少。外国直接投资的结构与特点随着开放政策不断深入，国际资本大量流入我国的同时，资本结构也不断变化。

根据沈坤荣的分析，外国直接投资率的增长导致了经济增长率的增加，FDI 每增加一个单位，就会造成下一年的人均 GDP 分布标准差扩大 0.22 个单位。FDI 在各地区间的分布标准差每增加 1%，就会使下一年的人均 GDP 分布标准差多扩大 0.52%。[①] 外商投资企业在我国进出口中所占的比重迅速提高，已占我国对外贸易的半壁江山，成为我国对外贸易中最重要的行为主体。另外，从流入我国资本的期限结构来看，长期资本流入比重不断增大，我国的资本依存度（资本流动额与国内生产总额的比重）也明显增长。

二、人民币汇率变化对其他经济因素的影响

（一）人民币汇率变化对物价效应

一国货币汇率变动会引起该国进出口商品价格的涨跌，从而影响国内整个物价水平。如果进口的是消费品，那么汇率变动只会影响同类消费品的变化和国内消费品的需求弹性、进口商品竞争的国内同类商品供给弹性及替代程度。如果需求弹性小、供给弹性小、替代程度低，则影响大；反之，则小。汇率变动对出口商品价格的影响，取决于国外对这种商品的需求弹性和国内这种商品的供给弹性。如果国外需求弹性小，国内供给弹性小，则影响较大；反之，则小。汇率变动不仅会影响出口商品的价格，还会影响国内整个物价水平。

我国的经验表明，进口物价的上涨，会导致人们生活费用上涨，并最终使出口商品和进口替代品甚至整个经济物价上涨。由此可见，货币贬值有助于通货膨胀并抵消贬值带来的好处。而通货膨胀本身又是引起货币对外贬值的一个重要原因。不过，从经济学理论来看，货币贬值不仅有导致物价上涨的一面，也具有抑制物价上涨的可能性。一方面，货币贬值使不

---

① 沈坤荣，耿强. 外国直接投资技术外溢与内生经济[J]. 我国社会科学，2001(5)：82-93.

合理的价格体系趋向更为合理，从而有利于促进资源的有效配置，提高资源的使用效率，改善结构性的供求状况，从而导致物价下降；另一方面，货币贬值引起出口增加，进口减少，使得国内某些产业获得较好的发展条件和更多的盈利。最终导致国内总供给的增加，使供求矛盾得以缓和，物价水平因此而下降。

人民币贬值可带动国内产量和就业的增加这种作用，只能在一定的条件下才能产生，而且表现得相当缓慢，一般要滞后于贬值所导致的物价上涨。货币的贬值通过货币工资机制、生产成本机制、货币供应机制和收入机制，最终使贬值带来的好处全部被抵消。如果经济结构上有的是开放的部门，有的是不开放的部门，各部门之间生产率相差比较大，开放的部门生产率高，不开放的部门生产率低。这种情况下，国内通货膨胀率高于世界通货膨胀率。处在"转轨期"的中国经济，由于其结构水平比较落后，同时各地各部门的开放水平存在差异，所以通货膨胀在不同地区和部门之间存在差异，所以说开放和不开放的部门之间生产率相差大时通货膨胀变化也越来越大。

（二）人民币汇率变化对经济增长率的影响

人民币汇率贬值与经济因素（经常项目、资本项目、物价、经济结构、失业、居民收入）的关系与中国的经常、资本项目结果是符合的，但是其他经济变量有所不同。总结一下有以下几点。

1. 经常项目贸易收支

人民币贬值对贸易收支存在明显的改善作用，但短期内存在 J 曲线效应。

2. 资本项目短期资本

人民币贬值后短期内发生资本逃避的现象，长期资本货币贬值导致长期资本的输入，特别有利于进行直接投资。

3. 物价

物价变动与汇率变动有较高的趋同性，汇率贬值时期物价上升比较高。

4. 失业

人民币汇率变化时期的失业率比较高。

5. 居民收入

长期来说人民币汇率贬值对人均国内生产总值出现有利的现象。居民收入增加，居民消费也增加。

6. 经济结构

进口商品结构无效，不利于对外贸企业的改革，生产成本机制不变，劳动生产力不变。

经济增长率是各种经济活动的结果，人民币汇率导致经济因素变化。

三、汇率—外国直接投资—经济增长

汇率主要通过财富效应机制和相对生产成本机制影响外国直接投资。

（一）财富效应机制

财富效应机制，是指随着本国货币贬值，外国投资者的财富由于汇率的作用相对于本国投资者的财富会增加。货币贬值后，外国投资者认为本国所有的生产投入品，如劳动、土地和机器设备等都变得更便宜，从而刺激外国投资者购买本国资产，增加对本国的投资额度。

（二）相对生产成本机制

相对生产成本机制，是指在本国货币贬值后，从世界范围来比较，本国的生产成本下降，外国投资者如果投资的是出口导向型企业，则企业利润将增加，高利润率自然会吸引外国直接投资额的增加。

外国直接投资主要通过直接效应和间接效应两条途径影响经济增长。

1. 直接效应

外国直接投资对经济增长的直接影响主要表现在四个方面：第一，外国直接投资企业创造的产值本身就是国内生产总值的组成部分；第二，外国直接投资构成国内固定资产投资的一部分，投资的增加会直接影响经济增长；第三，外国直接投资往往投资于外向型企业，这会带来进出口的快速增长，从而促进经济增长；第四，外国直接投资的扩大，吸引更多劳动力参与社会生产，扩大了产出。

2. 间接效应

外国直接投资对经济增长的间接影响主要表现在以下四个方面：第一，

外国直接投资的产业选择，具有产业连锁效应和示范与牵动效应，通过影响本国资本投资的产业选择来促进经济增长；第二，外国直接投资往往会引起本国的产业结构升级，并通过结构性调整来促进经济增长；第三，外国直接投资对一国经济会带来技术外溢效应，从而带来经济增长；第四，外国直接投资会促进本国进行制度改革，这些制度的完善和变迁也会促进经济增长。

四、人民币汇率走势及决定机制选择

（一）人民币升值对经济系统的影响

在经济全球化的进程当中，国与国之间的交流日益频繁和深入，国际贸易的产品种类覆盖了经济社会的各行各业。汇率作为影响国际贸易的重要因素，不仅是制定国家政策需要考虑的重要因素，也越来越受到学术界的重视。有些文章是从整体层面研究人民币升值对宏观经济的影响；更多的文章是从进出口的角度来分析人民币升值对经济系统的影响。

研究发现，人民币实际升值会减少该类企业产品出口的价格和数量；人民币升值会减少出口多种产品公司出口产品的种类，使出口向表现最好的产品靠拢；人民币实际升值会延长核心产品的出口持续时间，减少非核心产品的出口持续时间。人民币升值能促使新进入进口市场的企业和持续待在进口市场的企业进行进口产品质量升级，且对后者来说这种升级的作用更大；利用生存模型进行实证研究得到人民币升值会使得那些进口高质量产品的公司继续待在进口市场，而促使那些进口低质量产品的公司退出市场的结论。

人民币升值还可以影响经济系统中的其他变量，例如工资、通货膨胀等变量。人民币升值会造成国内货币流通过剩，进一步扩大通货膨胀。并且会在一定程度上提高国有制企业、集体制企业和非公有制企业的人均实际工资；从省级层面来说，人民币升值会增加沿海省份的人均实际工资，从而抑制西部省份的工资增长。人民币汇率升值能够通过进出口贸易、外商和对外直接投资等传递渠道促进中国创新能力的提升。短期内，人民币实际汇率升值有利于改善收入不平等；长期内人民币实际汇率升值将会进一步恶化收入不平等程度。①

目前人民币升值与我国汇率制度的不完善密切相关，应当考虑到人民币升值的可能性，并对其利弊进行分析。

人民币升值的益处如下。

第一，人民币升值会导致国际金融资本对人民币的投资，即人民币将成为人们的财富借以保值升值的购买对象，也就是说人民币在国际上将产生"黄金效应"。

第二，人民币升值有利于偿还外债，外债还本付息压力减轻，受益者是外币负债较多的行业、进口商、部分消费者等。

第三，人民币升值可改善国际贸易条件，有利于我国进口，特别是进口依赖型厂商进口成本将下降。

第四，人民币升值会使国内企业对外投资能力增强，比如原来需10亿美元在境外所能完成的投资，升值后会少用几百万美元甚至上千万美元就能完成。

第五，人民币升值有利于人才出国学习和培训，降低学习和培训的成本。

第六，人民币升值有利于实现人民币成为国际通用性货币的进程。人民币如果能成为国际通用货币，至少有以下好处：可以直接以人民币进行各种交易，包括用人民币购买境外股票、地产，收购公司、企业，支付技术、劳工、货物等款项；用人民币偿还对外债务等。

人民币升值的弊端也是显而易见的。

一是人民币升值不利于出口。人们原来10亿美元在我国买到的商品，人民币升值后，买相同质量和数量的商品，外国进口商就要多付出几百万美元甚至更多才能买到。如果升值幅度不是太大，由于我国劳动力成本所具有的竞争力，使得我国出口的商品在价格上的竞争优势不会受到太大的冲击，但是会给人们产生心理作用，即人们或许会不加具体分析地认为，来自中国的产品涨价了，商人们也会认为到中国进口产品赚不到多少钱。从而给中国出口造成真正的不利影响。

二是人民币升值不利于引进外资，使我国吸引海外投资优势减弱，抑

---

① 王可.人民币升值对中国经济—能源—碳排放系统的影响评估[D].河南大学，2020：11.

制外商对华直接投资。比如人们原来在我国花1亿英镑能做的事，人民币升值后，可能需要增加上百万英镑的投资才能办成。这等于外商进来前什么也没买，就要凭空多支付上百万英镑，投资者肯定要划算一番得失了。

三是人民币升值将会导致进口增加，从而可能出现贸易逆差，并影响国内企业的竞争力。

四是人民币升值可能会增加我国劳动力的就业问题，增加就业的困难度，导致国内就业压力加大。

五是人民币升值会使单纯依靠价格优势的产业受冲击。

六是人民币升值可能出现"暴富效应"，加剧低收入群体的支出负担，人民币升值会给中国的通货紧缩带来更大的压力。

（二）人民币汇率政策的若干建议

1. 汇率制度的政策建议

（1）对人民币外汇的流动进行调整。改革外汇管制制度，放宽外汇的兑换政策，让越来越多的企业和个人都能够充分地利用外汇储备，这样既可以缓解我国外汇储备过多而产生的压力，又能使外汇储备在国际竞争市场中获取更大的收益。外资企业在我国的优惠政策要逐步取消，让国内的企业可以更充分地参与国际竞争，使我国出口企业可以与外国企业平等公平的竞争，促进我国产业结构调整，符合国家长远利益。

（2）改革外汇储备制度，提高外汇储备的管理和使用。对我国外汇储备制度进行改革，主要目的是促进外汇储备的多元化，努力改变货币供给外生性的不利局面。这是因为目前我国外汇储备大部分都是美元或美元资产，使得外汇储备面临较大风险，如果美元主动贬值或人民币不断升值，都会使得我国的外汇资产大幅度缩水，造成极大损失。因此央行应逐步减少持有美元资产，提高欧元、日元以及英镑等世界其他主要货币在我国外汇储备中的持有份额，实行多元战略。加强原有的美元资产的风险管理，保障中国的资产安全。

（3）完善我国的外汇管理体制，增强市场功能。增加多种交易手段，以此防范人民币汇率波动所造成的风险，开放银行间的同业拆借市场，在银行间的市场中加强远期交易。外汇交易中的参与主体也要进一步扩大，完善交易系统,增加交易种类,对各种外汇间的交易信息进行实时的监控,促进外汇市场的公开透明度。建立高效的金融监管体系,对各种金融市场主体和交易行为进行有效的监管以降低金融风险,努力完善金融市场的整体建设。

2. 对外贸易的政策建议

(1) 加工贸易的转型升级。人民币实际有效汇率每上升 1%,进口会增加 0.1315%,可见汇率对我国进口的影响并不显著,主要原因可能是我国仍然以加工贸易为主,因此加工贸易的转型升级对我国的经济增长具有重要意义。目前我国绝大部分生产加工企业仍然处于初级水平,生产规模小、技术水平低、缺乏产品创新能力,所承接的合同大部分都是劳动密集型的低水平产品加工合同。我国在产品业务的价值链中往往只从事加工装配等最末端的工作,缺乏核心研发能力。我国的加工贸易对产业结构升级发挥的作用很小,但在中国出口产品中加工贸易的产品却占据不小的比重,因此,我国必须积极推进加工贸易转型升级,努力吸引更多增值含量、更高技术水平的专业投资到中国,以提高产业结构的层次和深度,促进产业结构的优化升级。

(2) 改变对外贸易的策略。我国虽然出口总量较大且在国际贸易中经常处于顺差的位置,但出口产品大部分是劳动密集型产品,其特点是技术含量不高,利润以及附加值较低。目前我国的贸易顺差也是以资源转移为代价,这样既不符合可持续发展道路,也导致我国的出口产品在国际市场上的竞争力会越来越弱。因此必须改变对外贸易的策略,引进高新技术的进口产品,同时升级出口产品的结构。加大对外贸出口企业的资金和技术支持,增加产品的附加值和技术含量,提高我国出口企业在国际市场上的竞争力。在进口过程中,增加对高新技术产品和重要原材料以及能源的进口,使部分国外资源流入国内,改善产业结构并促进出口产品的结构升级。

(3) 积极应对贸易保护主义。在过去和未来相当长的时间内,我国的出口产品经常被其他国家进行反倾销、反补贴的诉讼。近几年以动植物卫生检疫措施、技术标准等为理由的各种形式贸易壁垒,对中国出口产品的打击和限制也愈演愈烈,这些都对我国企业的出口产品造成很不利的影响。要参考外国完善的贸易救济体系,规范我国的反贴补、反倾销等法规体系,成立满足国际惯例要求的贸易救济机制。此外,我国企业也需要加强行业自律,避免恶意削价。

3.利用外商投资的政策建议

(1)合理利用外商直接投资,努力避免其不利影响。外商直接投资对我国经济增长是一枚硬币的两面,一方面促进我国经济增长,有积极作用;另一方面又不可避免地对我国经济增长起到一定的消极作用。外商直接投资的逐年增加,为我国经济发展注入了活力,带来了大量的资金和先进的技术,有助于提高我国整体的技术水平和企业管理水平。然而,外商直接投资在逐年增加的同时,分布却越来越不均衡。外商投资对我国经济发展来说是一把"双刃剑",既能促进我国经济的发展,同时也要警惕其带来的消极作用,不能一味地追求总量的增加,而要合理地加以利用。因此要努力消除外商直接投资产业和地区的分布不均衡问题,更加合理地利用外商投资,所引进的外资要与我国产业结构调整联合起来考虑。可以采取的措施如下:鼓励外国企业将资金投入新兴产业、高科技产业以及现代服务业;鼓励外国企业与国内企业深度合作,共同研发,努力提高我国企业的自主创新能力;鼓励外商更多地投资到我国的农产品种植业、养殖业以及相关农副产品的深加工业,促进我国产业结构合理升级,努力为我国农民创收,减小收入差距;鼓励外国企业投资和服务外包产业,进一步扶持外包产业的发展,努力承接国际服务外包服务;鼓励外国企业和我国企业共同开发偏远地区,并以此为平台,加强合作建设,促进我国相对偏远地区的发展。

(2)鼓励我国企业大胆地"走出去",增强我国企业的国际影响力。目前,我国在利用外资中存在扭曲的现象,一部分原因是制度不合理,主要表现在:一方面限制资本的流出;另一方面鼓励资本的流入。因此,在国际贸易收支结构中,"引进来"与"走出去"两者之间差距巨大。要努力支持和引导企业"走出去",保证我国经济的和谐发展,尽力改变目前利用外资的不合理扭曲现象。"走出去"的战略,一方面能够增加我国企业商品和劳务的输出，逐渐发展成一批有实力的跨国企业和具有国际影响力的品牌；另一方面还可以充分利用两种资源、两个市场，不断提高我国的综合实力，增强我国企业的国际影响力，从而促进我国经济的可持续发展。

4. 其他政策建议

（1）保持合理对外依存度，扩大内需。从实证分析的结论可以看到，消费对经济增长具有十分重要的影响，消费每增加1%，对经济增长的拉动作用是0.7703%。发展对外贸易，参与国际市场是我国经济增长的必然选择，但作为世界人口第一大国，对外依存过高，主要依靠出口和投资来拉动经济增长是极度危险的，这样很容易受到外部冲击。消费对经济增长的拉动作用要远远高于出口和投资，要适时地调整发展战略，鼓励居民合理消费，努力扩大内需，保持合理对外依存度，把对外战略转换为内外共同发展战略，实现从主要依赖出口、投资拉动经济增长的方式转换为利用投资、消费和出口共同协调拉动我国经济增长的方式。

（2）努力消除经济发展过程中的流动性过剩。推进利率的市场化进程，充分发挥利率对资源配置的引导和调节作用。当期我国流动性过剩的一个重要原因就是国外大量的闲散资金对人民币升值的预期，此外我国的货币供给外生性严重，因此这一问题是内外共同导致的结果。可以采取优化支出结构以及减少税收等办法来解决流动性过剩的问题，同时利率作为资源配置的基础工具，一定要合理利用，完善利率的市场化形成机制。

（3）大力发展经济，进一步提高国民收入。提高我国的综合国力，增加国民收入，尤其是农村居民的收入，进一步引导消费，扩大内需，拉动经济增长。完善社会保障体系、增强转移支付力度、合理利用税收政策、大力发展服务业等手段、建设新型的服务型政府，为我国创造更多的就业，积极引导并鼓励居民消费。

我国应进一步改革外汇管制制度和外汇储备制度，使外汇储备可以得到更加充分合理的利用，并采取多元战略，减少美元及美元资产的储备，降低风险，保证我国的资产安全。对外贸易中，我国企业应努力促进加工贸易的转型升级，加强企业的自主创新，增加产品的附加值和技术含量，提高我国出口企业在国际市场上的竞争力，同时进口国外的高新技术和国内的稀缺资源,促进我国产业结构的优化升级。外商直接投资对我国经济发展具有双重影响,不能过分地依赖外资,而应不断加强自主创新,努力消除其对经济增长的不利影响,合理利用外资,使其为我国经济服务。消费对我国的经济增长贡献巨大,一定要注重消费的作用,扩大内需,鼓励居民合理消费,同时完善社会保障体系和税收政策,提高我国企业的国际竞争力,增加我国的国民收入,保证经济持续健康增长。

第三节 人民币汇率变动对我国股票市场价格的影响

一、汇率与股票价格的传导机制

汇率与股票价格之间的关系,主要是通过中间变量的传导联系在一起的。汇率与股票价格之间的传导中介主要分为宏观传导中介和微观传导中介。宏观传导中介又分为利率、货币、国际贸易、国际资本流动等,微观传导中介又分为心理预期、风险、交易主体的异质性等。本节主要通过可量化的利率、货币供应量、国际贸易和心理预期等传导机制,结合前文理论对中国汇率与股票价格的关系进行具体分析。

人民币汇率与股票市场存在信息溢出效应,且存在显著的双向波动率溢出效应;其互动关系体现在线性关系和非线性关系层面上,既包括均值溢出又包括波动率溢出和极端风险溢出效应[①]。

(一)宏观传导中介

1.利率

利率是连接汇率与股票市场之间的桥梁,当一国货币贬值时,使得投资者对该国货币失去信心,同时无形中增加了投资此币种的风险,加剧该币种市场不景气的现象,增加资本流出的压力。国家为了外汇市场的货币供求保持平衡,必然通过提高利率来刺激投资者对本币的需求,而利率的上升,无形之中增加了上市公司的融资成本,公司资本减少,投资价值降

---

① 袁薇,汪聪聪.人民币汇率与股票市场信息溢出效应分析[J].武汉金融,2019(10):29-35+88.

低,股价必然下跌,反之亦然。

2. 货币供应量

货币在金融市场上是一种最基本的价值名称,当货币在货币市场中与其他货币交换时,其交换比例就是汇率,汇率的上升和下降也就等价于货币需求与供给的变化,当货币在股票市场中进行买卖时,就是投资资金,所以股价的变化就是资金的进出。当汇率下降时,本币升值,对本国货币的需求增加,导致货币供给增加,人们收入增加,产生投资需求或货币保值需求,一部分投入股票市场,使股票价格上涨。相对地,当汇率上升时,本币贬值,对本国货币的需求减少,货币供给相应减少,人们收入相对减少,撤出股票市场中的资金,股票价格也会下降。

3. 国际贸易

根据国际收支理论,汇率的变动与一个国家的国际收支关系有关,也就是国际进出口贸易。在全球经济一体化的进程中,上市公司的国际贸易业务也在不断拓展,使得汇率通过国际贸易与股票市场联系起来,汇率改变会影响上市公司的进出口贸易业务情况,尤其是对订单货物量巨大的贸易公司或者海外业务版图拓展范围广、海外业务比重高的公司来说,进出口贸易业绩下滑将改变上市公司的利润和股票价格。

对出口商品而言,当其出口价格不变时,汇率上升,本币相对外币贬值,增加了商品的价格优势,使出口量、销售收入随之增加。对进口商品来说,在其他条件不变的情况下,汇率上升,将增加其进口成本,成本上升利润也随之缩水,该进口公司的股票价格也会下降;相反地,如果汇率下降,则有利于进口商品成本的降低,增加其销售利润,使股票价格预期利好。

4. 国际资本流动

在国际资本自由流动的条件下,当一国货币升值时,以该国货币表示的资产价值也会随着上升,资产的升值会刺激产生对该国货币的需求,吸引外资流入该国。实际上,如果投资者准确判断一国货币预期升值,并于货币升值之前进入该国。无论是实物投资还是证券投资,该笔资产都能获取预期的投机收益,当投资者用手中的资本进行证券投资时,会推动股票价格的上涨,反之亦然。当一国股票价格预期上升时,国际资本会希望进入该国股票市场获取投资收益,随着资本流入的增加对该国货币的需求也增加,供不应求,促使本币升值,反之亦然。

(二)微观传导中介

微观传导中介包括心理预期、投资者的效用与风险偏好以及代理人的异质性。微观传导中介以市场有效性为前提,通常是以自我实现效应来实现汇率与股价之间信息传递的过程。

1. 心理预期

心理预期作为微观传导中介之一,其难以判断,复杂性较高,这里指的心理预期的对象包括不同种类的投资者,但无论是何种投资者,心理预期的形成,主要取决于当前汇率变动的方向以及对未来远期汇率的判断。当投资者判断汇率预期走低时或当前汇率走势低迷时,意味着本币升值,投资者会选择持有本国货币,可能会进入股票市场进行投资;当汇率降低时,本币相对外币贬值,投资者会选择兑换成外币进行保值。

2. 投资者的风险偏好

投资者对风险的偏好,直接影响其面对汇率的变动采取怎样的资产组合,从而来满足对资产收益率的需求。汇率风险厌恶投资者,预期汇率风险较大,则会减少该币种在股票资产中的资金配置。汇率风险票号的投资者,预期汇率风险较大,则会增加该币种在股票资产中的资金配置比例,因为该投资者坚信高风险会带来高收益。汇率风险中立,则投资者不会改变该币种在股票资产中的资金配置比例。

3. 交易主体的异质性

交易主体主要分为三类:投机者、保值者和货币当局。不同交易主体在面对汇率变动时的投资目的不同,则导致其在外汇市场和股票市场的具体操作也是有差异的。目前主要通过三个方面来分析它对价格的影响:一是交易主体的交易动机所造成的影响,即认为投机者与保值者的目标函数不同;二是市场交易者的投资分析能力,即认为交易主体对信息的解读能力显示出多样化;三是交易主体信息不对称的动态结果,即认为交易者是否具有设定价格的权力。不同的投资者基于不同的目的,对投资组合进行调整方式也不一样。

（三）汇率与股票价格的传导机制——中国具体分析

1. 利率传导机制

由利率平价理论和利率传导中介可以得出，理论上利率与汇率应呈现反方向的变动关系，即本币升值。这将导致本国利率上升，进而影响股价水平，但是实际上可能并非如此。

在中国，随着汇率中间价的大幅上升或下降，银行间同业拆借加权利率变化趋势并无明显的规律性，两者的相关性不显著，原因可能在于以下两点。

（1）外汇市场发展不完善。利率平价理论存在的前提之一即为外汇市场发展完善，也就是说只有在外汇市场发展完善、参与者数量多、外汇交易活跃、有丰富的外汇产品时，汇率平价理论才能成立。中国外汇市场恰恰不符合这些条件，所以利率平价理论在中国不适用。

（2）对国际资本流动的管制。在利率平价理论中，国际资本的自由流动是其成立的假设条件之一。然而我国对资本账户的管制比较严格，根据著名的"蒙代尔三元悖论"，我国选择的是汇率的相对弹性和货币政策的独立性，放弃了资本的自由流动，不满足利率平价理论，所以导致国际资本对我国利率的变化不敏感。

2. 货币供应量传导机制

中国长期处于贸易收支顺差状态，造成人民币升值，在这种情况下，外商在中国的直接投资扩张，短期资本流入也不断增加，合作办厂的形式屡见不鲜，外汇储备随之大量增长。为维持汇率稳定，货币供应量也不断增加，但随着2015年8月11日汇改之后，人民币兑美元汇率上升，人民币开始贬值，中国政府开始不断抛出美元，稳定汇率。

3. 国际贸易传导机制

由传统的国际收支理论和前人的经验已经推导出，汇率变动会通过国际贸易的变动影响股票价格。如果一国的货币升值，理论上该国的出口商品价格相对上升，进口商品成本却相对下降，从而对本国出口商品需求下降，对进口商品的需求上升，有利于该国的进口而不利于出口，造成贸易收支逆差，国际收支关系恶化，进而对上市公司的利润和股价也产生一定的影响，即出口企业股价上升，进口企业股价下降。在加入WTO之后我国劳动密集型产品的大量输出，占据着国际市场上较大的出口份额，长期保持贸易收支顺差，使得我国的经济得到了迅速的发展，也使人民币基本维持在升值的过程。

在2008年全球经济危机过后，全球经济开始复苏，我国进出口差额也大幅上升，与此同时汇率由于贸易收支关系而下降，人民币开始升值。从2015年开始，我国进出口贸易差额再次出现下跌的状况，相反，人民币兑美元汇率开始大幅上升。由人民币汇率与我国进出口差额的趋势图可以观察出，随着汇率走势的改变，进出口差额基本一直呈反向趋势变动。与此同时，中国股票市场价格与进出口差额的走势基本相符，随着进出口差额上升，国际收支环境良好，中国股票市场走向繁荣发展，于2015年6月前后，上证综合指数达到高峰，而2015年下半年，随着进出口差额的下降，上证综合指数开始出现下降趋势，进出口差额与我国的股票市场价格具有明显的相关性。综上所述，汇率会通过国际贸易的传导，进而影响中国股票市场价格的变动。

4.心理预期传导机制

当投资者对一国的汇率预期远期将发生波动时，无论将来是否真正发生波动，都将改变投资者对未来经济走势的心理预期与判断，从而会刺激投资者根据投资目的改变在股票市场中的交易对象或交易方向，而通过这种心理预期中介的传导，可能会引起该国股票市场资本的变动，最终影响股票价格。

综上所述，结合理论可以发现，汇率会通过国际贸易对我国股票市场传递一定的影响，但由于中国宏观环境的特殊性和微观环境的复杂性，货币供应量途径、利率传导途径和心理预期传导途径在中国并不完全适用。

二、人民币汇率变动与我国股票市场价格关系的结论分析

（一）汇率变动与中国股票市场整体关系的结论分析

从长期来看，人民币汇率变动与我国股票市场之间存在着均衡关系，这种均衡关系就是人民币汇率在股票市场的单向因果关系，即人民币汇率的起伏和波动会影响股票市场的波动。但股票市场的波动很难引起人民币汇率的波动，首先，从流量导向模型角度来看，我国存在着人民币汇率在

股票市场的正向导向作用，原因可能在于：当汇率上升时，人民币相对贬值，以美元计价的资产增值，从而增加了公司的现金流，股价水平上涨，与流量导向模型中作用的结果是一致的。其次，从存量导向模型角度来看，我国并不存在从股票市场与人民币汇率的单向因果关系，原因可能在于：当中国股票市场发生变动时，因为中国外汇市场不够发达以及中国投资者的偏好问题等，在较短时期内市场资金并没有流向外汇市场，所以并不存在股票市场与人民币汇率的因果关系。

（二）汇率变动对不同行业股票价格影响的结论分析

汇率变动分别与上证能源行业指数和上证金融服务行业指数呈现出正相关关系，且存在长期的协整关系，与此同时，只存在人民币汇率对上证能源行业指数的单向格兰杰因果关系，没有上证能源行业指数对人民币汇率变动的格兰杰因果关系，这个结论跟汇率变动和整体股票市场的关系相吻合，然而人民币汇率变动与上证金融服务行业指数并不存在双向的格兰杰因果关系。原因可能是：上证金融服务行业具有金融避险和贸易避险的意识与机制，使得在汇率波动对该行业的股票价格指数的影响较弱。由此可见，汇率变动在短期对各行业的影响因为行业的属性不同而表现出一定的差异性。

三、人民币汇率变动下我国股票市场发展的合理化建议

（一）合理引导外汇市场与股票市场的发展

1. 完善人民币汇率形成机制改革

随着人民币加入 SDR 这一标志性事件的发生，对中国金融改革与汇率制度产生了重要影响。人民币已经初步完成国际化进程，我国政府也要进一步推进人民币汇率的国际化和市场化的进程，继续修订与完善和国际相适应的外汇管理法规体系，积极引导人民币汇率预期走向，这对于人民币汇率的稳健发展具有重大意义。同时创新更多适用于中国外汇市场的避险工具，对冲汇率风险，稳定汇率。

2. 协调利率政策，优化信贷结构

虽然前文在分析利率作为传导中介对汇率与股票价格的关系时不适用于中国国情，然而中国人民币利率市场化改革正在进一步向前推进，政府

将继续推动利率市场化,必将通过宏观经济运行与中国股票市场和外汇市场挂钩。就当前来看,在人民币汇率不断缓慢升值的大背景下,央行继续灵活运用存款准备金率、发行央行票据等公开市场操作手段,合理对冲市场上的流动性风险,对由于汇率升值而受到显著影响的行业和部门,加大对其信贷支持力度,适当放松贷款额度限制,同时也要加强信贷监督,避免由于汇率变动产生的不良贷款,优化信贷结构。

3.促进资本项目开放,借鉴国际先进资本管理经验

循序渐进地推进资本项目可自由兑换的改革进程,进一步加大国际资本的流动性监督和管理,加大力度建立健全我国的金融市场监管体系。当今世界,经济全球化进程在不断深化和发展,一个国家不可能在金融危机中独善其身,历史经验显示,为了维护我国的金融安全,加大国际资本的流动性监督和管理是必不可少的。第一,要提高对我国资本的管理水平,制定相关政策合理开发利用国际资本,遏制资本外逃现象的发生;第二,要借鉴学习国际上先进的信息披露制度,健全与国际接轨的会计标准,使国内外公司可以轻松对接合作项目;第三,要加强对外交流与国际合作,学习发达国家商业银行的先进资本管理经验与方法,提高技术创新,开发信用评级系统。

4.健全股票价格形成机制,提高外汇管理水平

股价形成机制的完善将让影响股价的诸多因素难以真正发挥作用,同时也有利于避免外汇市场波动时对股票价格造成的冲击,所以要规范股票的发行、上市、交易程序,细化上市公司和投资者在股票市场中的行为规范,改善公司治理的外部约束机制,完善股票价格形成机制。规范股票市场各类主题的外汇收支行为,一要密切关注短期资本的投资,检测外汇资金进出股票市场;二要完善和建立对股票市场外汇资金流动的非现场检测,加强监管力度;三要对涉及股票市场业务的各类主体的合规性实施综合监管;同时在推进QFII和QDII进程中,加强对机构投资者的本外币兑换的监管。

(二)提高公司内在价值和能力以应对外汇风险

1.提高公司营利能力,增加股票投资价值

作为微观经济主体,上市公司是一国经济发展的动力和源泉。只有提

高公司的营利能力,增加股票的内在价值,才能在外汇市场产生波动时稳定股价,避免股票市场受到牵连。从公司股票基本面上看,公司的营利能力和业绩,是其核心竞争力的根本和基础,产品是营利的基础,产品只有不断地自主创新和更新换代才能延续公司生存和发展,这样一来,加快促进产业结构调整升级、加大产品的技术创新力度就是重中之重。

首先,要促使我国传统的劳动密集型产业转向高技术密集型产业,大力引进急缺的高端人才,建立自己的研发中心,提高产品的科技含量,在产品的自主研发能力和科技创新水平上占有优势。

其次,提高产品质量,按照国际执行标准,严格规范产品生产流程,打造质量为上的品牌形象。除了把握产品质量,还要做到客户细分,制定完备的营销策略,积极开拓市场;利用上市公司的融资便利,提高公司资金利用率和资本投资回报率,增加公司股票的投资价值。我国长期存在贸易顺差,外贸依存度较高,在人民币汇率变动的开放程度越来越高的情况下,如要保持上市公司产品的国际竞争力,就必须紧跟时代发展变化的需求,改变原有的发展理念,优化产业结构调整升级,使产品保持对外贸易竞争力,保证上市公司对外贸易的长期稳定发展,提升公司内在价值。

2. 完善财务报表的信息披露机制,维护投资者权益

强化信息披露监督和执行机制,提高公司公开信息的透明度,信息披露的及时性和真实性,有利于投资者做出更加合理的判断。同时规范上市公司信息披露行为,防止重大信息提前泄露,防止内幕交易,有利于我国股票市场的稳健长远运行。加强信息深度和广度,进一步完善提高信息披露制度,让中小投资者真正得到可靠、有效的信息。同时,规范上市公司的财务行为,进一步增强公司管理者信息披露的意识,提高信息披露的质量,对我国股票市场的稳健运行具有重要意义。

3. 完善公司贸易流程,提高抗风险能力

对于有国际贸易业务的公司,在办理国际保理、福费廷、授信开证、进口押汇、提货担保等贸易融资业务时,应合理对冲汇率风险。第一,可以在贸易合同中加入相应的附加条款,例如货币保值条款和汇率风险分摊原则等,防止汇率波动给公司带来巨大的损失,将损失锁定在公司可以承受的范围内;第二,要正确使用各种各样的外汇避险工具,例如:各种外

汇衍生工具、外汇远期和掉期产品，以及远期结售汇等；第三，可以利用第三方中介机构，签订外汇保险合同，转移汇率风险，防止人民币币值变化造成进出口贸易中的损失。

第四节　人民币汇率变动对我国对外贸易的影响

一、影响人民币汇率变动的因素

（一）国际收支状况

国际收支状况影响汇率变动，例如当我国的国际收支出现逆差状态时，会引起本国货币以及外汇需求的供给不断增加，导致人民币将会面临贬值压力，外币将会升值，反之亦然。

（二）利率变动

利率变动间接影响汇率，比如当我国的利率提高，并且对我国的人民币有加息预期时，那么这一系列政策将会吸引外商和国际资本的不断流入。这样将会不断增加我国人民币的需求和外汇的供给，导致本国货币汇率的上升；并且，当利率提高时，抑制我国资本的流出，这会使得国际收支逆差减少，有利于我国人民币汇率走强，反之亦然。

（三）市场心理预期

市场心理预期是指，当一国的经济一直处于一个优良的发展状态，并且人们对该国收支状况以及利率等因素很看好时，他们就将会大量地去购买该国的货币，从而造成该国货币汇率上升；反之，当人们对该国的经济前景并不看好时，便导致汇率降低。

（四）货币当局的干预

国家可以采取调整人民币汇率水平以及完善外汇交易体制等措施来影响发展趋势，这属于国家的干预措施。例如，通过买卖外汇等措施使得汇率变动有利于我国经济发展，从而达到维护经济稳定的目的，但这也会使人民币汇率有所波动。

二、人民币汇率上升对我国对外贸易的影响

（一）积极影响

1. 有利于产业结构转型

由于我国是劳动力资源密集型的国家，所以在发展劳动密集型产业时，具有不容忽视的强大优势。在我国劳动力成本相较而言比较低廉，存在着比较优势。当人民币汇率上升时，人民币将会升值，影响出口价格，由于出口价格的上涨，我国出口额也将会大大减少。当达到一定程度时，我国的劳动密集型行业会陷入困境，企业利润逐渐向零靠拢或者已经开始呈现亏损状态，而这些以劳动密集型产业为主的企业为了不破产或者不被市场淘汰，将会慢慢向高附加值型产业过渡，这就大大地推动了我国产品结构优化以及产业结构转型。所以人民币在一定程度内升值，对我国产业结构转型具有重要的作用，也改善了我国在国际分工中的地位。

2. 有利于缓解资本外流

人民币升值意味着我国经济发展情况得到好转，而好的经济发展情况可以吸引到更多对我国经济利好的投资，从而吸引到更多的国际资金，资金对于股市、地产的稳定性来说，是有一定好处的。

3. 有利于缓和国际贸易关系

近年来，我国的反倾销案例以及各种贸易纠纷、摩擦不断地增加，从国际分工的参与角度来看，一方面，人民币升值可以在一定程度上缓解其他国家对我国出口商品反倾销、反补贴的敌意；另一方面，可以促进我国同其他国家的贸易往来，在一定程度上改善了当前我国所处的国际贸易环境。

（二）消极影响

1. 会使我国劳动密集型产业陷入困境，出口利润减少

到目前为止，主要的出口产品还是劳动密集型产品，如果人民币升值，出口价格升高，我国主要的劳动密集型出口产品替代性很强，从而导致我国出口产品由于价格升高相较于其他国家失去了竞争力，这会使得我国那些以劳动密集型产品为主的企业面临倒闭或者是被市场淘汰，从而对劳动

密集型产业冲击会很大，在很大程度上削弱了我国出口商的积极性。

2. 出口产业受到冲击，会带来相应的失业问题

在人民币升值的外贸环境下，中国出口企业的生存将会处于非常困难的境地，比如那些一直依赖出口的大小企业就将会面临企业效益下降甚至破产或者倒闭，那么由于大小企业的倒闭或者效益下降，这些企业也会相应地采取一些裁员措施以稳定企业的发展，这一行业的人员也将会由此面临失业问题。

3. 由于投资成本的增加，将会引起外商投资的减少

我国实施改革开放政策以来，对外开放水平不断提高，为了能跟上世界的步伐以及与世界接轨，同时为了吸引外商来中国投资，我国制定了很多优惠措施。人民币升值会使得那些准备来中国投资的外商犹豫，他们可能会为了这些新增的投资成本而转战他国，这将会使得我国错失很多准备来华投资的外商。

三、人民币汇率下降对我国对外贸易的影响

（一）积极影响

1. 我国出口利润增加

我国人民币贬值的同时，出口的产品价格也意味着将要降低。而我国是以劳动密集型产品为主的国家，这会使得我国的出口额大大提高，从而出口贸易利润也会得到提高。

2. 推动出口产业发展，增加就业岗位

我国出口主要以劳动密集型产业为主，由于人民币汇率下降推动了出口贸易，所以推动了我国劳动密集型产业发展。同时，人民币汇率下降水平对就业的影响与人民币汇率下降变动大小存在着密切关系，由于劳动密集型行业主要依靠劳动力，在此基础上为了适应这个行业的快速发展，很多此行业中的外贸企业也将会提供很多相应的就业岗位。

3. 我国投资成本降低，外商投资增多

人民币贬值对外商投资者意味着跟以前相比较，可以花更少的钱在我国投资到同样的资产。这会使得外商投资者在我国的投资成本下降，进而吸引到更多的外商投资者来我国投资。

（二）消极影响

1. 会引起我国资金外流，国内经济处于低迷状态

一方面，当我国人民币出现贬值时，国内外市场之间的投资差额就会逐渐缩小，而在我国的外商企业就会采取相应的措施，以达到留住资金的目的，从而导致在我国的投资商把资金投向外国，造成我国资金不断外流现象。另一方面，如果我国人民币出现贬值，也意味着一定数额的人民币比以前更不值钱了，那么这将会对我国国内的经济有很大的影响，使得我国国内经济在一定时间内处于一种低迷的状态。

2. 进口成本增加，加剧贸易摩擦

当我国人民币处于贬值状态时，就意味着我国从外国进口商品的价格将会提高，而那些做进出口贸易的企业就会花费更多的费用去进口商品，而这将会对我国的进口贸易有一定的抑制。本来我国的出口贸易就屡屡受到其他国家的反倾销措施，而出口价格的降低，则会加剧我国与其他伙伴国的贸易摩擦。

3. 我国投资商对外投资减少

人民币的贬值将造成人民币在外国的实际购买力下降，由于我国投资商相较之下要花更多的钱去买相同的资产，而这些投资成本的增加将会使得我国投资商对外投资减少。

四、应对人民币汇率变动的相应措施

（一）创建出口贸易品牌，提高出口产品话语权

在我国，很多外贸企业都缺乏创新。打造出口品牌标杆，有助于提高我国出口产品的创新性，而且可以增强我国出口产品的不可替代性，有助于我国出口商自己掌握产品话语权。如此，在面对人民币汇率变动时，可以加大贸易双方共同承担的概率，在一定程度上降低汇率变动带来的风险。

（二）健全汇率风险管理体系

对于对外贸易企业来说，由于长期与其他国家的贸易伙伴进行贸易往来，并且在对外贸易业务中汇率风险属于客观存在的风险因素，所以凡是有对外经济业务的公司都要面对汇率问题。在平时的业务活动工作中，加

强对所有员工风险防范以及规避的培训和学习，使得员工在汇率风险方面有所认识，并且使他们能掌握一定的规避和防范汇率风险的能力。同时，外贸企业需要对本企业的汇率风险管理规范化，汇率风险管理体系的建立对于企业来说是不可或缺的，同时如果为了企业应对汇率风险的能力有所提高，可以聘用有专业预判分析能力的汇率风险人员，把由汇率变动给企业所带来的损失影响降到最低。综上所述，汇率的稳定对一国的经济稳定具有很重要的作用，如果该国的汇率波动幅度很大的话，就会影响到一国的经济稳定以及衍生的其他方面，这不利于一个国家的经济发展。

第十一章 金融发展进程中的汇率制度变迁与选择

第一节 金融发展进程中的汇率制度变迁

许多发展中国家和地区都曾经试图按"金融自由化"的思路来进行金融体制改革，但是迄今为止，金融改革成功的例子却很少，这些着眼于朝更广泛自由化转变的政策，其结果是局部性和短命的。这可能是由于欠发达经济体尚不具备金融自由化或"深化"的气候。例如，通货膨胀压力无法消除，金融业对财政的从属地位未改变，银行资本和工商业资本的融合未打破，宏观经济政策不协调，等等。任何一个国家都没有真正地经历所有的财政和金融扭曲，但是，也没有哪个国家在长期内成功地回避了它们。应反对把针对现代发达国家的经济理论照搬到发展中国家来，而力图立足于发展中国家的国情来创立新的理论，并由此导出新的政策主张。欠发达经济体在金融发展进程中的汇率制度变迁也是如此，不应照搬发达国家的模式，而应探讨适合自己经济状况的演进路径，本书的分析即致力于此。

一、金融发展与汇率制度及其变迁的内涵

（一）金融发展相关概念

1. 金融抑制

"金融抑制"（Financial repression），又称"金融压抑"，这一术

语是由麦金农①和爱德华·S.肖②提出来的。麦金农认为,发展中国家低的或负的实际存、贷款利率使实际货币余额很低,在实际货币余额和物质资本呈互补关系的基础上,造成过低的投资和过低的总产出。这一现象被麦金农称为"金融抑制",是作为金融发展的对立面出现的。肖的研究对象是落后经济,他的观点和麦金农相似,在肖的著作中,金融抑制是作为金融深化的对立面出现的。

国内有学者将金融抑制定义为,由于当局未能有效地控制通货膨胀,过分干预金融市场,将利率、汇率人为压低在市场出清水平之下,造成的金融体系与实体经济两者皆呆滞不前的现象。金融抑制和金融发展是相互排斥的。

由于金融抑制的不良后果,对于那些仍处于金融抑制状态的经济体来说,最为迫切的任务就是尽快走出这种状态。这里有两条道路可供选择:一条是直接通向金融自由化,另一条是金融约束。由于一些激进的金融自由化经历(如1997年东亚金融危机中的泰国、印度尼西亚等)颇令人失望,我国渐进式的金融改革被广泛接受。对这些经济体来说,较为稳妥或现实的选择是金融约束,而不是急于推行金融自由化,即金融抑制可以转化为金融约束。

2. 金融约束

金融约束与金融抑制是两个相似而又有很大区别的概念,两者在某些手法上很相似,但出发点和目的根本不同。"金融约束"的本质是政府通过一系列的金融政策在金融部门和生产部门内创造租金机会,而不是直接向民间部门提供补贴。此处租金指的是超过竞争性市场所能产生的收益。金融约束阶段的钉住汇率制度选择在民间部门创造的租金的表现形式为进出口商从汇率稳定中获得的收益。由于发展中国家一般汇率风险规避工具缺乏,所以受外汇政策影响的利益集团,即外汇收支频繁的进出口商希望政府能稳定汇率水平,进而锁定自身的外汇风险。作为经济主体的进出口商也会尽最大可能游说政府,也就是进行寻租,以反映其对汇率水平稳定

---

① 罗纳德·I.麦金农(1973).经济发展中的货币与资本[M].卢驰,译.上海:上海三联书店,上海人民出版,1997:210.

② 爱德华·S.肖(1973).经济发展中的金融深化[M].王巍,等译.北京:中国社会科学出版社,1989:91.

带来的利益的追逐。由于金融约束突出了政府在金融发展中的积极作用，因而有助于而不是有碍于金融深化。

具体来说，金融约束政策是以牺牲近期的配置效率来实现动态效率。应用于汇率制度选择方面，一国在向自由浮动汇率制转变过程中，以政府对外汇市场的适度干预，即某种中间汇率政策为过渡，尽管可能暂时导致实际汇率错置的低效率，但"两害相权取其轻"，这样做能够避免汇率水平突然自由化而引发货币急剧贬值，进而货币金融危机这种更大的无效率，以提高货币金融体系的安全性，对整个经济具有重要的外部效应。当一国金融衍生品市场成熟，进出口商培育起敏感的外汇风险意识，亦即实行浮动汇率制的条件成熟时，该国汇率政策约束的经济合理性即消失，此时再让汇率由市场供求决定而自由浮动，就会使中长期内的配置效率得以实现，不会出现进一步的资源配置扭曲。

金融约束作为一种动态的政策制度，随着经济的发展及向更自由、更具竞争性的金融市场这一大方向的迈进而逐渐进行调整。等到金融发展到一定程度以后，再考虑金融自由化的条件是否具备，以决定是否应该从金融约束过渡到金融自由化。将该观点具体应用于汇率政策也是如此，若发展中国家不顾其他宏观经济条件而盲目让汇率自由浮动，则极易爆发货币危机。反之，若在自由化改革进程中，先让政府对外汇市场施加适度管制，再逐步过渡到市场决定汇率，就会提高一国金融体系的安全性。

3. 金融自由化

金融自由化（Financial Liberalization）是政府减少对金融部门的行政干预，确立市场机制的基础调节作用，让金融体系遵循自身内在规律和路径自然成长的手段。从内容上看，金融自由化包括废除对利率和汇率的管制，通过市场竞争形成市场利率和汇率，以反映资金和外汇供求的动态变化和风险状况，并废除外汇兑换和信贷资源配置的控制，通过利率和汇率的变动引导资源的配置。这里对金融自由化的定义是与政府管制相对的。

从本质上讲，金融自由化是政府在金融领域行为方式的转变。但是，金融自由化对金融和经济发展的影响是不确定的，它依赖于政府选择的金融自由化的路径是否正确。一个金融发展水平很低的国家直接采用自由的金融市场模式是难以令人置信的。只有经由金融约束自然过渡的金融自由化,才能保证系统性金融稳定,推进金融和实体经济部门的发展。

爱德华·S.肖强调,金融自由化是工业社会发展过程中必然经历的历史阶段,不管一国经济发展的起点高还是低,这一过程或迟或早总会发生。金融深化一旦实现,不仅金融体系自身能够拓展,整个国民经济也能增长。

4. 金融发展/金融深化

本书认为,金融发展(Financial Development)等同于金融深化(Financial Deepening)。二者都是指金融结构的变迁,以及在结构变迁中金融的功能不断得以完善、扩充并进而促进金融效率不断提高和经济增长的一个动态过程。借鉴熊彼特对"发展"的定义,金融发展是永远在改变和替代以前存在的均衡状态。金融发展不同于金融自由化,后者只是前者的最高发展阶段。

金融发展理论是新古典主义经济学运用于发展中国家金融改革问题的成果。从政策倾向上看,麦金农和肖的金融深化理论,事实上是要在发展中国家推行包括银行、利率、汇率和货币可兑换在内的一揽子"大爆炸"式的自由化改革。显然,这套药方的实质就是在发展中国家复制发达市场经济国家的金融制度。可以说,他们的金融发展理论的哲学基础是自由放任主义思想,相信市场机制能够完全解决欠发达国家的经济发展问题。然而,麦金农和肖所强调的通向金融自由化的一揽子式的、大爆炸式的战略,没有考虑金融发展的自然路径,而且也没有顾及各国初始的经济条件和金融发展层次,也就是说,他们只注意到了金融发展中的外生约束,即只看到了政府对金融体系的干预阻碍了金融与经济的发展,而忽视了政府适度干预在维护金融体系稳定、避免金融危机方面的积极作用。

所以,若政府盲目地推进那种破坏金融发展依存路径的金融自由化,则无论对金融制度选择还是金融系统的稳定都可能是有害的。只有当国内金融基础比较稳固、资本市场发展较为充分、银行体系内的矛盾已逐步解决和利率逐步自由化后,才可以说该国已具备金融自由化的条件,政府才可以实施货币及汇率的对外开放,面向国际金融市场推进全面的金融自由化。自麦金农和肖提出金融深化理论以来,拉美和亚洲国家的金融危机就证明了这一点。

5. 金融发展相关概念间的关系

综合上面对金融抑制、金融约束、金融自由化和金融发展/金融深化的概述，本书借鉴谈儒勇（1998）来直观地表述这四者之间的关系。这里，金融抑制是金融发展的对立面，可视为金融发展的起点。金融约束为金融发展的初级阶段，而金融自由化为金融发展的高级阶段。

（二）汇率制度及其变迁相关概念

1. 汇率制度

封闭经济中的货币有三种价格：其一是现金账户中的记账单位，如1元；其二是一般物价指数的倒数 $1/P$，表示货币对一系列商品和劳务的交换价值；其三是存款利率，即持有现金的机会成本或预期的价格 P 的变化率。当经济或多或少对外开放后，该国货币成为完全或部分可兑换货币，于是货币有了第四个价格，即本币与外币的兑换率，又称汇率。该价格或者完全由市场供求决定，或者由货币当局对其进行大规模或适度干预以左右外汇市场走势，这些有关汇率的制度规定就是汇率制度。按照现代合约经济学的观点，汇率制度（Exchange Rate Regime or Exchange Rate System）选择实际上也就是从特定的依存的产权结构基础上衍生出来的有关汇率制度各个层面（如汇率的确定、维持、调整与管理）的制度规则合约的选择。或者说，汇率制度是关于一国货币与其他国家货币比价的决定、基础变动方式等一系列的制度规定。

根据汇率制度的定义，总结出其四点特点。

（1）规则性。汇率制度为参与外汇交易的各经济主体提供了激励和约束其行为的各种规则，界定经济主体的行为选择空间，这些规则作为金融活动参与者的共同知识可以有效地降低交易费用和竞争中的不确定性因素，给出了外汇交易活动的未来预期。

（2）社会性。汇率制度是外汇交易活动赖以进行的社会形式，它表现为经济主体在外汇交易活动中必须遵守的规则和惯例体系。作为约束参与外汇活动的经济主体行为的规则，其目的是调剂外汇活动关系，因而汇率制度是社会性的。

（3）相对稳定性。虽然随着汇率制度环境①的变化，汇率制度会发生制度变迁，但是汇率制度一旦形成，自身便具有相对的稳定性。

（4）依赖性。汇率制度本身是不能独立的，必须有其实际承载体，如各种经济主体；但同时各外汇交易主体也是由汇率制度来支撑和维系的。各外汇主体的组织安排便成为汇率制度的内容之一，一定的汇率制度还体现了各外汇主体在这一体系中的地位、职能、作用以及相互间的合作和竞争。

另外，在本书分析中已经多次提到合意汇率制度，所谓合意汇率制度，指的是这样一种汇率制度均衡或稳定状态，在其下经济主体的最大化行为既与自身的预期相吻合或者与其实力相匹配，又同整个社会的资源有效配置、经济金融稳定运行并行不悖，亦即已经不存在通过改进制度来节约社会资源的机会了。该制度状态所对应的经济结果（如增长率、效率、稳定、公平等）相对于其他各种制度状态的对应物而言更优，这可以被看作合意汇率制度的另一附加条件。

2. 汇率制度分类

在本书中汇率制度的定义及其分类十分关键，在讨论中间及两极汇率制时，两极汇率制度只包括：一极是自由浮动汇率制（也称为干净浮动制或独立浮动制）和管理浮动汇率制（也称肮脏浮动制）；另一极是不可撤销的固定汇率制（也称为超级固定、严格固定或完全固定汇率制），即货币局、货币联盟及美元化；除此之外的所有汇率制都属中间汇率制。由于中间汇率制主要由各种形式的钉住汇率制构成，有的文献习惯于用钉住汇率制来代替中间汇率制，还有的文献用内部解或内解代替中间汇率制；相应地用端点解、角点解或边角解代替两极汇率制②。为尊重原文，本书在引述时采用原文的说法，但必要时会进行说明。另外值得注意的是，在以往的（"中间制度消失论"出现之前）文献中没有区分传统的固定汇率制（包括中间汇率制和严格固定汇率制）与严格的固定汇率制，因此有时提到的钉住汇率制作为广义范畴，代表所有非浮动的汇率制度。

---

① 汇率制度环境包括政府财政状况、金融制度健全程度、金融市场发育程度等。
② 自由浮动汇率制下的汇率水平完全由市场决定，管理浮动制和中间钉住汇率制下的汇率由政府和市场共同决定，超固定汇率制下的汇率由法律决定。

3. 汇率制度变迁

同任何事物的发展过程一样，汇率制度本身也有一个产生、发展和完善以及不断面临被替代的过程。某一个特定的汇率制度只能存在于一个特定的时期，有着它自己的"生命周期"。如果现存的汇率制度安排在影响收入分配和资源配置方面效率很高且充分合理，那么这样的制度就不应匆忙变动；反之，如果现存的汇率制度在影响收入分配和资源配置等方面效率很低，且存在诸多不合理之处，那么这样的汇率制度就需要适时地改变。比如，汇率制度与国内外汇产业应保持较为协调的同步联系，如果两者呈现出明显的不一致，就说明汇率制度安排服务于外汇产业的功能没有得到充分而高效的发挥，汇率制度内生地具有变迁的需求。

"变迁"是制度创立、变更及随着时间变化而被打破的方式。汇率制度变迁是否定或改变旧的汇率制度并实行新的汇率制度的动态过程，原有汇率制度演变成新的制度，尽管还可能保留了过去的一些特点，但已不再等同于原来的汇率制度。从变迁的范围来看，汇率制度变迁为单项变迁，或局部变迁（相对于金融制度整体而言），这是因为尽管汇率制度是金融制度结构中的构成因素，但由于其具有相对独立的内容和相对独立的变迁规律，从而也就能够独立于其他金融制度而变革。

二、汇率制度变迁的制度经济学分析

制度经济学是研究制度在经济发展中的地位和作用的理论，它使用经济学的方法研究制度的产生、制度的功能、制度的作用、制度和经济增长的关系，把交易和交易费用（或称交易成本）作为制度分析的基本单位。阿罗（Arrow）从总体上以最简单的语言概括了制度和交易费用之间的关系，他认为交易费用就是经济制度的运行费用。由于现实中交易费用永远大于零，这样，不同的制度安排就产生不同的效率，对经济增长有不同的效果，进而产生不同的经济绩效。不同的制度安排还会带来不同的资源配置效率，凡是有效率的制度都具有降低交易费用的功能。这样，在制度经济学的分析中，制度由传统经济学的外生变量转变为经济发展的内生变量。制度经济学的基本理论支柱主要包括：①制度构成的制度起源理论；②制度变迁和制度创新理论；③制度、产权和国家理论；④制度和经济发展关系理论。

本节利用新制度经济学变迁理论,从一个全新的视野对汇率制度变迁问题展开研究。

(一) 汇率制度的稳定与变迁

制度的稳定与变迁和制度的均衡或非均衡是有联系的。由此推论,汇率制度的稳定与变迁决定于汇率制度的均衡或非均衡。

1. 汇率制度的均衡、非均衡与其稳定、变迁

这里把微观经济学的供求均衡分析方法引入汇率制度分析,来理解汇率制度的供求均衡与非均衡。汇率制度的功能是确定本币汇率水平及变动方式,当对某种汇率制度功能的供给与需求相一致时,该汇率制度就处于均衡状态;否则,就处于非均衡状态。

由于汇率制度涉及不同的对象,如政府、外汇相关利益集团、外汇投机机构等,他们受制或受益于某种汇率制度,即不同的作用对象在金融发展交易的基本含义是指社会经济活动,包括两个方面:一方面是人与自然的关系,反映的是生产活动;另一方面是人与人之间的关系,表现为交易活动。

不同阶段偏好不同的汇率制度,所以汇率制度的选择触动到社会的权力和利益分配格局。由此,其均衡与非均衡还可以从利益对比上体现出来:若某种汇率制度选择使各群体的利益相一致,就被认为处于均衡状态;若出现不同群体的利益冲突,就被认为处于非均衡状态。

汇率制度的稳定,指汇率制度处于没有否定因素或者否定因素不足以动摇现有汇率制度选择的状态。当某种汇率制度下,不同汇率相关群体的利益关系比较协调,或者利益矛盾处于温和状态,或者即使有利益矛盾,但是各自的利益所得与其力量(主要指经济实力)相对称,即使某群体想改变利益分配格局,但是自身力量决定了他无力改变而只能接受既有格局时,该汇率制度即处于稳定状态。若不同汇率相关群体的利益矛盾激化,各群体的力量与其所获得的利益不对称时,强势群体即在获利动机下否定或改变旧的汇率制度,推动汇率制度变迁。

2. 汇率制度的均衡、非均衡与其稳定、变迁之间的关系

由汇率制度的均衡、非均衡及其稳定、变迁的内涵可以得出,均衡的

汇率制度肯定是稳定的,但稳定的汇率制度不一定是均衡的,所以汇率制度均衡是汇率制度稳定的充分条件,但不是必要条件。汇率制度非均衡时,如果不同汇率相关群体的利益矛盾处于温和状态,或各自的利益所得与其力量相平衡,此时汇率制度处于稳定状态;若各群体所获得的利益与其力量不对称,汇率制度处于非稳定状态,就具有变迁的可能性。所以,汇率制度变迁只可能在非稳定状态下发生,即汇率制度非稳定才是其变迁的充分必要条件。

(二)汇率制度变迁的主体

汇率制度变迁主体是有意识地推动汇率制度变迁的单位,汇率制度变迁主体可以是政府、外汇市场投机者,也可以是进出口企业或经营外汇业务的银行(比如在金融约束阶段,他们可能通过寻租主动表现出对汇率稳定的偏好,这也是对制度变迁施加影响,因而成为变迁主体)。但汇率制度变迁除取决于变迁主体的偏好外,还取决于客观因素,如在金融约束阶段,政府选择钉住汇率制既是政府避免汇率动荡、维护社会稳定的需要,也是考虑到客观金融基础设施尚不健全,需要对外汇相关利益集团施加保护的需要。再比如,当实行钉住汇率制的国家由于出口创汇薄弱等原因造成外汇储备有限、国内外投机资本趁机攻击钉住汇率并使其崩溃时,这种情形下的汇率制度变迁原因除变迁主体——投机者的投机动机外,政府在外汇市场的调控能力有限也是投机成功的主要客观因素。

一旦汇率制度变迁主体确立,即通过与外汇相关利益集团的博弈,形成一个"纳什均衡"解——订立变迁目标、确定变迁时机、选择变迁方式、完成和巩固变迁,最后在新的汇率制度上实现汇率制度的均衡或稳定。

(三)汇率制度变迁的模式

汇率制度变迁模式可以从不同角度来进行不同的划分。

1. 强制性与诱致性汇率制度变迁

诱致性变迁是指一群(个)人在响应由制度不均衡引致的获利机会时所进行的自发性变迁。强制性变迁指的是由政府法令引起的变迁。林毅夫的定义既区分了两种制度变迁方式的主体的不同,也区分了制度变迁主体动机的不同。

具体到汇率制度变迁，根据变迁主体的身份，政府所发动的变迁是强制性的，外汇相关利益集团，如进出口商和经营外汇业务的银行或国内外外汇市场投机者，发动的变迁是诱致性或只能是诱致性的。根据汇率制度变迁主体的动机，诱致性变迁的主体推动制度变迁是受汇率制度转换所能带来的收益（对进出口商和经营外汇业务的银行来说是汇率稳定收益，对国内外外汇市场投机者来说是汇率价差收益）引诱，否则，它不会有任何动力进行制度转换。而对强制性汇率制度变迁主体——政府来说，其既追求自身收益（如税收、租金、政治收益）最大化，也服务于选民，追求社会收益（如经济稳定，避免货币、金融危机）最大化，尽管政府服务于选民在很大程度上也是为了获得选民支持，提高自己的政治威望，但这只能说明社会收益与政府自身收益在一定程度上相重合，而并不否认政府的"非经济人成分"，再有，当发展中国家过渡到金融自由化阶段，政府做出汇率浮动的决定就是为了获得缓冲内外部经济冲击的社会效应，而这可能与外汇相关利益集团的意愿相违背而遭其反对，这时的汇率制度变迁就必须依靠政府的强制力来推动。所以政府集"经济人"假设和"非经济人"假设于一身，政府效用函数是自身收益与社会收益之和。

这样，当一国由封闭经济融入金融全球化之初，政府出于金融基础设施尚不完善，为避免货币、金融机构危机之考虑，选择钉住汇率等中间汇率政策；以及当一国金融市场成熟，财政赤字得以有效控制等宏观经济条件具备，即进入金融自由化时选择浮动汇率制，这两种情况都属于强制性汇率制度变迁。而如果政府在金融约束阶段推行通货膨胀或财政赤字政策，造成实际汇率偏离长期均衡汇率水平，或者在其他经济变量都已自由化，只有汇率市场该放开但尚未放开时，这两种情况下国内外外汇市场投机者基于汇率趋于均衡的预期而对偏离均衡的钉住汇率的投机，很可能带来货币过度贬值甚至崩溃，继而引发企业、银行系统的资产负债表危机，这时被迫实行的汇率贬值、放弃钉住汇率就属于诱致性汇率制度变迁。

所以说，强制性汇率制度变迁是变迁主体，即政府以自身收益和社会收益为目的，强制自己发动的自上而下的汇率制度变迁，政府在变迁中直接扮演了第一行动集团的角色。比如，当政府在金融自由化阶段选择将汇率浮动时，可能招致相关利益集团反对，这种情况下，汇率制度转换必须有强制性。也就是说,当政府的预期收益高于强制推行汇率制度变迁的预期成本时,他就可能去设计和强制推行由诱致性制度变迁过程所不能提供的适当的制度安排,并采取行动来消除制度不均衡。这种自上而下的政府强制性汇率制度供给行为,降低了汇率制度变迁的时间成本和摩擦成本,但注意应尽可能保持汇率制度供给和汇率制度需求相一致,以避免扭曲的博弈均衡,提高汇率制度变迁的效率。而诱致性汇率制度变迁是变迁主体(除政府外的其他单位)单纯以利己为目的、追求自身收益最大化的变迁,如国内外外汇市场投机者诱使的汇率制度转换。

2. 供给引导型与需求尾随型汇率制度变迁

帕特里克曾对"供给引导型"和"需求尾随型"金融发展路径做出区分。他指出,"需求尾随型"的金融发展是指金融发展是实体经济部门发展的结果,市场范围的持续扩张和产品的日益多元化,要求更有效地分散风险和更好地控制交易成本,因此,需求尾随型的金融发展在经济增长进程中所起的作用是消极被动的,它只是对实体经济部门金融服务需求的被动反应。"供给引导型"的金融发展先于实体经济部门的金融服务需求,它对经济增长起着积极的主动作用。在供给引导型的金融发展中,金融部门主动地动员那些滞留在传统部门的资源,转移到能够推动经济增长的现代部门,从而促进资源配置效率的提高。

这里借鉴帕特里克对"供给引导型"和"需求尾随型"金融发展路径的界定,试探着给出"供给引导型"和"需求尾随型"汇率制度变迁路径的概念,作为后面进一步分析一国汇率制度变迁路径的基础。本书认为,需求尾随型汇率制度变迁,是指政府的汇率制度选择是相关利益集团,如政府自身、进出口企业和经营外汇业务的银行,对汇率自由化程度需求的被动反应。比如在金融约束阶段,进出口企业和经营外汇业务的银行由于金融衍生品市场尚不成熟,对汇率水平稳定存在刚性的体制依赖,政府也需要通过对外汇市场施加管制来避免货币金融危机的发生。由封闭经济融入金融全球化的发展中国家,在金融约束阶段选择钉住汇率等中间汇率政策属于需求尾随型的汇率制度变迁。供给引导型汇率制度变迁,是指政府主动调整汇率制度,与汇率相关的利益集团不得不调整自身外汇意识,适应现行的汇率制度。比如,当一国由金融约束阶段成功过渡到金融自由化,政府即将汇率制度由中间选择转向浮动汇率制，这时，与外汇业务相关的利益集团（具有适应性预期和学习效应，因而能够最终适应浮动汇率）必须时刻谨慎，避免外汇资产负债损失。所以说，在金融自由化阶段政府对浮动汇率制的主动选择属于供给引导型的汇率制度变迁。

多数情况下（因国内外投机者而致使钉住汇率崩溃的个别情况除外），政府是推动完成汇率制度变迁的"第一行动集团"，在决定变迁的形式、速度和路径时，既有促进微观主体效益最大化，也有保证国家内外部平衡、国民经济产出不断增长的宏观经济效率最大化的动机。选择政府供给主导型汇率制度变迁是发展中国家内生的制度逻辑，并由各利益集团和政府的理性选择而衍生出目前的发展中国家汇率制度变迁路径。

3. 渐进式与激进式汇率制度变迁

这是从汇率制度变迁与其他配套金融制度之间是否协调为依据来划分的。所谓渐进式汇率制度变迁，是指变迁所需具备的其他配套金融制度都已到位，从而使变迁过程相对平稳、没有引起较大的货币金融动荡、新旧制度之间的轨迹平滑、衔接较好的变迁方式。激进式汇率制度变迁是相对于渐进式变迁而言的，指不顾及各种经济金融制度间的协调、采取武断措施进行汇率制度变革。激进式变迁的失败风险大，如果缺乏较强的社会承受力，还会引发经济金融动荡，举例来说，东南亚部分新兴市场国家，过快开放资本项目、允许汇率自由浮动，结果是这种激进式汇率制度变迁引发了1997年东南亚金融危机。即便激进式汇率制度变迁没有失败，其与其他金融制度的协调也需以后慢慢完成，从这个意义上说，激进式汇率制度变迁可能不会实现制度的均衡或稳定，而是一直处于非稳定之中，激进式变迁最终还要靠渐进式变迁来完善。

4. 主动式与被动式汇率制度变迁

这是从汇率制度变迁与利益相关单位间的相互影响角度来划分的。主动式汇率制度变迁指变迁主体从自身效用函数最大化出发，对现存汇率制度不满意或对新汇率制度更向往而主动发动的变迁。相对应地，由于不同汇率相关单位之间的利益可能不一致甚至存在冲突，所以由变迁主体所发动并实现的变迁可能使其他单位受到冲击，如果后者不适应这种冲击并进行相应调整，就会蒙受损失，对他们来说，该变迁就是被动式变迁。例如，当一国汇率转向自由浮动时，进出口商等就不得不去适应，从而汇率制度转向浮动汇率制的变迁对他们来说就是被动式变迁。再如，当一国的钉住汇率制由于受到外汇投机者攻击而崩溃并转向浮动汇率制，这种汇率制度变革对该国政府、企业等来说也是被动式变迁。

由上述对汇率制度变迁方式的不同分类可以看出，由于不同分类所建立的依据不同，所以同样的汇率制度变迁可能同时属于不同的类别。如，当一国金融发展进入自由化阶段，政府变革汇率制度至浮动汇率制，这种变迁属于强制性变迁，同时也是供给引导型变迁；该变迁对政府来说是主动式变迁，而对外汇相关企业来说是被动式变迁；若该变迁与其他金融制度相协调则为渐进式变迁，否则为激进式变迁。因而，同一种汇率制度变迁被归入不同类别，只是划分依据不同所致，与上文分析并无矛盾。

（四）汇率制度变迁的动力

汇率制度变迁是需要动力的，否则变迁就不会发生，这种动力又分为外动力和内动力。

1. 汇率制度变迁的外动力

汇率制度变迁的外动力实际是变迁主体从事变迁的动力，也就是变迁主体发动汇率制度变迁的动因或动机（这里排除变迁主体的非理性行为，原因是汇率制度变迁是变迁主体的一种有意识的行为，是在有限理性限度内的理性行为）。

变迁主体进行汇率制度变迁的动机以"经济人"假设为基础。无论是政府还是外汇市场投机者抑或是其他群体来推动的汇率制度转换，都是从自身利益出发，进行成本—收益核算的。只有对变迁主体有利，要么增加收益，要么比在原有制度下蒙受较小损失，即变迁的预期收益高于预期成本，汇率制度变迁才会被推动，否则，原有汇率制度将处于稳定状态。

有一点值得注意，多数情况下，政府是推动一国汇率制度变迁的主体，由于政府效用函数是自身利益与社会利益之和，因此这时除考虑"经济人"假设（利己主义）外，"非经济人"假设（利公动机）也应引起关注。具体来说，政府的汇率制度变迁行为，既有从自身利益出发，或者为了获取更多的税收，或者为了获得更多选民的支持，以维护统治、提高政治威望，也有出于社会利益的考虑，如金融自由化时浮动汇率制的选择尽管有利于产出和就业稳定，却可能触动进出口商和经营外汇业务的银行的利益，从而遭其抵制。

2. 外动力与内动力的结合

如上分析，只要有通过汇率制度变迁获取更多自身利益（对政府来说，也包括社会利益）的机会或客观条件，变迁主体就会行动起来通过实现变迁而获得效用增加。但是，这种机会并不是汇率制度变迁主体创造出来的，而是汇率制度与社会经济金融发展矛盾运动的结果，二者之间的矛盾即推动汇率制度变迁的内动力。也就是说，现行汇率制度与经济金融环境（其变化是外生的）的不符创造了通过变迁而获利的机会，内在地提出了汇率制度变迁的需求，变迁主体的作用就是抓住机会，实施变迁，否则，汇率制度变迁主体的动力再强，也没有作用点或作用场所。比如，如果没有严谨的财政政策，没有完善的银行风险管理，一国金融发展水平就不可能进入金融自由化阶段，浮动汇率制也不可能实现，只有这些条件具备后，汇率浮动缓冲经济冲击的正效用才是推动汇率制度变迁的内动力。同样，如果没有制度变迁主体的作用，现行汇率制度与经济金融环境的不符所创造的"获利机会"就不可能被捕捉到，汇率制度也不可能自动发生变迁。

所以说，仅有汇率制度变迁的外动力或仅有汇率制度变迁的内动力都不可能使变迁行为发生，只有二者有机结合，受外动力推动的变迁主体抓住由内动力创造的获利机会，汇率制度变迁才能顺利实现。

（五）汇率制度变迁的过程

汇率制度变迁的过程也就是由原有制度向新制度过渡的过程，一般有以下几个阶段。

一是认识变迁条件、发现汇率制度非均衡机会，通过推动汇率制度变迁而获利。这是制度变迁的启动或开始。

二是确定变迁目标，也就是确立目标汇率制度。变迁主体在可以实现特定目标的多种方式中选择成本最低的一种。

三是实施变迁。在实施过程中，还可能需要根据实际情况修改变迁方案，尽量降低实施成本。

四是进一步完善新制度,这是汇率制度变迁的最后阶段。对新制度进行评价,如果与确定的目标不完全吻合,就需要修改目标,或者修补、完善新制度。如果在选择浮动汇率制时采用激进式变迁方式,一般还需要通过渐进式变迁予以完善。

(六) 汇率制度变迁的效率评价

1. 汇率制度变迁的微观效率与宏观效率

诺思制度变迁理论的基本假定是:制度变迁的诱致因素在于行为主体期望获得最大的潜在利润。所谓"潜在利润"就是"外部利润",是一种在既有的制度结构安排中行为主体虽然已经观察到,但无法获得的利润。只要这种外部利润存在,就表明社会资源的配置还没有达到帕累托最优状态,从而可以进行帕累托改进。由于外部利润不可能在既有的制度结构中获取,因此,要获得外部利润就必须进行制度的再安排或制度创新。这种新制度安排的目的就在于使暴露在现存的制度结构安排外面的利润内部化,使现存制度下的"潜在利润"转化为真正能够获得的利润,以达到帕累托最优状态。汇率制度改革就是这样一种制度的再安排,没有潜在利润,固然不可能有制度变迁,但有了潜在利润,制度变迁也未必就会发生。因为制度变迁还涉及成本问题,制度变迁的成本与收益之比对促进或推迟制度变迁起着关键作用。只有当通过制度创新可能获得的预期收益大于预期成本时,行为主体才会去推动直至最终实现制度的变迁,制度创新才可能发生,这是制度变迁的基本原则。正是以这种收益最大化原则作为理论起点,诺思认为,推动制度变迁的行为主体都是追求收益最大化的。尽管不同的行为主体(如个人、团体或政府)推动制度变迁的动机、行为方式及其产生的结果可能不同,但他们都要服从于制度变迁的一般原则和过程。这里将之应用于汇率制度变迁,并从微观和宏观两个角度对汇率制度变迁进行效率评价。

微观效率评价就是对汇率制度变迁所涉及的个体的成本—收益评价。对于任何一个汇率相关个体来说,其所支付的代价越低,从变迁中所获得的收益越多,效率就越高。按照边际分析方法,当变迁主体的边际成本等于边际收益时,就达到了效率最佳的帕累托状态。对汇率制度变迁的宏观效率评价也采用成本—收益比较，但这与微观层次的成本—收益比较有所不同，后者只比较私人成本和私人收益，而宏观层次上的比较是社会总成本和社会总收益。

其中，总成本既包括各个汇率相关个体承担的成本，也包括获利过程中由社会所承担的成本，即外在成本或社会成本。总收益也包括个体所获得的私人收益以及社会收益，即外部收益。这样，把微观上所判断的效率置于宏观层次上分析，评价就不一定一致。微观上的高效率，从宏观层次评价，效率可能不高或者不像在微观层次上那么高。原因是社会可能为某种汇率制度变迁支付了很多成本，却没有纳入微观的成本—收益核算之中。比如，由外汇市场投机者投机造成的货币崩溃使汇率制度被动地转向浮动汇率制，这对投机者来说是微观有效的，而对社会来说却是危机型的，会造成极大的社会负面效应，因而是宏观无效的。同样，微观的低效率置于宏观层次分析，可能是较高的效率。因为对于单个变迁主体来说，其自身收益可能低于付出的成本，而该变迁对社会却可能有较高的正外部性，一些政府主导型汇率制度变迁即是如此。

2. 汇率制度变迁过程的成本和新制度的运行成本

成本—收益比较是汇率制度变迁效率的主要评价方面。其中成本即交易成本或交易费用，是产权经济学的基本概念。张五常认为，交易费用就是制度费用，由改变制度的费用和制度的运行费用两部分构成，这两部分是一个问题的两个方面，缺一不可。人们之所以选择运行费用较高的一种制度，是因为制度改变费用过高所致，如果制度改变不需要付出代价，人们就会选择一个运行费用较低的制度，特别的是，当改变现行制度的代价小于其运行费用时，制度改变必将发生。所以说，汇率制度变迁的成本评价包括两个阶段，第一阶段是变迁过程中的成本，也就是人们常说的改革成本，包括变迁主体设计、实施变迁方案、新旧制度的摩擦成本等，如金融约束阶段下，政府对实施何种中间汇率制的选择就是设计成本。只从变迁过程来说，成本越低，效率就越高。但是，变迁过程成本的高低不是判断汇率制度变迁成本高低的唯一因素，还必须考虑第二阶段，即新制度建成后的运行阶段的维持成本。如果制度变迁后能够重新达到利益均衡和制度稳定，那么第二部分的代价就比较低；如果最终结果是制度扭曲，那么

第二部分的代价就会很大。可见，如果一项汇率制度变迁的过程花费较少，但是实施后，人们在该制度下活动的交易成本很高，就不能认为这一变迁是高效的。如政府在宏观金融条件尚不具备时采用激进式变迁方式转向浮动汇率制，这时的汇率制度很可能处于非稳定状态，如果政府宏观调控能力有限，极易引发货币金融危机，那么这样的汇率制度变革就是低效的。也就是说，政府只看到了第一部分的成本，而忽略了第二部分的成本，由于第一部分的成本相对有限，因而政府得出收益大于成本的结论。但如果加上第二部分的成本，收益大于成本的结论就要改写。可见，要提高汇率制度变迁的效率，从成本方面，不仅要力争降低变革过程的成本，而且要尽量使新制度的运行成本降低。

所以，汇率制度变迁主体，尤其是发展中国家政府，在推动汇率制度变迁过程中需要充分考虑到相关利益集团的偏好结构、内生的变迁路径以及汇率制度与其他经济金融制度安排之间可能的互动效应，力求使长期内的交易费用即变迁成本最低，以尽可能实现最大化的变迁效率。

第二节 金融自由化阶段的汇率制度选择

一、选择广义钉住制的风险

当一国金融发展水平进入金融自由化阶段，如果政府继续保持对外汇市场的管制而实行钉住汇率制，则其弊端会由于金融自由化下跨境资本的大规模高速流动而得到扩大，具体来看主要有下述几个方面的风险。

1. 钉住汇率制度不利于发挥汇率对国际收支的自动调节功能

在浮动汇率制度下，只要一国国际收支出现失衡，货币就会自动地贬值或升值，从而对国际收支与整个经济进行自发调节，不需要任何专门的政策以及强制措施。而在钉住汇率制度下，汇率波动受到政府限制不能随着外汇市场的供求变动而自动达到均衡水平，从而国际收支也不能随汇率变动而自动达到均衡，国际收支的失衡一般需要政府制定特定的政策组合来加以解决，而且这一过程中存在的时滞问题也使政策效率下降。另外，钉住汇率制度下，一国对国际收支的调节往往是问题已经积累到相当程度才进行的，因而，调整幅度一般较大，对经济造成的振动也是比较剧烈的。

2. 钉住汇率制度不易协调内外经济均衡

钉住汇率制度使货币当局失去货币政策自主性，不易协调内外经济均衡。浮动汇率制度的国际收支自动调节功能使实行浮动汇率制的国家具有完全独立的货币政策，不必为纠正国际收支而采取紧缩或扩张政策，货币政策因而从对汇率政策的依附中解脱出来，获得较高的自主性，这样，利用汇率政策实现外部均衡，货币政策和财政政策可以专注实现经济的内部均衡。亦即钉住汇率下会出现"米德难题"①，国际收支平衡必须以牺牲国内经济的方法来换取；而在浮动汇率制度下丁伯根法则②得以运用。并且，实行浮动汇率制还可以将外国的通货膨胀拒之门外，从而独立制定本国的货币政策。而在钉住汇率制度下，若购买力平价成立，则在名义汇率不变时，外国价格水平的上升会带来本国价格水平的相应上升，一国无法自主地控制本国的通货膨胀水平。

3. 钉住汇率制度易受游资的冲击

钉住汇率制度不能很好地经受国际游资的冲击，同时政府又必须持有大量的国际储备。在浮动汇率制下，由于汇率会随外汇供求的变动而自行达到均衡，各国政府就不必持有太多的国际储备来维持或支持其货币的汇率，可以把节省的外汇资金用于发展经济。另外，在浮动汇率制下，由于汇率随时都在进行调整，政府也不承诺维持某一汇率水平，因此投机性资金不易找到汇率明显高估或者低估的机会，同时在进行投机活动时还得承担汇率反向浮动时的风险。而在钉住汇率制度下，政府对汇率不能适时调整，这样很可能背离市场的外汇供求关系，从而招致投机资本的冲击。而且钉住汇率制度下的投机活动可以不承担任何风险，投机失败时可以按原有的汇率水平进行抵补性交易，这会进一步刺激投机。尤其是对金融发展水平已经达到金融自由化的国家来说，由于其经济开放程度较高，跨境资本流动的规模大、速度快，资本账户规模远远超过经常账户，如果这时政府仍保持外汇市场管制，后果将是实际汇率在资本市场的影响下必然极大偏离名义汇率，由外汇市场投机者促成货币崩溃的概率大大提高，即发生诱致性汇率制度变迁。

---

① 单一的货币政策工具无法同时实现经济内外均衡。
② 有×7种政策目标就需要有×7种相互独立的有效的政策工具。

二、选择浮动汇率制可行性的理论检验：经济冲击角度

既然金融自由化阶段存在着较大的实行钉住汇率制的风险，浮动汇率制就可能成为该阶段可行的汇率制度选择。考虑到该阶段金融生态环境等汇率制度环境已成熟完善，不同汇率制度平抑经济冲击的功能就成为选择汇率制度时的首要考虑因素。本节目的在于通过构建经济冲击模型，来证明浮动汇率制在平抑经济冲击方面的绩效要优于钉住汇率制。

经济冲击包括货币冲击和实际冲击。其中，国内货币冲击指国内货币供给或需求的非预期变动引起的产出和物价等变量的非预期波动。国内实际冲击指由于国内技术水平上升等引起的总供给增加或居民消费偏好改变等因素引起的总需求变动。国外货币冲击是指资本流出流入对本国实际货币需求的冲击。国外实际冲击是指诸如国外产品竞争力突然增强/削弱或者国外实际收入直接下降/上升等，这些因素都会造成国外用于购买本国出口产品的支出下降/上升，从而导致本国出口需求减少/增加。

从上面的分析中可得出，在金融自由化阶段，一国实行的汇率制度不同，受到的外部冲击来源（内部冲击和外部冲击）、性质（货币冲击和实际冲击）就不同，该国的产出和物价水平波动也会随之有不同的表现。当受到国内货币冲击时，钉住汇率制度是最佳选择，因为所有商品和服务的价格成比例的变动不会改变它们的相对价格，不必使用汇率变动作为改变支出的政策。在国内实际冲击下，浮动汇率制优于钉住汇率制，因为相对价格的频繁变动使得有必要使用汇率政策工具来调整经济以对实质性冲击做出反应。

但对于外部冲击，除面临实际冲击且产出的国外所得弹性是缺乏弹性的情形外，其他情形下的最佳汇率制度都是浮动汇率制，这说明在隔离国内经济方面，较之钉住汇率，浮动汇率能较好地抵消外部冲击的部分负面效应。

总之，当一国实现金融自由化时，曾经的金融约束阶段下的选择浮动汇率制的制约（如非独立货币政策、不完善的金融制度等）不再存在，这时，不同汇率制度缓冲外部冲击的能力差异就成为汇率制度选择的主要考虑因素，而本节通过构建模型，证明了多数情况下浮动汇率制度在平抑外

部经济冲击方面具有良好的表现,所以是金融自由化阶段的合意汇率制度选择。

三、选择浮动汇率制的经济绩效

当一国尚处于金融约束阶段(时期Ⅰ)时,如果一味地追求发达国家而实行浮动汇率制,尽管其总收益会由于在一定程度上平抑外部货币或实际冲击而表现为正值,尤其在国内物价水平刚性的情形下,可通过汇率水平的波动来替代价格水平的波动,从而减缓外部经济冲击,但由于金融约束阶段外汇市场规模有限、外汇衍生品品种较少,此时实行浮动汇率制不利于进出口商规避汇率波动风险,国内贸易部门和非贸易部门之间的资源配置也会由于汇率波动引起的利润变动而不断流动,不利于经济的稳定发展,所以在时期Ⅰ实行浮动汇率制会具有较高的总成本。且这一总成本会超过总收益,从而使净效益(总收益与总成本之差)为负值。

随着金融发展的深入,当进入金融自由化阶段,在初期(时期Ⅱ),由于这时浮动汇率制与其制度环境不配套不再出现,成熟的金融市场可打消外汇投机者的投机动机,货币危机可能性降低。同时,进出口商也已树立起风险意识,有能力进行汇率波动风险规避,而且金融衍生品市场也为其提供了丰富的外汇工具,这样进出口商就可以对其利润进行主动控制,有利于保持一般物价水平和经济增长的稳定。在时期Ⅱ实行浮动汇率制可充分享受其平抑外部经济冲击的优势,从而使总收益大幅上升,而总成本却不断下降。又由于在该阶段总收益超过总成本,净效益由负值转为正值。

当金融发展进一步深入(时期Ⅲ),曾经在金融约束阶段下适用的部分经济金融制度的滞后效应在金融自由化阶段初期,即时期Ⅱ,已经完全释放,所以在时期Ⅲ亦即金融自由化的成熟期,实行浮动汇率制的总收益几乎达到稳定状态,增速接近为零。对总成本而言,由于浮动汇率制或多或少存在汇率波幅,影响外汇市场稳定,所以总成本不可能降为零却可能充分接近零。净效益曲线同样由于总收益超过总成本而为正值,并随总收益和总成本的稳定而保持稳定。

在金融自由化阶段,浮动汇率制度选择开始与制度环境相协调,实行浮动制表现出正值的经济绩效,这成为该阶段选择浮动汇率制的充分条件。

第三节　人民币汇率制度变迁与选择的政策建议

随着我国金融全球化进程的进一步深入，人民币现行汇率制度既有与我国金融发展进程相匹配的一面，也有随之在钉住汇率制度框架内逐渐增加汇率制度弹性，跃迁至浮动汇率制的一面。本节重点探讨人民币汇率制度现状及下一步的改革方向。

一、当前人民币的国际地位与影响

改革开放 40 多年来，我国经济持续保持高速、稳定增长，综合国力不断增强。从某些指标来看，我国的经济总产出已经上升到仅次于美国的水平，成为第二大经济体。

随着我国综合国力的提升，人民币的地位也"水涨船高"，得到越来越多国家的认可，影响范围以及影响力也呈现出逐渐递增的趋势。人民币与我国经济发展息息相关，人民币地位的变化让我国经济也相应地发生变化。

人民币国际化发展趋势给经济带来的积极影响如下。

(一) 促进经济增长模式的转化，并扩大经济开放度

推动人民币国际化发展，需要推动国际贸易，以此提升国际竞争力。与此同时，让居民储蓄逐渐转变为内部消费，这样的模式转化，对全球经济再平衡具有重要意义。通过近些年我国制定的经济发展目标可以看出，GDP"锦标主义"趋势逐渐弱化，各地政府也因为 GDP 增速下降而持续下调固定资产投资增速目标。由此可见，人民币国际化发展能够促进内需消费，我国经济软着陆因此得到有效保障，经济开放度也因此得到进一步扩大。

(二) 有利于建立国际化和多层次的金融市场结构

我国人民币的国际化发展，促进了各项跨境人民币业务的开展，这不仅使我国金融市场体系投融资功能得到了完善，而且因为稳定开放资本账户，还能促进一个集国际化与多层次于一体的金融市场结构的形成。这对

于我国资产管理行业的发展来说,发挥着重要的市场载体作用。譬如,债券市场,由于人民币国际化发展,将会有更多具有人民币融资需求的境外金融机构以及企业发行"熊猫债券"。与此同时,我国银行间债券市场将会针对境外投资者进一步扩大开放力度,从而不断壮大境外人民币债券市场。又如,外汇市场,跨境人民币业务在人民币国际化发展进程中得到进一步发展,对于外汇市场而言,这将进一步完善和扩大人民币兑换业务。除此之外,还有股票市场、人民币衍生品市场以及外汇市场等。

(三)促进我国资产管理行业创新与发展

人民币国际化发展趋势对于我国资产管理行业来说,是一个难得的机遇,这主要表现在以下几点。

第一,优化资金来源结构,扩大资产规模。通过对内地以及香港人民币资金回报率的对比分析可知,香港人民币资金要求回报率相对于内地资金要低一些,有着更为显著的成本优势。内地以及香港自RQFII推出后受到高度关注,而且资产管理行业各个投资主体资金来源结构由于资本市场增量资金的增多而得到明显改善。

第二,国际资产管理以及海外业务得到拓展。我国资产管理机构由于RQFII以及QDII资格获批,将进一步参与海外业务拓展。而且,QDII基金投资管理人也因此积累了丰富的海外风控、交易以及投资经验,这为基金公司国际化发展奠定了牢固基础。

第三,实现资金配置范围扩大,促进境内外市场互相联通。随着人民币国际化发展,可以将符合法律要求的产品,尤其是创新型产品通过香港市场进行发行,并用于内地市场投资,从而实现差异化合作。而且RQFII能够立足市场实际发展情况自主发行人民币对冲型、债券型、股票型量化产品,这就在无形之中扩大了配置范围①。

二、继续坚持当前的人民币汇率制度

在汇率稳定和货币政策的独立性取舍中,我国不能依附于任何国家,必须保持货币政策的独立性,即不能像拉美国家那样放弃货币政策的独立性,选择美元化或货币局这样的超固定汇率政策。我国与周边国家成立货

---

① 马草.人民币国际化发展趋势及其影响[J].合作经济与科技,2020(4):54-55.

币联盟也存在很多障碍,所以超固定汇率制的潜在损失很大,不是我国当前的可行选择。

在具体选择何种中间汇率制度方面,我国货币将汇率名义锚由钉住美元调整为参考货币篮子,究其原因主要是,在外贸方面,我国不同于与美国有地缘关系的国家(如拉美国家),它们的主要贸易伙伴国是美国,因此它们选择钉住美元或美元化符合其外贸及经济发展的需要。但在我国,随着外贸伙伴的日益多元化和改革的不断深入,曾经实行的单一钉住美元的汇率制度的弊端越来越明显,而现行的钉住货币篮子是符合当前经济发展需求的。而且与单一钉住美元相比较,钉住一篮子货币在稳定名义有效汇率方面更有优势,有利于我国对外贸易和外商直接投资以及经济增长。

可见,我国的经济金融发展水平决定了目前应实行人民币币值稳定的汇率政策。加上经济增长是我国最主要的经济目标,而外部需求是促进经济增长的重要因素,汇率的稳定就成为对外资吸引力的主要手段。尤其是在外汇供过于求的情况下,实现汇率政策目标较为有效的工具正是政府的市场干预行为。现行钉住货币篮子的汇率制度是符合我国需求的合意汇率制度,配合资本流动管制能同时实现货币政策的相对独立,故在现阶段可继续维持现行选择。

但考虑到目前人民币存在升值压力,我国政府应采取适当措施加以缓解或消除,可行的措施如下。

1. 改变现行人民币汇率形成机制中的非对称性

鉴于形成目前人民币升值压力的原因本质上并非经济基本因素所致,而是供求机制中的非对称性使然。因此,改进现行人民币汇率形成机制中的非对称性,应是释减人民币升值压力的有效举措。具体来说就是改进人民币汇率形成机制,将强制结售汇制度逐渐过渡到意愿结售汇制度,因为强制结售汇人为地增加了外汇供给、减少了外汇需求,资本流入与流出的不对等也增加了外汇供给。实行意愿结售汇制度能够让人民币汇率引导和调节市场供求,并使之成为人民币汇率形成的市场基础。

2. 积极推进利率市场化进程

因为利率市场化改革在改善本国金融资源配置的同时,有助于缓解外部冲击对钉住汇率政策的负面影响。

三、人民币汇率制度的下一步路径选择

随着我国金融深化进程，在当前的金融约束阶段，人民币汇率制度的灵活性应逐步提高，实行"同一轨迹上的汇率制度变迁"，并在金融发展水平成功过渡到金融自由化之时，将人民币汇率制度跃迁至浮动汇率。本书认为下一步人民币汇率制度的变迁路径可做如下考虑。

1. 实行"钉住篮子货币的目标区汇率制"

在向金融自由化发展的过渡时期，人民币汇率制度在现行钉住篮子货币的汇率政策基础上放宽汇率波动的幅度，实行"钉住篮子货币的目标区汇率制"。汇率目标区是一个偶尔进行边际干预的有管理的浮动汇率区间，在目标区汇率制中，一国可以确定其货币的一个水平价值作为中心汇率，并允许汇率围绕这一中心水平在目标区边界以内，由市场供求决定自由波动，由供求所决定的汇率可以使外汇资源得到有效配置，还可以减缓一国的外部经济冲击；并且，货币当局无须对边界内的汇率变动进行干预，从而使货币政策具有一定的独立性。同时，汇率波动上下限的存在给政府施加了某些纪律性要求，可通过调控货币供给量来维持目标区汇率。就我国实际情况而言，中心汇率应以一篮子货币为基础来确定，一篮子货币中包含我国主要贸易伙伴国的币种，各种货币在篮子中的权重依我国与该国的贸易额占总贸易额的比重而定。政府通过宣布汇率波动的区间，既可以继续发挥钉住汇率的名义锚作用，确保人民币汇率政策的良好信誉，也能够监督政府的通货膨胀政策，稳定人民币币值，保持进出口贸易的相对稳定。钉住篮子货币的目标区汇率制是人民币汇率制度实现最终目标的一个相对较优的过渡选择。

2. 选择浮动汇率政策

当金融自由化条件成熟、金融市场等能顺应汇率制度的转换时，政府应果断地选择浮动汇率政策，同时配合适当的货币政策名义锚，以确保低通货膨胀承诺的可信度，保证良好的货币政策信誉。戈德斯坦（Goldstein）提出的称为"管理浮动加"（或MFP）的汇率机制，可以作为我国可行的汇率浮动方案，也符合汇率制度变迁路径依赖性的要求。从MFP字面意义来看，它有三个组成部分，即M（管理）、F（浮动）、P（加）。

其中，"M"意味着同完全自由浮动相比，政府能够使用各种政策来应对汇率水平的短期波动，例如，他们可以不时地干预外汇市场，以平抑他们认为的汇率短期的过度波动并保持市场的流动性。当然，在该制度下，汇率主要还是由市场的力量来决定的，所以政府并不试图使用大规模的外汇市场冲销干预（sterilized）来改变汇率的走势；同时，政府也不想平抑所有的短期外汇市场波动，因为这种波动有助于提高市场参与者的市场风险意识。"F"意味着政府没有制定汇率目标，汇率的形成主要取决于市场的力量，这还可以为货币政策的实施提供较大的弹性空间，减少货币危机的风险。"P"有两个方面的含义：一个是货币政策的通货膨胀目标机制[①]；另一个是采取一系列积极的措施来减少货币错配。MFP机制一方面使汇率水平由市场供求决定而自由浮动；另一方面使中央银行在较大程度上行使自主权，二者都保证了货币政策获得足够的独立性。MFP可看作金融自由化阶段浮动汇率制度的替代选择[②]。

此外，我国汇率制度从现行参考货币篮子向最终实现管理浮动推进的过程中，还要有宏观经济政策和相关结构改革的密切配套措施。因为没有一种汇率制度能替代健全的宏观经济管理，而且，不管选择哪种汇率制度，都应得到协调一致的国内宏观经济政策的支持，以确保所选择的汇率制度的可持续性和公信力。从现行汇率制度退出到管理浮动汇率制，把握好时机以及做好相关宏观经济政策和结构改革等配套建设都是非常重要的。

[①] 通货膨胀目标机制以物价稳定为首要目标，减少了政策目标的不确定性，提高了货币政策的透明度和政策信誉，使中央银行保持低通货膨胀的承诺具有较大的可信度。该机制实质也是以物价名义锚来替代汇率名义锚。

[②] 纯粹的完全自由浮动，只有理论上的应用价值，现实生活中并不存在，事实上，许多宣布实行浮动制的国家也经常干预外汇市场，实际实行的是有管理浮动制。

第十二章　短期跨境资本流动与我国金融的稳定

第一节　短期跨境资本流动和金融稳定的理论基础

一、短期跨境资本流动和金融稳定的相关概念

(一) 跨境资本流动和短期跨境资本流动

尽管国内外学者已经针对短期跨境资本进行了大量理论研究和实证分析，但是就短期跨境资本流动的概念目前仍未达成一致意见。

短期跨境资本流动的核心词汇在于跨境资本，对于跨境资本的划分和定义标准主要分为三个方面：期限、流动动机和流动性。首先，若以期限为划分标准，在流入国滞留时间在一年以内的被称为短期跨境资本，滞留时间在一年以上的被称为长期跨境资本。其次，若将流动动机作为划分标准，以投机作为目的的资本流动被定义为短期跨境资本，以投资为目的则被定义为长期，但这一分类标准目前存在较大争议，因为在我国实施资本管制且对外商企业设置诸多优惠政策的情况下，许多投机"热钱"以隐匿的方式，通过直接投资和贸易账户进入我国，使得投机和投资行为难以被有效区分，此分类依据也就失去了可行性。再次，若以流动性作为划分标准，短期跨境资本须具备两个基本特点，即短期性和流动性，不仅滞留时间在一年以内，且随时可以变现或转变流动方向的跨境资本，而流动性较差或者变现需要付出较大成本的则被称为长期跨境资本。

综合各类文献，本书采用的跨境资本流动和短期跨境资本流动定义分别如下。

一是跨境资本流动是指资本持有者将所持有的资本投资于其所在国家或地区之外而产生的资本流动现象，具体包括交易性质和投资性质这两种类型的资本流动，在我国主要包括经常账户和直接投资。

二是短期跨境资本流动是指以追求营利性和流动性为目标，资金周转期在一年及一年以下，在国际金融市场上迅速流动，外汇管理政策难以对其进行限制且可能给一国金融体系带来显著负面影响的跨境资本流动，具有高风险性、高投机性、高流动性，在我国主要包括证券投资、其他投资、净误差与遗漏。

(二) 金融稳定

目前国内外对金融稳定的研究虽然取得了一定进展，但由于金融体系涵盖的范围广泛，对金融稳定的定义尚未形成统一的结论。国内外学者对其定义主要是从正反两个角度展开：正面角度通过描述金融稳定状态下的特征来界定其概念，反面角度通过描述金融不稳定状态下的特征来对其界定。

从正面角度对其进行界定的学者们认为，金融稳定不代表金融体系零波动，而是其波动处于一个正常、合理的范围之内。金融稳定应当包括金融体系的各个组成部分，即金融机构、金融市场、金融基础设施。当金融体系达到稳定状态时，主要表现包括币值稳定、资产价格波动稳定、就业率接近充分就业、市场预期稳定、金融体系能够正常提供融资并发挥良好资源配置功能。这时，金融机构和金融市场能够承受一定的冲击而保持正常运转，金融和实体经济能够实现良性互动，宏观经济形势也处于稳定状态。

从反面角度对其进行界定的学者们认为，金融不稳定不能仅仅定义为金融危机发生时的状态，金融危机是金融不稳定达到一定程度或实现某个条件时的表现形式，没有发生金融危机时也可能存在金融不稳定。当金融体系达到不稳定状态时，金融资产价格会严重偏离合理值、金融市场难以维持正常运转、信贷扭曲、社会总支出与实际产出能力严重不匹配，这时金融体系不能发挥正常的资源配置功能，无法承受和消化风险，不能有效抵御外部冲击。

总体而言，正反两个角度所体现的本质是一样的，金融稳定既是一种"表现"，也是一种"能力"。本书认为国内的权威观点更能考虑到我国实际情况，因此采用中国人民银行在《中国金融稳定报告》中关于金融稳定的定义：金融稳定指的是金融市场、金融机构以及金融基础设施能够充分发挥资金配置等重要功能的一种状态，并且这种状态能使整个金融体系抵御冲击、稳定运行。

二、短期跨境资本流动和金融稳定的相关理论

（一）货币危机理论

狭义的货币危机是指一国的投资者由于对本国固定汇率制度失去信心，于是大量抛售本币，加速本国汇率制度崩溃、加剧外汇市场动荡的危机现象。广义的货币危机泛指一国的汇率波动幅度超出可控范围的危机现象。

跨境资本流动尤其是短期投机资本的流动在一定程度上导致了货币危机的发生，进而又会带来新一轮的跨境资本流动，加剧危机。国内外学者非常重视其研究。自1979年以来，共发展了三代货币危机理论。

第一代货币危机理论认为，货币危机主要是由一国的经济发展情况恶化引发的。政府面临巨大的财政赤字时，不顾外汇储备而采取大量发行货币的方式弥补赤字，货币供给扩张带来了本币贬值的压力，而中央银行为了维持固定汇率制度不得不在外汇市场大量增持本币，导致外汇储备量进一步缩减至某一临界值，投机者进一步做空该国货币，直至货币危机爆发。其反映的是当一国面临内外部均衡冲突时，为了实现内部均衡采取特定措施而最终失去外部均衡，受到市场的"惩罚"。

第二代货币危机理论认为市场预期的自我实现对货币危机爆发起着主导作用，主要从羊群效应和传染效应这两个角度解释了货币危机的发生。有少部分学者还强调，货币危机并非经济基本面恶化所导致，经济基本面良好的国家也可能会产生货币危机，经济基本面恶化是投机冲击带来的结果而非产生的原因。在政府和投机者的博弈中，市场预期起着关键作用，

若市场预期货币不会贬值,投机者则无法找到对货币发起攻击的机会,固定汇率制度就能够继续维持下去;若市场对汇率制度失去信心,认为货币即将贬值并进行抛售,投机者便找到了展开攻击的机会,政府这时会通过提升利率的方式吸引外资来维持固定汇率,但是由于市场贬值预期依然存在,政府为维持固定汇率付出的成本大大提高直至超过获得的收益,这时政府被迫放弃固定汇率制,货币危机发生。

1997年东南亚金融危机爆发,第一代和第二代货币危机理论对这次危机的解释力明显不足,由此发展出了第三代货币危机理论。第三代理论与以往理论相比,视角转向了微观经济主体,如企业、金融中介机构、债权人等,并指出脆弱的金融体系和亲缘政治等因素也是货币危机发生的原因。

例如在道德风险模型中,企业和金融中介机构由于存在道德风险和过度投资倾向,在可以自由进出国际金融市场时,往往会偏好风险较高的金融资产和项目,导致风险积累。同时,国内企业和金融中介机构由于政府"隐形担保"的存在,向国外金融机构借债的过程往往比较顺利,过度借债又进一步加大了过度投资,风险过度积累导致资产泡沫的最终破灭;这时,债权人突然中断资金供应链,导致企业和金融机构陷入财务危机和流动性危机,政府为了防止危机扩大,会增大财政支出开展对企业和机构的救助,而财政支出的大规模增长会带来赤字问题,政府只好通过发行货币的方式弥补赤字,财政赤字货币化最终引发货币危机。

(二)利率平价理论

利率平价理论由凯恩斯和爱因齐格提出,该理论主要从汇率和利率的角度解释了国际资本流动的原因。该理论认为,同一时期两国之间的利率差给投资者制造了套利的机会,促使投资者为赚取两国之间资产的差价进行套汇、套利,引起资金跨国流动直至远期差价等于两国的利差,从而实现利率平价,使套利空间消失,否则就会一直存在套汇交易,使两国的金融资产收益率完全相等,恢复均衡。在利率平价理论的解释下,导致资本跨境流动的影响因素主要有三个方面:第一,国际利差的存在会使得资本由低利率国流向高利率国;第二,汇率状况的变化会影响投资者的预期,使得面临货币贬值压力的国家产生资本流出;第三,资本跨境流动的方向在一定程度上也取决于利率和汇率相互之间错综复杂的影响。然而,在现实情况下,用于套利的资金往往是有限的,如果考虑由两国利差驱动的套利活动所需付出的机会成本以及持有外国金融资产需承担的额外风险,利率平价便难以实现。

(三)金融不稳定假说

海曼·明斯基提出了金融不稳定假说,是金融脆弱性理论的奠基人。其在继承凯恩斯主义思想的基础上,吸收了熊彼特关于货币信用的观点,分析了资本主义经济下发生金融危机的原因与过程,并提出政府干预的必要性。该理论与传统经济周期理论有所不同,传统经济周期理论认为经济周期性波动来源于外部冲击,而明斯基认为波动来源于内部冲击。

明斯基的金融不稳定假说将债务情况作为影响市场参与者经济行为的主要因素,认为经济主体能否按时足额偿还债务取决于自身对未来的预判能力。他将经济主体分为三类,即抵补型、投机型和庞氏型。抵补型主体的理财行为较为稳健,属于"套期保值"型,这类主体不过度依赖于负债,而是更多以自身利润和预期能够收回的债券来获取流动性,负债能够按时偿还,对于未预见到的冲击具备较好的应对能力,因此是融资最安全、最谨慎的一类。投机型主体主要靠借旧换新、债务滚动的方式来维持,虽然也会对现金流入与支出进行预计,在长期内可以按时偿还债务本息,但是在短期内无法还债,这类主体的典型包括滚动发债的政府、企业和银行,投机型主体吸收和承受冲击的能力较弱,过度依赖于借债,期望以充足资金偿还债务,在一定程度上属于投机行为,这也是被称为投机型主体的原因。庞氏型主体无法按时足额以收入所得偿还债务本金甚至无法偿还利息,只能依靠变卖资产或不断新增债务来偿还债务本息,这类主体相对于前两种主体的风险更大,不仅是借新还旧,还将新加入的投资资金充当旧有投资者的收益,如此循环往复,风险不断积累。如果经济中抵补型主体占主导地位,则经济趋向于均衡;如果经济中投机型和庞氏型占主导地位,则经济趋向于不均衡且脆弱性加大。明斯基认为经济持续长时间的繁荣后,会慢慢出现以投机型和庞氏型主体为主导的融资结构,当投机型主体占据主要地位时，经济会处于通货膨胀状态，这时政府采取紧缩货币的政策，投机型主体进一步变成庞氏型主体，之前的庞氏型主体拥有的净资产很快就会蒸发，现金流短缺的主体为了维持头寸会被迫出售头寸，经济陷入费雪的债务紧缩境地，将导致资产价值崩溃。

该假说认为，以银行业金融机构为代表的信用创造主体和不同特征的借款主体使得金融体系具有天然的不稳定性，即经济周期性波动是内生的。经济过热是由信用扩张带来的，而市场非理性因素在市场繁荣时会加剧投机行为，庞氏型主体增多，金融趋向于脆弱和不稳定。基于此，金融不稳定假说认为，虽然这种周期波动是不可避免的，属于市场自动调节，政府干预无法从根本上消除不稳定和脆弱，但适当的政府干预是必要的，并提出了"大银行""大政府"概念。"大银行""大政府"分别代表中央银行履行"最后贷款人"职责、政府部门通过财政赤字实施扩张性政策，货币和财政共同发力以避免金融陷入不稳定状态。

该理论对于近代爆发过金融危机的国家具有较好的解释力度，如20世纪30年代的美国和90年代的泰国。虽然在近些年有许多学者对明斯基的金融不稳定假说提出疑问，但其在研究金融不稳定和金融危机方面，依旧有重要的理论地位。

第二节 短期跨境资本流动对金融稳定的影响机制分析

一、通过金融机构影响金融稳定性

金融机构是指从事金融服务业的金融中介机构，包括银行、证券公司、保险公司、信托投资公司和基金管理公司等。

（一）对银行业金融机构的影响

目前我国仍然处于以间接融资为主要融资方式的阶段，银行业作为间接融资的中介，是金融体系的核心，银行体系稳定是金融体系稳定的关键环节。且银行业属于高负债经营的特殊行业，经营货币资产、金融服务等。

在金融开放、国际资本流动、经济全球化的背景下，银行业的潜在风险点和不稳定因素增多。纵观历史，多次金融危机都是从银行危机开始的，因此，短期跨境资本流动对银行体系的影响会进一步对金融稳定形成较大影响。

短期跨境资本流动虽然在短期内可以推动银行业及国民经济发展，但由于其高投机性、高流动性的特点，对我国金融体系的负面冲击可能更大。短期跨境资本流动影响银行体系稳定的渠道主要包括直接渠道和间接渠道，直接渠道是通过信贷规模产生影响，间接渠道是通过货币供应量、利率、汇率、资产价格等变量产生影响，都以短期跨境资本大规模流入为起点。

从直接渠道来看，短期跨境资本大规模流入会带来银行体系资产和信贷规模的扩张。银行业是顺周期特征较明显的行业，在经济繁荣时加大信贷投放，杠杆率较高，风险累积；在经济衰退时缩减信贷规模，降低杠杆率，这种顺周期性会加大银行业风险，严重时带来危机。当短期跨境资本流入时，银行体系的外汇资产增加，无论是否与中央银行进行交易，银行体系的资产规模和信贷规模都会扩张。跨境资本的流入使得经济出现繁荣景象，银行业流动性充裕，这时银行出于盈利目的，会降低信贷条件和标准，将资金贷给一些原本不满足条件、经营效益差的企业，加大了信用风险。同时，由于政府对银行业存在隐性或显性担保（如存款保险制度），则会引发道德风险和逆向选择问题，银行业倾向于将资金投资给高风险项目或者将贷款集中于高盈利高风险行业，如股市、房市。虽然我国目前银行业金融机构不能直接投资股票市场和房地产市场，但是银行会将资金贷给这些行业的投资者或经营者，以期获得更大利润。在银行逐利的同时，风险已经逐步累积，形成资产价格泡沫，一旦国内外经济形势发生不利变化，短期跨境资本可能立即回撤，造成市场流动性趋紧，银行不得不降低放贷规模，一些中小企业经营出现困难甚至破产倒闭，无法及时足额偿还贷款，资产价格泡沫破灭，使得借款人的抵押品价值缩水，各种状况使得银行业的不良贷款率和违约率上升，银行的流动性和营利性受到影响。更严重的是，银行业风险会传染和蔓延，风险会通过同业链条扩散至整个银行体系。另外，公众信心容易受到影响，加上"羊群效应"的叠加，银行业可能发生挤兑风潮，这时银行体系和整个金融体系都受到冲击，甚至引发金融危机。

从间接渠道来看，短期跨境资本流动会造成货币供应量、利率、汇率、资产价格等变量的波动，进而影响银行体系的稳定。间接渠道与直接渠道是密切联系的，并非单独产生影响。首先，短期跨境资本流入时，货币供应量会增加，从而使利率下降。一方面，货币供应量的增加给市场注入了充裕的流动性，银行为了追求更大利润会投资高风险项目；另一方面，利率的下降会刺激企业过度借贷、银行过度放贷，信贷规模扩张。当资本流入发生逆转时，市场流动性收紧，银行收回一部分贷款，利率水平上升，那些主要依赖于间接融资的中小企业此时资金链发生断裂，经营出现困难，偿债能力下降，银行业的不良贷款增加，资产负债表恶化，影响银行体系的稳定。同时，利率上升使企业的融资成本更高，信息不对称下的道德风险和逆向选择问题可能更加严重，影响银行的贷款资产质量。

其次，短期跨境资本流动会通过汇率来影响银行体系稳定。短期跨境资本的大规模流入使得人民币汇率上升，资本流入又不断强化升值预期，银行的外汇资产价值缩水，外汇贷款需求上升，存款需求下降，造成外汇存贷比的上升，银行承受着汇率风险，营利能力和经营状况都会受到影响。另外，对外贸企业来说，人民币汇率的升值会对其经营带来冲击，出口下降，利润缩减，偿债能力下降，银行不良贷款率上升。之后短期跨境资本在突然逆转时，人民币又会面临贬值压力，国际收支情况恶化，进行贸易投资的企业会面临汇兑损失，使得偿债能力受到影响，进而导致银行不良率上升，汇率的过度调整会给银行体系带来冲击，可能引发货币危机和债务危机。

最后，短期跨境资本流动会通过资产价格的变动影响银行体系稳定。逐利的短期跨境资本流入证券、房地产等市场，推高东道国的资产价格，而资产价格的上升又进一步强化银行对这些行业的信贷投放。合理的资本流入会推动经济的发展，但如果监管部门缺乏有效监督和管理，银行业缺乏自律和风险意识，"过度借贷"和"过度投资"会在高风险领域积聚泡沫，未来经济基本面发生变化或者受到其他冲击时，短期跨境资本大量迅速流出，资产价格泡沫破灭，银行的资产负债表收缩，贷款企业的状况恶化使得不良贷款率上升，严重时会引发公众挤兑，使银行体系脆弱性进一步加剧。

(二) 对非银行业金融机构的影响

非银行业金融机构是除了商业银行和政策性银行以外的金融机构，主要有信托、保险、融资租赁等机构。虽然我国非银行业金融机构没有占据主导地位，但其丰富了融资形式和金融工具，满足了投资者的多样化需求，带来了源源不断的金融创新，是我国金融机构的重要组成部分。其现阶段的发展仍不成熟，面临违法违规经营、管理能力较差、抵抗风险能力薄弱、监管不到位等突出问题，并且其经营业务具有渗透性，涉及多个金融市场，具有高杠杆性、复杂性，容易带来系统性风险。因此，我国对短期跨境资本流动给非银行业金融机构带来的影响也应当高度重视，从而采取措施进行有效防范。

一方面，短期跨境资本的大规模流入给市场注入了充足的流动性，并通过各种途径进入非银行业金融机构，非银行业金融机构为了提高营利水平，会进行盲目扩张和投资，使杠杆率不断攀升，风险积聚。当风险积累到一定程度时，短期跨境资本寻找新的利润点或是出于避险情绪，就会大规模回撤，呈现净流出状态，这时非银行业金融机构面临信用风险等多方面风险的冲击，一些信用差的企业风险暴露更为明显，可能引发"庞氏骗局"，最终破产甚至跑路，影响国家和其他地区的金融安全。

另一方面，根据前文分析，短期跨境资本流动会给银行体系带来负面冲击，而银行业和非银行业机构在面临危机时都无法独善其身，在银保合作、银信合作、银证合作等多元业务活动得到开展的今天，不同类型的金融机构之间具有很大关联性，当银行体系或非银行业金融机构面临冲击时，风险会产生溢出效应，在各类金融机构中传染，引发更严重的金融机构不稳定状况。以保险公司为例，当短期跨境资本大规模流入时，保险公司为了追求更大利润，也许会跟随资本进行一些高风险投资，其偿付能力充足率下降，而一旦这些资本回撤或者金融泡沫破灭时，保险公司偿付能力出现问题，银行业紧缩信贷规模，保险公司就无法通过间接融资获取足够资金，使资产负债表进一步恶化，且这种冲击会进一步延伸和传染，影响公众信心和金融稳定。

二、通过金融市场影响金融稳定性

金融市场是进行货币资金融通的市场。由于我国资本开放仍受到较严格的管制，同时考虑到各市场的相对重要程度，我们主要分析货币市场、股票市场、外汇市场。

货币市场是短期金融工具的交易市场，是连接中央银行、金融市场与实体经济的重要渠道，货币市场利率是市场化程度相对较高的利率。因此，货币市场的流动性与利率水平对其他金融市场都有着重要的意义。短期跨境资本流动对货币市场稳定性的影响主要通过以下机制实现：当短期跨境资本大规模流入时，我国基础货币增多，并通过乘数效应扩张了货币供应量，导致利率水平下降，投资和交易规模增加，但持续的增长会导致泡沫积聚、经济过热。这时，央行会采取正回购交易、出售国债、发行央行票据等方式缓解经济过热的局面，以回笼基础货币，提升利率水平。而短期跨境资本对国内外经济形势变化非常敏感，当我国经济出现波动或国外经济有利因素增多时，短期跨境资本会快速撤出，货币市场流动性也会面临突发的紧缩，利率水平大幅波动上升，市场情绪紧张。虽然央行会采取反向操作来向市场投放流动性，但很难快速弥补货币市场的流动性缺口，且利率的大幅波动也会加剧货币市场的不稳定性，最终传导至其他金融市场。

股票市场是金融市场的重要组成部分，市场参与度较高，而我国股票市场目前发展仍不成熟，波动性较强，需要重点关注。股票市场高风险、高收益的特征，驱动着短期跨境资本的投机行为。目前我国资本账户尚未完全放开，跨境资本流入我国股票市场的正规渠道比较有限。影响机制如下：短期跨境资本大规模流入会通过货币供应量、信贷规模、利率、投资者情绪、实体经济等多个渠道带来股票市场繁荣，资本流入使得货币供应量增加、利率下降、实体经济得到一定程度发展，银行信贷规模扩张，市场流动性充裕，投资者情绪高涨，股价被进一步推高；我国股票市场中，还未掌握基本投资知识的散户占比较大，非理性因素在股价被推高时会进一步助长投资热情，形成"过度投资"，股价持续上升，泡沫不断积聚，此时的股票价格已经偏离实体经济发展的实际水平，当跨境资本突然中断投资大规模撤出时，泡沫破裂，市场流动性收紧，信贷规模缩小，利率上升，股价迅速下跌，实体经济发展受到影响甚至衰退，投资者情绪会使得国内资本出于恐慌退出股市，股价进一步下跌，股票市场遭受严重冲击，并传导至其他金融市场和金融机构。

外汇市场的稳定主要表现为汇率稳定，汇率是外汇的价格，由市场上本外币供求关系决定，我国目前实行有管理的浮动汇率制度。短期跨境资本流动对我国外汇市场的影响机制如下：跨境资本大规模流入我国，国际收支呈现顺差或顺差扩大的状态，这时外汇需要兑换成人民币，市场上外汇供给大于需求，人民币需求大于供给，面临升值压力，而人民币升值和跨境资本流入具有互相强化机制，人民币升值预期使得跨境资本流入规模进一步扩大，二者呈螺旋式上升推进，给人民币贬值和汇率市场波动埋下隐患。当跨境资本识别到经济形势的变化时，大幅撤出，人民币贬值和跨境资本流出之间的强化机制再次上演，汇率波动给外汇市场的稳定性带来冲击。

三、通过房地产市场影响金融稳定性

虽然房地产市场在严格意义上不属于金融市场，但其与民生领域、工业产业、金融体系都密切相关。从国际上发生过的金融危机来看，房地产行业与金融危机爆发具有高度相关性。

房地产具有居住和投资双重属性，随着房地产价格的不断上涨，除了刚性和改善性需求外，房地产的投资性需求也越来越旺盛[①]。我国房地产行业对外资的限制较少、投资回报率较高，因而对短期跨境资本有较大的吸引力。逐利的短期跨境资本，大量涌入我国房地产市场，影响房市的供求关系，进而推高房地产价格，由于"羊群效应"和"示范效应"的存在，国内资金也会跟风增加对房地产行业的投资，而短期跨境资本和国内资金都是为了投机获利，在房价被迅速推高时，房价泡沫已经膨胀，积聚了大量风险。前文分析过短期跨境资本对银行体系的影响，资本的大规模流入会增加货币供应量，银行扩张信贷规模并增加对房地产行业的贷款，这一因素也助长了房价上升，在各方面因素的共同影响下，房价已经脱离合理水平，房地产行业呈现虚假繁荣景象。这时，出于国内外形势发生变

---

① 钱晓霞.金融开放进程下短期跨境资本流动对我国金融稳定的影响[D].杭州：浙江大学，2018：19.

动或者国外资本已经赚取足够利润的原因，短期跨境资本发生逆转，资本迅速撤出，而这无疑是对房地产行业的重大打击，房价快速下降，银行对房市的资金供应减少，购房者的还款意愿因为房产价值缩水而大打折扣，可能产生违约风险，房地产市场遭受冲击，由于房地产市场是我国国民经济的重要组成，与金融市场密切关联，因此其波动会给金融体系的稳定构成威胁，严重时会带来金融危机。

四、通过宏观经济影响金融稳定性

通货膨胀与人民生活息息相关，过高的通货膨胀率会使得货币贬值、价格扭曲，降低资源配置效率。当跨境资本大规模流入时，中央银行被迫发行更多本币，货币供应量增加，会引起物价上涨，通货膨胀率上升。此时，中央银行为了稳定物价可能会采取提高利率的措施，但是，上升的利率使得我国市场对跨境资本更具吸引力，跨境资本流入规模进一步扩大，推动物价继续上升。

根据蒙代尔的不可能三角理论，一国的资本自由流动、货币政策独立性与固定汇率制度这三者无法同时实现，最多实现两个。而近年来越来越多的研究表明，在开放经济中，面临的主要是资本自由流动和货币政策独立性之间的矛盾，即使实行浮动汇率制，这二者也很难同时较好地实现。以欧元区为例，由于实行浮动汇率制和资本自由流动的制度，从理论上看应当具备较高的货币政策独立性，但许多研究证实美联储货币政策会对欧元区货币政策产生显著影响。我国当前实行的是有管理的浮动汇率制度，我国货币政策只能被动地进行适应性调节来稳定汇率以应对短期跨境资本大规模流动。而我国作为新兴经济体，货币政策往往会受到以美国为代表的发达国家的隐性约束和影响，缺乏独立性。

短期跨境资本流动还会对货币政策有效性产生影响。当我国实行扩张性政策时，降低利率，提振经济，通货膨胀率上升，而伴随着跨境资本的流出，市场流动性收紧，货币供应量减少，利率反弹上升，削弱扩张性货币政策的效果；反之，在实行紧缩性货币政策时也有与之相反的削弱效果，影响货币政策的有效性，增加调控难度。

第三节 防控短期跨境资本流动风险与维护金融稳定的政策建议

尽管在不同的经济发展阶段,短期跨境资本流动对金融稳定的影响存在区别,但在当前阶段,我国仍处于短期跨境资本净流出状态,理论和实证分析表明大规模的流出会对我国金融稳定带来负向冲击。经济全球化和金融开放是大势所趋,因此在其中寻求平衡、防范短期跨境资本流动带来的风险,具有重要意义。本书对在当前形势下如何防控短期跨境资本流动风险以及如何维护我国金融稳定提出以下建议。

一、有序开放资本项目,加强跨境资本流动管理

(一)渐进有序地开放资本项目

在金融开放不断深化的进程中,我国资本项目的开放程度不断提高,在促进我国资本市场发展的同时,也带来了一些风险和挑战,如投机性资本的流入流出构成的冲击。因此,我国资本项目仍存在一些严格限制。过快地放开资本项目包含许多不确定因素,容易对一国经济体系带来负面冲击。我国应在坚持"不可因噎废食"原则的同时,渐进有序地开放资本项目,选择适合国情的开放次序和节奏,对不同方向、不同期限、不同机构与个人、不同市场的资本流动有步骤地放开,对于一些不确定、正负效应孰大孰小较不明确的资本项目开放,可考虑先从沿海发达地区进行试点,再酌情全面放开。同时,资本账户的开放是双向的,既包括"引进来",也包括"走出去",在短期跨境资本流动持续性净流出并影响到我国金融体系稳定时,对于资本账户的开放脚步更需要慎重考虑。

(二)建立全面的跨境资本流动监测和预警体系

全面准确的跨境资本流动监测和预警体系对于管理跨境资本流动具有实际意义。我国应在选择反映跨境资本流动指标的基础上,建立一个系统的、全面的跨境资本流动监测体系。对跨境流动的长期和短期性资本、投资和投机性资本进行区分,尤其要防范短期跨境资本异常波动情况,重点

关注资本流动的方向、规模、频率、流动轨迹,设置合理区间,当资本流动偏离合理范围时,可以及时预警。

虽然当前我国处于净流出状态,但其代表的是流入规模小于流出规模,流出是一直存在的。短期跨境资本流动包括正规与非正规途径,非正规途径主要包括隐藏在贸易项目中、隐藏在 FDI 流入中、地下钱庄等,这些通过非正规渠道流入的短期跨境资本具有投机性、隐蔽性,且监管难度大,在学界研究中也无法进行准确测算。因此,应充分利用各种新型科技手段和专业人才监测非正规渠道流入的短期跨境资本,选择适合我国国情的跨境资本流动度量方法,对洗钱和其他非法资本流动进行严厉打击。

在预警到跨境资本流动的异常值,尤其是短期性资本的异常值时,应充分分析其原因和结果。在原因分析上,应结合当时的经济形势,考虑影响跨境资本流动的各个因素及其贡献率,如 GDP 增长、市场信心、利差的扩大、汇率预期的变动等,方便采取针对性的措施。同时,要对跨境资本流动轨迹进行分析,考虑其可能影响到的市场和机构、不同的影响程度以及是否在可承受范围内,进而采取适当的干预措施来抑制波动。

跨境资本流动的监测和预警体系不应一成不变,而是定期进行动态调整。要对不同阶段的短期跨境资本流动合理阈值是否发生变化、度量方法能否真实反映资本流动规模、针对性措施能否较好抑制市场波动等问题进行定期反馈和考察,通过对该体系的动态调整,加强对跨境资本流动的动态管理。由于短期跨境资本流动会对我国金融稳定造成冲击,可能引发系统性金融风险,还应对系统性金融风险进行监测评估,定期对金融市场开展压力测试,完善评估手段。

二、推进深化金融改革与开放,提升金融市场抗风险能力

(一)建立综合性的金融稳定评估体系

建立金融稳定评估指标体系,定期对金融稳定情况进行评估有助于我国对金融稳定情况进行管理。中国人民银行自 2005 年以来,每年定期发布金融稳定报告,对金融业、金融市场的稳健性进行评估,评估水平不断提高,但目前仍未形成统一的金融稳定评估指标体系。我国应建立金融稳

定综合评估体系，建设指标数据库，增加有效数据。建立该体系应当在充分考虑我国国情的基础上，借鉴发达国家的经验和技术，学习先进的计量经济模型与方法，设置评估标准、评估流程、评估频率。对于一些存在争议的评估指标，可以定期发布其合理区间以供参考，例如当前学界争议较大的证券化率、M2/GDP 等。指标的选取稳定性与定量原则相结合，定性指标可通过讨论判断其合理水平与当前稳定程度。对于金融稳定评估体系，可设置预警机制，以便及时采取风险处理方案。定期公开发布金融稳定评估指标体系和评估结果，建立长效机制。

(二) 深化金融改革与开放，提升金融发展水平

在实证结果中，我们看到在净流出状态下，短期跨境资本流动受金融稳定的影响相对于金融稳定受短期跨境资本流动的影响更大，这充分说明了维护金融稳定对稳定短期跨境资本流动的重要性。尤其是在当前的复杂形势下，维护金融稳定，仅依靠跨境资本流动管理是远远不够的，要预防其大规模流动给我国金融稳定带来冲击，最根本之处在于主动加强金融体系建设，深化改革与开放，提升我国的金融发展水平。如果宏观经济运行稳定，金融市场发展良好，各项制度比较健全，金融体系抗风险能力较强，那么跨境资本流动的规模和短期资本的投机性自然会减小，或者即使发生大规模流动，我国金融市场也能够吸收和承担其带来的冲击。我国金融市场起步晚，目前的发展水平与发达国家仍具有一定差距，抵抗风险能力较弱，在此背景下深化金融改革与开放显得尤为重要。

在宏观层面，应做好"稳杠杆"，实现稳增长和防风险的动态平衡。持续推进供给侧结构性改革，实现高质量发展要求；引导资金"脱虚向实"，振兴实体经济；继续深化利率市场化改革，打通"最后一公里"。应继续推动人民币汇率市场化形成机制改革和人民币国际化进程，保持汇率弹性，让市场供求决定汇率；在市场出现顺周期苗头时采用必要的逆周期外汇管理政策，防止投资者形成人民币单边贬值的预期，不利于稳定人民币汇率。

在金融市场层面，应继续推进金融深化改革，增加金融发展的深度和广度。当前我国间接融资在整体社会融资中占比相对一些发达国家来说较

高，未来还应提升直接融资所占比重，为企业通过发行债券等方式进行直接融资提供政策支持，丰富融资方式，优化融资结构。继续推进股票市场注册制的试点改革，建设多层次资本市场。应加强金融市场基础设施建设，形成更加完备的制度规则，提供更良好的市场投资环境。

在金融机构层面，应提升各类金融机构的防风险能力。在我国金融机构以银行机构为主导的背景下，应继续丰富银行业金融机构的资本补充形式，支持永续债的发行。同时，大力支持合规中小银行、民营银行的发展，避免"太大而不能倒"导致的大型银行道德风险和逆向选择问题，鼓励银行业金融机构在风险可控的前提下不断创新金融产品，保障消费者权益。商业银行应努力提升自主定价能力，适应利率市场化改革。各类金融机构应当具备危机意识和风险意识，重视公司治理。

第十三章　跨境金融服务贸易探究

第一节　跨境金融服务贸易的概念

跨境金融服务贸易的概念在国际上尚未达成一致，但本书认为跨境金融服务贸易重点在于跨境，其涵盖跨境交付、境外消费以及自然人流动三种模式下的金融服务贸易。跨境金融服务贸易不同于传统上的金融服务，即商业存在模式下的金融服务，其更多是通过网络安全规则、市场准入限制、国民待遇限制、金融数据存储限制等成为跨境金融服务贸易壁垒的主要表现形式，且跨境金融信息的流动性限制是阻碍其自由化的关键性壁垒。

一、金融服务的概念

金融服务是指金融机构运用货币交易手段融通有价物品，向金融活动参与者和顾客提供的共同受益、获得满足的活动。按照世界贸易组织附件的内容，金融服务的提供者包括下列类型机构：保险及其相关服务，还包括所有银行和其他金融服务（保险除外）。

广义上的金融服务，是指整个金融业发挥其多种功能以促进经济与社会的发展。具体来说，金融服务是指金融机构通过开展业务活动为客户提供包括融资投资、储蓄、信贷、结算、证券买卖、商业保险和金融信息咨询等多方面的服务。增强金融服务意识，提高金融服务水平，对于加快推进我国的现代金融制度建设，改进金融机构经营管理，增强金融业竞争力，更好地促进经济社会发展，具有十分重要的意义。

有关"金融服务"的概念，国际上尚未形成统一的观点，总体上可以分为国际经贸协定中定义的金融服务、政府间国际组织定义的金融服务以及学者对金融服务的观点三种。

二、金融服务的种类

国外学者瓦特尔根据金融服务的性质，将"金融服务"分为：吸收存款、国际金融交易与经营活动、传统的国际贸易和现金管理服务、国际借贷业务、国际证券服务等。瓦特尔从国际服务的角度对"金融服务"的种类进行了划分，涵盖了外汇、银行、货币和证券服务，列举的内容较为详细，但同时存在明显的不足。首先，该金融服务仅针对商业存在模式下的服务，即通过实体金融机构的存在而提供的服务，并未涵盖通过互联网方式下的跨境交付金融服务以及境外消费金融服务，但这两种形式也是普遍存在于金融服务贸易中的。其次，国际上普遍承认的保险服务并未被纳入其中，其显然缺失了金融服务的重要内容。

三、跨境金融服务贸易的含义

国际上通常根据服务的提供方式，将"服务贸易"分为跨境交付、境外消费、商业存在和自然人流动。而对于金融服务，也可分为：①金融服务的跨境交付，即从缔约方境内向另一缔约方境内提供金融服务，如A国银行向B国居民提供贷款或吸收存款；②金融服务的境外消费，指在缔约方境内向另一缔约方的服务消费者提供金融服务，如A国银行向当地的外国人提供信贷服务；③金融服务的商业存在是当前世界范围内普遍存在的服务提供方式，指金融服务的提供者通过在消费者所在国设立商业机构的方式提供服务，如A国银行通过在B国设立子行的形式在B国提供银行服务；④金融服务的自然人流动是指缔约方的金融服务提供者在另一缔约方境内提供金融服务，该金融服务的提供者是以自然人的身份在另一缔约方境内提供服务，如A国跨国银行高管到位于B国的子银行考察或A国自然人在B国提供金融咨询服务等。

国际经贸协定中对于"跨境金融服务贸易"的含义存在两种解释，但这两种解释均是基于上述服务的提供方式进行的划分：一是以美国为代表的NAFTA类型项下的跨境金融服务贸易，包括金融服务的跨境交付、金融服务的境外消费以及金融服务的自然人流动三种模式；二是以EU为代表的跨境金融服务贸易，包括金融服务的跨境交付和境外消费两种模式。此外 OECD 早在 2000 年的《金融市场趋势》中认为："跨境金融服务贸易是指金融公司在一个国家向居住在另一个国家的客户提供金融服务，而不在客户所在国家（东道国）设立分支机构或子公司。"该定义中"金融公司"所在国家可以是总部所在国，也可以是分支机构或子公司所在的第三国。

本书认为跨境金融服务贸易的重点在于跨境，根据服务贸易的构成要素，可以分为服务本身的跨境、服务消费者的跨境以及服务提供者的跨境，服务贸易的跨境四种模式中。模式一（跨境交付）、模式二（境外消费）和模式四（自然人流动）分别对应上述三种要素，而模式三（商业存在）实质上是外资根据东道国的国内法成立东道国法律实体而提供的服务，并不存在服务要素的流动。

本书所指的跨境金融服务贸易，第一，从缔约方境内向另一缔约方境内提供金融服务；第二，在缔约方境内向另一缔约方的人提供金融服务；第三，缔约方的国民在另一缔约方境内提供金融服务。但不包括通过在缔约方境内的投资在该缔约方境内提供金融服务。例如：①位于瑞士的银行（可以是瑞士银行，也可以是英国银行位于瑞士的分支机构或子公司）给法国居民发放贷款或者接受存款；②位于伦敦的投资公司（可能是在伦敦子公司以外经营的美国投资公司），承销总部位于荷兰的证券发行；③同一家英国投资公司为瑞典客户的账户交易证券；④英国投资公司给位于西班牙的公司提供关于并购重组的意见；⑤英国投资公司为爱尔兰的养老基金提供资产管理服务；⑥位于美国的公司给日本消费者提供金融信息服务。⑦位于英国的保险公司给加拿大提供再保险服务。

值得注意的是，对于提供金融服务的主体，国际经贸规则中存在两种表述形式：一种是以 GATS 为代表的"金融服务的提供者"，另一种是以 NAFTA 为代表的"跨境金融服务的提供者"和"金融机构"。前者是指一方成员希望提供或正在提供金融服务的自然人或法人；而对于后者，"跨境金融服务的提供者"指在缔约方境内从事提供金融服务活动，并通过跨境交付方式需求提供或提供金融服务的该缔约方的人；"金融机构"指位于缔约方境内受另一缔约方的人控制的金融机构，包括分支机构。这里的"金融机构"实质上是"商业存在"模式下的金融服务主体,但相较于 GATS 类型下的模式三中的"金融服务的提供者","金融机构"的范围明显较小,仅限于国内监督管理的金融机构,而对于金融信息的服务提供者(如彭博社和路透社)则不属于此种定义下的金融服务提供主体。

本书所使用的跨境金融服务的定义并不试图为交易分配地理位置,即不试图确定交易是在服务提供者的国家还是在消费者的国家进行的。此外,跨境金融服务贸易应当与跨境资本流动相区分,不同国家居民间的交易涉及资本和资产的创建、修改、转让或变现。跨境金融服务的提供通常(但并不总是)与国际资本交易有关,如投资咨询服务和金融信息服务等跨境交付并不伴随着任何资本交易。国际资本交易也可能是某些金融服务跨境交付的一部分,如接受存款与贷款。国际资本交易也不一定发生在跨境交付金融服务时,如为客户账户交易证券和资产管理。上述情况中的资本交易是基础工具所有权的转移,如果票据的新所有人与前所有人是不同国家的居民,资本交易将是国际性的。国际资本交易一个更广泛的定义将包括所有者是同一国家的居民,但票据是在另一个国家发行的情况。如果跨境金融服务涉及未定债权,如保险单,则只有在支付时才会发生国际资本交易。但本书的研究并不涉及这些。

四、跨境金融服务贸易的壁垒

服务的无形性、不稳定性决定了服务性质对其贸易形式造成的影响。而服务贸易的壁垒则是指一国政府为了限制外国服务向本国销售而设置的各种障碍。在互联网尚未普及之时,服务的提供往往通过资本(外国直接投资)或劳动力的转移来实现,国家也会通过调控国内货币的供应、利率和汇率的变化来影响服务的进出口,并且通过许可证、程序认证、股权分配、选择性税收等方式设置各种障碍。总体上可以分为三类:①市场准入限制性措施,如签证以及配额限制;②歧视性待遇限制,如向跨境交付者征收税费;③其他间接影响服务贸易的措施,如消费者保护法律以及文化差异等。跨境金融服务贸易作为服务贸易的门类之一,并且在互联网技术得以普及的情况下,各国对跨境金融服务贸易所设置的壁垒外,除一般适用于服务贸易的壁垒,还存在以限制跨境金融数据流动为主要表现形式的新型贸易壁垒。据统计，相对于其他部门，跨境金融服务部门的贸易壁垒普遍较高。①

（一）跨境金融服务贸易壁垒的特征

第一，更多地依托网络安全规则。在大数据时代下，更多的数据被创造出来并得以采集和存储，我们都处在透明的社会里，这也就给公共安全和个人隐私带来了更大的威胁。②首先，由于近年来全球网络威胁不断深化，通过互联网攻击手段实施的金融犯罪活动成为金融犯罪的重要手段，各种利用互联网攻击技术进行盗窃、诈骗、敲诈等案件不断发生，围绕互联网的黑灰产业正以极快的速度蔓延且在各国之间相互渗透。③其次，"互联网+"背景下的金融机构业务发生诸多变化，产品上线和更迭的速度极快。因而，各国政府为维护金融市场的安全性和稳定性，往往通过互联网设置跨境服务贸易壁垒，例如云计算环境中的安全隔离防护控制措施以及云服务商安全服务和安全应急处置能力规则的设置等。

第二，跨境金融信息流动成为主要的贸易壁垒。跨境金融服务贸易顺利进行最重要的在于服务提供者与服务消费者之间获取、管理和传播信息的能力。而从现实情况看，跨境金融信息在国与国之间的流动并不顺畅，经济较为发达的国家经常扮演着金融服务提供者的角色，这些国家通常要求减少对跨境金融信息的限制；④而发展中国家对信息的采集和处理能力远远低于发达国家，为避免发达国家通过技术手段和深度挖掘分析出本国居民的消费习惯、金融发展趋势、经济动态等，通常限制跨境金融信息的流动，要求数据的本地化存储等。美国等发达国家认为，对跨境金融数据流动的限制行为实质上是设立了国际贸易的壁垒，阻碍了跨境金融服务贸易的发展。⑤一方面，对于仅仅提供跨境数字服务而无须建立商业存在的境外企业，要求计算设备的本地储存实质上构成对跨境数字贸易的非关税壁垒，这将会把此类企业排除在国内市场之外；另一方面，由于通信技术

---

① 夏天然，陈宪.国际金融服务贸易壁垒的测度——对83个国家和地区的比较研究[J].财贸经济，2015(9)：85-96.
② 王迁.知识产权法教程[M].北京：中国人民大学出版社，2011：127.
③ 唐辉.金融信息系统网络安全风险分析[J].清华金融评论，2019(1)：42.
④ 冀志芳.个人金融信息跨境流动的法律规制研究[J].华北金融，2015(8)：43.
⑤ 何波.国际贸易规则下跨境数据流动分析[J].汕头大学学报（人文社会科学版），2017(5)：54.

的发展，贸易成本的降低往往可以通过跨境数据传输实现，而计算设备的本地储存意味着数据的本地储存与处理，将阻碍跨境数据传输，使得贸易提供者难以享受跨境数据自由流动带来的降低经营成本的福利。

第三，金融消费者权益保护的特殊性壁垒。传统商业模式下的金融服务通常以投资的方式存在于东道国，服务提供者根据东道国国内法律以子行或者分行的形式存在，子行作为东道国的法人，对保护存款具有较大的优势，无论其资本所有权归属于本国或者外国，其都受到东道国的监管并且能够获得东道国存款保证金的支持。东道国基于属人管辖权和属地管辖权可对破产子行行使破产管辖权，债权人亦有权提起破产请求，要求对子行的财产进行清算。但对于跨境金融服务，首先遇到的就是对跨境金融服务提供者的资格认定问题，这不同于"自然人流动"（模式四）下的服务提供，后者包括商务人员临时入境和到一国就业，这通常基于国内用工单位的短期邀约，签订时间较短，具备服务提供的资质即可。

而对于通过互联网跨境交付金融服务的提供者，东道国通常难以确定服务提供者的资质，这就会给国内消费者的权益造成威胁，如在国内市场，P2P"暴雷"的现象时有发生。通过网络进行的跨境金融服务贸易一旦发生纠纷，必然引发诉讼，这就会产生管辖权和法律适用的冲突。这是因为通过互联网的服务提供者在他国没有商业存在，其服务器不在该国境内，东道国很难根据属地或属人原则主张管辖权。虽然国际社会都在努力讨论互联网环境下的国际民商事管辖权以及法律适用，但对于金融领域，各国通常保留本国的专有管辖权。[①]基于上述原因，东道国往往禁止金融服务的跨境交付，纵使允许提供，也设置了较为严格的审查要求。

（二）跨境金融服务贸易壁垒的表现形式

国际经贸规则的达成一般都以消除不必要的贸易壁垒、促进形成更加自由化的国际市场为目标，如 GATS 序言中提到"以期早日达成服务贸易渐进式之更高自由化目标"，USMCA 也提到"为维护金融体系的完整性和稳定性，消除没有必要的贸易壁垒"。根据国际经贸规则的规范体系，跨境金融服务贸易壁垒总体上可以分为三类：一是市场准入限制；二是国民

---

① 丁伟.国际私法学（第三版）[M].上海：上海人民出版社，2013：122.

待遇限制；三是其他限制性措施。

1. 跨境金融服务贸易的市场准入限制措施

跨境金融服务贸易的国际规则通常包括市场准入条款，如 USMCA 借鉴 GATS 市场准入规则的界定方式，[①]认为跨境服务贸易的市场准入壁垒，通常包括对跨境金融服务的数量、交易总额以及雇用人员限制等。例如，我国禁止跨境交付境外保险产品；韩国要求中国的跨境金融服务提供者及金融产品在经过授权许可后方可进行提供；加拿大曼尼托巴省禁止将许可证授予非加拿大居民的跨境保险代理商。

2. 跨境金融服务贸易的国民待遇限制措施

一般情况下，市场准入限制措施决定的是跨境金融服务能否交付的问题，而国民待遇措施决定的是服务提供者如何提供服务，即注重服务的交易过程。有关跨境金融服务贸易的国民待遇并没有具体规定国民待遇的具体措施，仅要求给予与本国居民同等的待遇，这就给签署该条约的缔约方较大的自主权，如 GATS 第 17 条规定每个成员方在所有影响服务提供的措施方面，给予任何其他成员方的服务和服务提供者的待遇不得低于其给予本国相同服务和服务提供者的待遇。

USMCA 第 17.3 条规定应当在相同情况下给予跨境金融服务和服务提供者同等的待遇。

WTO 专题研究报告《GATS 和金融服务自由化》中提到国民待遇限制包括税收措施、补贴或赠款、其他金融措施、国籍要求、居住要求、许可标准/资格、注册要求、审批要求、实绩要求、技术转移要求、当地含量/培训要求、财产/土地所有权、其他国民待遇措施、市场准入限制等。[②]而对于跨境金融服务贸易，主要包括当地存在要求，如美国 2010 年拒绝大公国际注册成为美官方认可的评级组织（NRSRO）的理由之一在于大公国际在

---

① 对另一缔约方的跨境金融服务贸易提供者，任何缔约方不得在其某一地区或全境范围内采取或维持下列措施：(a) 对下列事项施加限制：(i) 以数量配额、垄断、专营服务提供者的形式，或以经济需求测试要求的形式，限制跨境金融服务提供者的数量；(ii) 以数量配额或经济需求测试要求的形式，限制金融服务交易总值或资产总值；(iii) 以配额或经济需求测试要求的形式，限制金融服务业务总数或以指定数量单位表示的金融服务产出总量；(iv) 以数量配额或经济需求测试要求的形式，限制特定跨境金融服务提供者可雇用的、提供具体金融服务所必需且直接有关的自然人总数和 (b) 限制或要求跨境金融服务贸易提供者通过特定类型的法律实体或合营企业提供服务。

② 世界贸易组织秘书处编. 电子商务与 WTO 的作用贸易、金融和金融危机金融服务自由化和《服务贸易总协定》[M]. 骆晓文，译. 北京：法律出版社，2002：352.

美国没有分支机构，与美国不存在足够的联系。业务范围限制，如中国仅允许境外机构为跨境交易提供外币的银行卡清算服务。①

3. 跨境金融服务贸易的其他限制性措施

除了上述专门针对跨境金融服务贸易的限制性措施，可变的利率和汇率以及过度监管的金融市场也同样构成跨境金融服务贸易的限制性措施。一个国家的金融优势影响其国际贸易的参与度，强劲或疲软的货币政策很可能影响到国际金融市场的走势。主权国家通常通过建立本国货币与一种或多种外国货币间的奖励值、维持固定的汇率或采用浮动汇率来影响国际贸易。汇率的变化将表明国家之间进行国际贸易时，该国的通货膨胀和利率之间的差异。跨境金融服务贸易体系下，银行的外币交易量与全球货币市场中使用的货币一起发生，如果银行出现交易货币短缺，则必须从其他外国银行购买。由于货币价值的波动，购买和出售银行都有可能获得或失去其交易货币的价值，主权国家通过实施严格的外汇政策并干预货币市场货币的买卖，影响国内通货膨胀和收入水平等变量，从而阻碍跨境金融服务贸易的发展。此外，利率的变动也会成为影响跨境金融服务贸易进行的因素之一，利率风险敞口是所有银行的特征，源于不同时间到期的资产（已发放贷款）和负债（借入资金），在其负债到期之前到期的银行资产可以再投资，直到需要偿还其债务。如果在此期间利率下降，再投资产生的收入将低于银行负债的收入。同样，如果银行的负债在其资产到期之前到期，则可以延期还款，直至足够的还款资产到期。当利率在此期间上升时，利用这些资产的银行将放弃获得更高的利息。

第二节 跨境金融服务贸易市场准入规则的思考

一、跨境金融服务贸易市场准入规则的演变

国际贸易规则中的"市场准入条款"来源于第二次世界大战后西方国家建立自由贸易体制的初衷，即以全球市场为目标，将原来零星、分

---

① 《银行卡清算机构管理办法》第三条：仅为跨境交易提供外币的银行卡清算服务的境外机构（以下简称境外机构），原则上可以不在中华人民共和国境内设立银行卡清算机构，但对境内银行卡清算体系稳健运行或公众支付信心具有重要影响的，应当在中华人民共和国境内设立法人，依法取得银行卡清算业务许可证。

散、不稳固的双边自由贸易转变为多边自由贸易体制,通过自由竞争使得各国资源和优势得到最佳的配置和组合。"市场准入条款"则扮演以排除一切可以排除的市场壁垒和障碍为目标的角色,[①]受限于互联网技术尚未普及和发展中国家金融市场的竞争力不足,一直以来,国际社会并未就跨境金融服务贸易领域的市场准入自由达成统一的国际规则。《北美自由贸易协定》(North American Free Trade Agreement,NAFTA)是最早对跨境金融服务贸易进行规定的FTA,但没有单独规定市场准入的条款,只是在"金融机构的设立"条款中有所涉及,并且只是基于美墨之间的附件,对于跨境金融服务贸易,NAFTA第1404(1)条"冻结"了跨境服务贸易的壁垒,第1404(2)条要求缔约方必须允许其居民境外消费金融服务,但其并不强制要求缔约方允许服务提供者在其境内从事商业或招揽活动;各缔约方并且同意在跨境金融服务贸易领域逐步自由化。因而,NAFTA仅仅涉及了境外消费模式下的跨境金融服务贸易,是服务消费者的移动,而非服务要素本身进入另一国境内,对于后者,"逐步自由化"的规定赋予了缔约方较大的开放自主权。《服务贸易总协定》(General Agreement on Trade in Services,GATS)将市场准入作为承诺性的义务,即只有在承诺开放时才承担相应的义务,并在根据GATS第16条市场准入的限制性措施仅限于所列的6种形式[②],除此之外,美国与安提瓜赌博服务案的专家组和上诉机构还将在效果上具有数量限制的措施都解释为第16.2条(a)项所指的"以数量配额的形式"的市场准入。《关于金融服务承诺的谅解》曾尝试改变GATS项下的市场准入规定,包括金融服务的垄断权以及公共实体购买金融服务,尤其是在公共实体购买金融服务方面,要求"各成员方应保证在其境内的任何成员方的金融服务提供者在由该成员方的公共实体在其境内的金融服

[①] 赵维田.世贸组织(WTO)的法律制度[M].长春:吉林人民出版社,2000:12.
[②] GATS中对市场准入有6种限制措施,除非在市场准入栏中明确列出这些限制措施:①无论是以数量配额、垄断、专营服务提供者的形式,还是以经济需求测试要求的形式,限制服务提供者的数量;②以数量配额或经济需求测试要求的形式,限制服务交易或资产的总值;③以数量配额或经济需求测试要求的形式,限制服务网点总数或服务产出总量;④以数量配额或经济需求测试要求的形式,限定特定服务部门或服务提供者可雇用的、提供具体服务所必需且直接有关的自然人总数;⑤限制或要求服务提供者的法律实体,如规定外国服务提供者必须通过特定法人实体或合营企业在东道国提供服务;⑥限制外国资本参与比例,如对外国资本限定其最高股份额,或对单项的或累计的外国资本投资额进行限制。

务购买和获取方面享受最惠国待遇和国民待遇"。这实质上体现了金融服务政府采购的对外开放。对于跨境金融服务贸易的市场准入限制，成员方可以采取任何限制性措施。然而，《美国—墨西哥—加拿大协议》（United States-Mexico-Canada Agreement，USMCA）却首次将跨境金融服务贸易纳入市场准入的条款中，约束了缔约方对跨境金融服务贸易的限制性措施，这是因为对于缔约方承诺开放的跨境金融服务部门，在没有例外承诺的前提下，是不允许采取所列举的限制性措施之一的，此种规定方式也预示着国际社会在跨境金融服务贸易领域竞争的开始。

二、FTA对GATS跨境金融服务贸易的市场准入问题的回应

（一）FTA中有关跨境金融服务贸易市场准入的规定

WTO通告生效的FTA中共有158个包含服务贸易规则的FTA，有关跨境金融服务贸易市场准入的条款可以分为GATS型、CPTPP型、欧盟型以及其他型。

1. GATS类型的跨境服务贸易市场准入条款

GATS类型的跨境服务贸易市场准入条款是指此类FTA中并没有专门针对跨境金融服务贸易设置市场准入条款，而是统一适用有关服务贸易的市场准入条款，分为跨境交付、境外消费、商业存在和自然人流动四种模式下的金融服务贸易，并作为具体性的承诺义务，缔约方就做出承诺的领域承担市场准入的义务，如《马来西亚—澳大利亚自由贸易协定》则完全仿照GATS的规定，并附有相关的服务贸易承诺减让表。

但GATS类型的跨境服务贸易市场准入条款也并非完全相同，存在一定的差异：第一种表现为将金融服务作为单独章节进行规定，但仍然将有关金融服务的具体承诺列入减让表中，如《中国与韩国自由贸易协定》设有金融服务单独章节，仅就金融机构的市场准入进行了具体性承诺义务的规定，而对于跨境交付模式下的金融服务，虽然在单独的金融服务章节并没有涉及，但在双方的《服务贸易具体承诺减让表》中均就跨境交付模式下的金融服务贸易市场准入做出了承诺；第二种表现为虽然设有跨境服务贸易单独章节，但排除金融的适用，直接纳入GATS项下的有关金融的规定，

如《新加坡与中国台北自由贸易协定》《哥斯达黎加与新加坡自由贸易协定》等。

总体来说，GATS 类型的跨境服务贸易市场准入条款无论是直接仿照 GATS 直接描述，或通过直接纳入 GATS 条款的方式，均为突破 GATS 时期有关跨境金融服务贸易市场准入的实质性规定。但值得注意的是，部分采用 GATS 类型的跨境服务贸易市场准入条款的 FTA 对有关跨境金融数据流动的内容进行了规定，相较于 GATS 有较大的进步，如《日本与蒙古国自由贸易协定》"金融服务"附件规定了"金融服务数据处理自由"条款；《韩国与越南自由贸易协定》"金融服务"附件也就数据处理自由进行了规定，但前提是在其境内的另一缔约方的服务提供者，即商业存在模式下的数量处理自由；《东南亚国家联盟—澳大利亚—新西兰自由贸易协定》也有类似的规定。

2.CPTPP 类型的跨境金融服务贸易市场准入条款

CPTPP 被认为是 21 世纪最高水平的自由贸易协定，也是最直接涉及跨境金融服务贸易的细节性规定。CPTPP 本身并未规定跨境金融服务贸易的市场准入，只是允许缔约方境内的居民及国民购买跨境金融服务，而缔约方可要求跨境金融服务获得授权（Authorization）或登记（Registration）。这就给予东道国在跨境金融服务贸易方面较大的自主权。另外，对于通过跨境交付模式进行的新金融服务，CPTPP 也没有涉及，根据 CPTPP 第 11.7 条的规定，缔约方应当允许另一缔约方的金融机构提供该缔约方在相似条件下不需要制定法律或修改现有法律就允许本国金融机构提供的新金融服务。但 CPTPP 却采用了正面清单的模式对跨境集合投资组合服务以及跨境电子支付服务进行了承诺，间接地设定了市场准入的要求。采用 CPTPP 类型的跨境金融服务贸易市场准入条款的 FTA 通常存在于发达国家之间，如《土耳其与新加坡自由贸易协定》《美国与哥伦比亚自由贸易协定》《韩国与美国自由贸易协定》等。这些 FTA 通常没有涉及跨境金融信息的自由转移，对如何规制跨境金融信息持有保留的态度，仅《土耳其与新加坡自由贸易协定》规定了"金融信息的转移和处理自由"。

总体而言，已经生效的 FTA 中 CPTPP 类型的跨境金融服务贸易市场准入条款表现为无专门针对跨境金融服务贸易的市场准入规定，仅采取正面清单的模式就少数特定领域的金融服务进行了规定，间接性地要求给予市场准入的规定，但并不否定缔约方的许可要求。对于跨境金融数据的规定，此类型的FTA显然存在较大的不足。USMCA文本内容在CPTPP的基础之上更进一步，专门规定了跨境金融服务贸易的市场准入条款，虽然仍是借鉴GATS中有关市场准入的规定形式，但也促进了跨境金融服务贸易自由化的发展。

3. 欧盟类型的跨境金融服务贸易市场准入条款

欧盟类型的跨境金融服务贸易市场准入条款基本上存在于欧盟参与的FTA，如《欧盟与日本自由贸易协定》《欧盟与加拿大自由贸易协定》《欧盟与乌克兰自由贸易协定》《欧盟与韩国自由贸易协定》等。对于该类型的FTA，通常认为跨境服务贸易包括跨境CPTPP将新金融服务定义为指在一缔约方境内未有提供但在其他缔约方境内已有提供的服务，包括金融服务交付的任何新方式或在该缔约方境内出售未出售过的金融产品。

金融服务同时适用于"跨境服务贸易"（Section）、"监管框架"（Section）下的"金融服务"（Subsection）和"电子商务"（Section）章节。其有关跨境金融服务贸易的市场准入规定通常与其他服务贸易一同适用于相关的市场准入规则，与GATS相比，其不同之处表现为：首先，是采用"普遍性义务+负面清单"的模式，即不给予市场准入的部门予以规定；其次，是无"以数量配额或经济需求测试要求的形式，限定特定服务部门或服务提供者可雇用的、提供具体服务所必需且直接有关的自然人总数"的要求，对于自然人流动的要求，这类FTA通常作为单独的章节进行规范。而对于跨境金融信息的自由流动，这些类型的FTA又展现出了不同的规定。

绝大多数FTA都要求对金融信息/数据的自由处理与转移，如《欧盟与日本自由贸易协定》《欧盟与加拿大自由贸易协定》《欧盟与摩尔多瓦自由贸易协定》《欧盟与中美自由贸易协定》等，其中《欧盟与日本自由贸易协定》还规定了禁止要求转让或访问源代码。只有少数FTA如《欧盟与哥伦比亚和秘鲁自由贸易协定》和欧亚经济联盟（Eurasian Economic Commission，EAEU）没有涉及跨境金融信息的自由转移。值得注意的是，此类型的FTA通常在电子商务章节规定了技术中立原则的适用，如《欧盟与日本自由贸易协定》。

4. 其他类型的跨境金融服务贸易市场准入条款

对于一些 FTA 本身并无有关金融服务贸易的规定，如《欧盟与塞尔维亚自由贸易协定》《EAEU 与吉尔吉斯共和国自由贸易协定》等，这些 FTA 仅就相关内容进行了框架性的规定，并不存在实质性的权利义务关系内容。存在实质性权利义务关系的协定如《智利与泰国自由贸易协定》将金融服务作为单独的章节，采用 GATS 的模式并制定金融服务承诺减让表，以及规定了"金融服务数据处理自由"条款。

（二）FTA 对 GATS 跨境金融服务贸易市场准入规则的改变

2010 年以后国际社会的 FTA 正是在破坏性金融创新的理论背景下为应对信息技术革命带来的跨境金融服务贸易发展而达成的，对 GATS 规则体系不足做出了有力的回应。

1. 全面的市场准入义务

由于专门针对跨境金融服务贸易设定市场准入条款已经生效的 FTA 并不存在，有关跨境金融服务贸易的市场准入规定通常被并入跨境服务贸易的市场准入条款以及有关新金融服务的规定中。CPTPP 类型和欧盟类型的跨境金融服务贸易市场准入条款通常表现为全面的市场准入义务，各缔约方承担市场准入自由化的义务，对于不给予市场准入自由化的领域及限制性措施可以通过不符措施清单进行例外规定，亦可称为完全的负面清单模式。

2. 跨境金融数据的自由流动

跨境金融数据流动已经成为跨境金融服务贸易市场准入的焦点问题，最新达成的部分 FTA 也对该内容进行了回应，但仅存在于少数国家之间。2010 年以后，仅有欧盟与日本、土耳其与新加坡、欧盟与加拿大、智利与泰国、日本与蒙古国、韩国与越南、欧盟与格鲁吉亚、欧盟与乌克兰、欧盟与摩尔多瓦、欧盟与中美、欧盟与哥伦比亚和秘鲁、日本与秘鲁、欧盟与韩国、东南亚国家联盟与澳大利亚和新西兰要求跨境金融信息的自由流动。可见，对于金融信息的跨境流动，较多地存在于欧盟等发达国家之间，一方面是为了促进跨境金融服务贸易的自由化；另一方面更是基于本国境内较为完善的金融监管体系，能够维护金融安全和稳定。但值得注意的是，FTA 在规定信息转移和处理自由的同时，也要求对个人信息的保护，并且有些 FTA 对跨境金融信息的种类也进行了限制，如《韩国与越南自由贸易协定》规定数据处理自由的前提是在其境内的另一缔约方服务提供者，即只有商业存在模式下的金融服务提供才能适用数据处理自由的规定。总体而言，国际社会对跨境金融信息自由流动的有利回应为推动跨境金融服务贸易的发展奠定了良好的基础，但其显然不能够满足破坏性金融理论的需求。

3. 部分 FTA 技术中立原则的肯定

技术中立原则在 WTO 的争端解决机制中引发了较多的争论，专家组虽然没有正面肯定竞争中立原则的适用，但也在间接地支持技术发展在贸易进程中的中间地位。《欧盟与日本自由贸易协定》以及《日本与蒙古国自由贸易协定》的"电子商务"章节均明确承认了"技术中立"原则，对服务贸易的开展不受网络信息技术的影响。事实上，技术虽然有客观结构的存在，但其最终目的还是由设计者创造出并且服务于设计者的目的性活动，技术具有目的性和社会性双重维度，从技术的自身属性来看，其逻辑具有相对客观性，是一种无主体意识的编程方式。但如果仅关注其客观的取向，即技术中立原则，可能会模糊其社会属性，掩盖了设计者背后的价值因素和目的取向，尤其是金融科技催生出的新的业务模式、应用、流程及产品，大数据分析、移动金融、第三方支付、科技风控、比特币等都是在传统金融服务的基础上结合技术创新而得来的。因而，是否完全在 FTA 中确认技术中立原则，绝大多数的 FTA 并没有予以回应。

第三节 提升金融服务贸易竞争力的相关对策

一、宏观层面

（一）加强人才培养

加强金融人才的培养，我们可以从以下几方面入手。

1. 改革现有的金融教育教材，增加实践教学和跨学科内容

目前高校的金融专业教育多以理论知识为主，学习金融的相关理论模

型及其发展历史，但是对实际的操作却很少教授。例如，学习证券投资学，教材内容通常包括证券发展历史、股票、债券、基金、金融衍生品的特征和指数、上市程序和定价模型等，但是在实际市场上，由于证券价格受到各种因素的影响，通过模型得出的价格往往是与实际有不少偏差的，如何买卖股票证券，怎样进行模拟炒股等，不少学生在学习完教材之后都不会操作。此外，在进行不同板块的研究时，势必还要学习其他行业的基础知识。而目前，很多金融机构网站为了培养人们的理财观念，经常会推出一些模拟炒股或者模拟买卖期货的比赛活动，高校可以选择和这些网站进行合作，让更多的学生在学习理论知识的同时参与实践，使学生真正掌握金融的专业技能，成为高素质的复合型金融人才。

2. 进行分类培养模式

金融服务的提供者层次高低差异较大，例如银行的客服中心接线员，通常只要掌握普通的金融常识即可，但是像理财经理、基金经理等职位就需要熟练掌握金融甚至其他行业的专业知识。所以，在进行人才培养的过程中，根据个人以后的从业需要，提供不同层次的学习场所（普通知识可以进行辅导班或培训中心教育，高层次的知识可以选择科研院所等），这样可以大大提高学习者与以后工作的对口性，避免一刀切教育带来的资源浪费。

3. 优化行业的人力资源管理

这又可分为两个层次，一是针对海外留学人员，为了打造像伦敦、纽约一样的国际金融中心，我们要让更多的优秀人才回国工作。行业协会可以对海归人员给予适当的从业优惠，在薪酬方面实行相关绩效制，对海归的住宿、家属工作等都提供相关帮助，提高海归人员的工作热情。二是针对国内的优秀金融人才，给予他们出国学习的机会，这样我们就能够及时了解国际市场金融服务贸易的情况，及时跟进。出国学习者亦能掌握与国际化接轨的金融知识，提高我国的金融服务贸易竞争力。目前已经有金融机构通过采取上述部分措施提高竞争力，并取得了显著成效。

(二) 政府支持

政府的主导作用不可忽视。近年来，我国对金融市场的限制性政策已经开始逐渐放开，金融市场的开放度在提升。政府的支持作用可以从几个方面来展开。

首先,对金融服务贸易实施财政优惠。每年国家都会为各行各业投入不同数量的资金。若要大幅提高金融服务贸易的竞争力,那么在金融服务业的投入比例就该提高,给予充足的资金支持,这样一方面产业的设施设备可以更新;另一方面,研发新的金融产品也有足够的经费。另外,还可以对提供金融服务贸易的企业进行降低税率的优惠,鼓励更多的企业参与金融服务贸易的领域。

其次,利用外交拓展金融服务贸易的国际市场。金融服务贸易和其他商品贸易一样,在进军国际市场的时候,都会或多或少地遇到其他国家或地区设置的贸易壁垒。对此,政府应该积极地进行外交谈判,与他国进行交涉,用国家的影响力来拓展国际市场,减少或消除他国对金融服务贸易的阻碍,通过政策引导金融机构向海外市场拓展。另外,要完善对金融服务贸易数据的统计。

(三)负面清单制度

负面清单管理模式(Negative List Management Mode)是这两年在我国较为热议的一个话题。上海自贸区的企业准入管理即采用了这一制度。简言之,这一制度就是"法无规定即许可",也就是说,除了清单上列出的禁止领域之外,其余行业均对外开放投资。针对外资与国民待遇、最惠国待遇不符的管理措施或业绩要求等以清单方式列明。上海自贸区使用这一制度是我国经济领域的一大创举。其实在世界市场上,负面清单制度的应用已经有一段时间了。1994年,北美自由贸易区被认为是最早的负面清单的使用者,之后,一些国家和自由贸易区也开始效仿使用这一制度,当然,各国的做法有一定的差异。若能将这一制度引入我国整个金融服务贸易领域,那么金融服务贸易的范围就会扩大,外资企业的进入门槛就会降低,审批更加容易,金融服务的贸易量和国际竞争力也会相应上升。

(四)法律与监管

我国金融市场的传统监管模式为"一行三会",分业监管、分业经营。但是目前来看,我国金融业的混业经营趋势明显,部分商业银行已经开放了证券业务,如果单纯依靠分业监管会存在很大的风险漏洞,需建立统一的监管标准,并对监管信息实行公开化、透明化。在监管的方式方面,结合现场检查与非现场检查,全面持续地分析市场的风险情况,提高监管效率。

二、微观层面

作为参与金融服务贸易的微观主体——金融企业来讲,要从以下几个方面来提高在金融服务贸易领域的国际竞争力。

(一) 企业内部控制与治理

企业的内部控制是风险管理的一个重要内容,特别是对金融企业而言,内部控制是企业稳健经营的保证,是发展金融服务贸易规模的前提。要对内部管控制改进,可以采取的措施有:一是完善制度建设,以相关法律为依据,建立符合公司实际情况的内部控制条例,做到部门间、部门内外信息沟通顺畅,各部门相互连接、相互制约;二是加强内部监督,实行预算审计控制,确保企业的财务结构合理,而具体到企业类型来讲,就是银行要达到核心资本充足率的要求,证券和保险类金融机构要有足够的保证金,其他金融机构也要预留一定的保证金,而所有的金融企业要做到资产与负债的比例匹配;三是人才治理方面,选聘优秀的管理层,不断提高员工的素质,给予员工海外深造的机会,对普通员工及时培训最新的金融资讯。

(二) 企业研发与宣传

企业增加研发经费可以促进新品的生产,而近年来我国金融机构的产品推陈出新的速度非常快,各种理财产品铺天盖地,期货、证券上市数量不断攀升,但是其销售状况却不尽如人意。一些产品不符合相关法规或者存在霸王条款,消费者的投诉日益增多。我们应坚持循序渐进的原则,以市场为基础,做好前期的调研,不盲目要求新品的数量或者贸易的额度,要根据调研结果研发符合市场需求的产品,对研发的新品注重专利的保护。

对于产品的发售与宣传方面,在销售之前,可以进行试点销售,扩大宣传面,而到正式销售过程中,工作人员要注重对产品的讲解,做到信息对称,使顾客真正了解产品。宣传方式上,尽可能利用最新的技术渠道,充分利用网络平台的优势,通过各种媒体全方位刺激潜在的顾客群,同时将网点销售与网络销售相结合，以提高金融服务的便利程度。

（三）企业间合作与海外拓展

金融企业之间的相互合作也是提高金融服务贸易竞争力的一个重要方面。不同的企业有不同的竞争优势，通过企业之间的联合，可以强化竞争优势，弱化企业的不足。

对金融机构的合作尤其是对地方金融机构的合作也得到了银保监会的大力支持。在第十一届地方金融论坛上，银保监会提出，地方金融机构大多规模小而分散，地方的金融服务体系还不够健全，市场定位还不够清晰，服务功能还不太完备，服务质量还需要进一步提高，服务环境还需要进一步改善。要充分发挥地方金融合力支持力量，同类机构之间可以开展业务合作，而不同类型的银行间合作、银行与非银行金融机构的合作也大力提倡，以实现企业间的优势互补。

此外，金融企业的海外扩张有助于扩大机构的国际市场份额，提高国际竞争力。很多金融机构通过上市融得了大量的资金，这为金融企业的海外扩张奠定了强大的资本基础。除了开设分支机构和建立代表处，金融机构的海外拓展还可以选择并购的方式。

结束语

为了能够更快地促进经济管理与金融发展,笔者探究了经济管理以及金融发展的策略,希望能够起到抛砖引玉的作用。具体来讲,经济管理以及金融发展的策略如下。

(一) 注重管理文化和经济管理的结合

企业的管理文化,能够充分地体现出一个企业的发展目标、发展思想以及企业价值观,这可以说是企业管理的重要组成部分。而文化则代表着一个企业的灵魂所在,企业文化建设作为企业发展的重要条件,越来越受到更多人的重视。经济管理随着自身的不断发展,已经逐渐成为一种企业文化,随着社会经济的不断发展,只有将经济管理和文化发展两者之间有机结合,进而帮助企业树立正确的发展观、价值观、树立市场核心竞争力,才能促进企业又好又快的发展。

(二) 融合人本化管理理念

在进行经济管理的过程当中,最重要的就是充分发挥出"人"的作用,人作为一切经济活动的主体存在,人的主观能动性、积极创造性都在很大程度上影响着社会经济的稳定发展。在进行经济管理的过程中,必须融合人本化的管理理念,贯彻落实以人为本的管理思想。只有这样,才能够设计出更加科学的奖惩制度、工作制度等。此外,还应积极地加强对员工的培训工作,进而在促进员工水平提高的同时,促进企业经济效益的增长。

(三) 完善制度环境,全面深化金融改革

"改革永远在路上。"中国金融需要建设规范、透明、开放、有活力、有韧性的资本市场,完善资本市场基础性制度,把好市场入口和市场出口两道关,加强对交易的全程监管。利率和汇率是金融的核心,因此必须继续加快推进利率市场化改革,健全反映市场供求关系的国债收益率曲线,完善人民币汇率市场化形成机制,为市场在资源配置中发挥决定性作用创造条件。

(四)完善金融体系,促进普惠金融的发展

拥有健全的金融体系和发达的金融市场是人民币国际化的重要基础。金融是一国货币进行国际兑换、调节的重要载体和渠道。目前货币国际化的国家,无一例外,都拥有高度发达的国内金融市场,并在国际金融舞台上占据着核心地位。基于我国改革开放以来的发展历程和基本国情,我国金融市场的开放也一直伴随着强监管,因为金融开放带来的金融创新必须在金融监管下,才能有效地防范金融风险的发生。

参考文献

[1] 朱佳青,李广众,公淑玉.对外负债与汇率暴跌风险:国际证据[J].经济学(季刊),2021,21(1):285-308.

[2] 尹烨天,王定祥,辛卓遥.金融发展、人口结构与经常项目余额研究[J].西南大学学报(自然科学版),2021,43(1):125-134.

[3] 胡筱童.传媒企业金融经济效益发展风险及其管理[J].科技经济市场,2021(1):102-103.

[4] 陈道富.新发展格局下的金融发展[J].北方金融,2021(1):4-7.

[5] 李稻葵."十四五"期间中国金融发展展望[J].现代金融导刊,2021(4):6.

[6] 阙澄宇,孙小玄.金融发展、制度质量与国际证券资本流动[J].财贸经济,2021,42(5):93-109.

[7] 胡君,郭平.实际汇率低估、工业化进程与经济增长[J].暨南学报(哲学社会科学版),2021,43(5):115-132.

[8] 王晋斌,蒋冬雪.人民币贸易汇率和金融汇率的关系与平衡[J].债券,2021(5):13-16.

[9] 叶芳.贸易开放、金融开放与中国—东盟金融体系发展——基于IMF金融发展指数实证分析[J].区域金融研究,2021(5):5-11.

[10] 段文奇,景光正.汇率波动如何影响了中国企业出口市场退出?[J].经济科学,2021(3):18-30.

[11] 陆鸿远,周新苗.绿色金融发展对我国金融安全的作用研究[J].科技与管理,2021,23(3):73-86.

[12] 刘雪婷.金融发展与国际贸易互动机理研究[J].企业科技与发展,2021

（5）：156-158.

[13] 王萌萌，张璟.汇率制度、货币政策名义锚与通货膨胀[J].世界经济与政治论坛，2021（4）：93-121.

[14] 崔耀元，刘雨露.中国金融发展和经济增长关系的实证研究[J].中小企业管理与科技（上旬刊），2021（10）：46-48.

[15] 彭红枫，梁子敏."双循环"新发展格局的金融支持研究[J].经济与管理评论，2021，37（5）：5-20.

[16] 王兴华.汇率传递、币值稳定与货币政策权衡[J].金融发展评论，2021（4）：42-53.

[17] 盛斌，景光正.汇率波动、金融结构与技术创新[J].财贸经济，2021，42（10）：132-146.

[18] 柳立."十四五"金融发展需提高风险预见预判能力[N].金融时报，2021-01-18（12）.

[19] 吴丽华，傅广敏.人民币汇率、短期资本与股价互动[J].经济研究，2014，49（11）：72-86.

[20] 王胜，田涛.人民币汇率对CPI传递效应分析——基于均值与波动溢出层面的视角[J].国际金融研究，2015（4）：87-96.

[21] 朱孟楠，张雪鹿.境内外人民币汇率差异的原因研究[J].国际金融研究，2015（5）：87-96.

[22] 许家云，佟家栋，毛其淋.人民币汇率变动、产品排序与多产品企业的出口行为——以中国制造业企业为例[J].管理世界，2015（2）：17-31.

[23] 朱孟楠，赵茜，王宇光.人民币汇率变动的政治诱因——基于美国政治周期外溢效应的考察[J].管理世界，2015（4）：38-51.

[24] 王彬.人民币汇率均衡、失衡与贸易顺差调整[J].经济学（季刊），2015，14（4）：1277-1302.

[25] 张翔，何平，马菁蕴.人民币汇率弹性和我国货币政策效果[J].金融研究，2014（8）：18-31.

[26] 李艳丽，彭红枫.人民币汇率对出口价格的传递效应——考虑预期与结构变化的分析[J].金融研究，2014（10）：69-85.

[27] 许家云，佟家栋，毛其淋.人民币汇率、产品质量与企业出口行为——中国制造业企业层面的实证研究[J].金融研究，2015（3）：1-17.

[28] 沙文兵，刘红忠.人民币国际化、汇率变动与汇率预期[J].国际金融研究，2014（8）：10-18.

[29] 王青林.人民币国际化及其对策研究[D].武汉：武汉大学，2014.

[30] 李利.人民币汇率变动对我国产业结构调整的影响研究[D].长沙：湖南大学，2012.

[31] 邓业建.人民币实际汇率变动的结构效应研究[D].上海：上海社会科学院，2013.

[32] 李建国.人民币国际化制约因素及推进措施[D].长春：东北师范大学，2014.

[33] 王瞳瞳.汇率变动对中美贸易长短期影响研究[D].成都：西南交通大学，2018.

[34] 徐虔.人民币汇率变动对中国产业结构调整的影响研究[D].天津：天津财经大学，2016.

[35] 陈华.央行干预使得人民币汇率更加均衡了吗？[J].经济研究，2013，48（12）：81-92.

[36] 许家云，佟家栋，毛其淋.人民币汇率与企业生产率变动——来自中国的经验证据[J].金融研究，2015（10）：1-16.

[37] 周建，赵琳.人民币汇率波动与货币政策调控难度[J].财经研究，2016，42（2）：85-96.

[38] 李建伟，杨琳.影响因素、管控机制与人民币汇率波动趋势[J].改革，2017（1）：85-98.

[39] 黄宪，付英俊.汇率沟通、实际干预对人民币汇率与汇率预期的影响[J].经济管理，2017，39（2）：181-194.

[40] 朱孟楠，丁冰茜，闫帅.人民币汇率预期、短期国际资本流动与房价[J].世界经济研究，2017（7）：17-29+53+135.

[41] 曾智.人民币汇率对中国出口贸易的影响研究[D].武汉：武汉大学，2015.

[42] 潘家栋.人民币汇率变动对我国出口贸易的影响研究[D].杭州：浙江大

学,2017.

[43] 丁志杰,严灏,丁玥.人民币汇率市场化改革四十年:进程、经验与展望[J].管理世界,2018,34(10):24–32+231.